Aus dem Inhalt

Wie lernt man ein fremdes Land und seine Menschen am besten kennen? Man bucht sich nicht in einem Hotel ein, sondern macht Couch Surfing: Über Netzwerke im Internet findet man überall auf der Welt einen kostenlosen Schlafplatz, auf dem man einige Tage übernachten darf. Ein wunderbares Abenteuer, denn man springt rein in eine andere Kultur, den Alltag und das Leben der Gastgeber vor Ort. Alles ist völlig fremd – und aufregend.

Der Australier Brian Thacker ist von Couch zu Couch um die Welt gereist. Er wohnte unter anderem bei einem Wildhüter in Kenia, einem Skilehrer in Chile, einer Krankenschwester in Südafrika, einem Arbeitslosen in Belgien. 15 Länder und 23 verschiedene Sofas später weiß er: Das wahre Abenteuer in einem fremden Land wohnt hinter ganz normalen Türen.

Brian Thacker, geboren in Birmingham, England, lebt seit seinem 6. Lebensjahr in Australien. Bis 2003 arbeitete er als Art Director in Werbeagenturen in London und Melbourne, immer wieder unterbrochen durch monatelange Reisen um die ganze Welt. Da das Reisefieber ihn nicht mehr losließ, beschloss er vor sechs Jahren, als Reiseschriftsteller tätig zu sein. Bisher hat er Länder besucht und ist Autor mehrerer Bücher rund um das Reisen. Brian Thacker lebt mit seiner Familie in Melbourne.

BRIAN THACKER

COUCH SURFING
Eine abenteuerliche Reise um die Welt

Aus dem Englischen übersetzt
von Jürgen Neubauer

Die australische Originalausgabe erschien 2009 unter dem Titel
Sleeping Around. A Couch Surfing Tour of the Globe bei Allen & Unwin,
Australien
© Brian Thacker 2009

1. Auflage 2009

© der deutschsprachigen Ausgabe Eichborn AG, Frankfurt am Main,
September 2009
Umschlaggestaltung: Christiane Hahn
Lektorat: Wibke Sawatzki
Ausstattung, Typografie: Susanne Reeh
Satz: Fotosatz Amann, Aichstetten
Druck und Bindung: CPI – Clausen & Bosse, Leck
ISBN 978-3-8218-6505-8

FSC
Mix
Produktgruppe aus vorbildlich
bewirtschafteten Wäldern und
anderen kontrollierten Herkünften

Zert.-Nr. GFA-COC-001223
www.fsc.org
© 1996 Forest Stewardship Council

Eichborn Verlag, Kaiserstraße 66, 60329 Frankfurt am Main
Mehr Informationen zu Büchern und Hörbüchern aus dem Eichborn Verlag
finden Sie unter www.eichborn.de

Inhalt

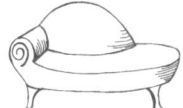

Zum Anfang

»Ich lebe mit meiner Frau und meinen fünf Kindern in einer kleinen Wohnung. Da wir keine Couch haben, musst du im Kinderzimmer schlafen. Ich wohne weit weg vom Stadtzentrum, und es gibt keine öffentlichen Verkehrsmittel. Vielleicht sollte ich noch erwähnen, dass ich vor Kurzem aus dem Gefängnis entlassen wurde.«

Brian Thacker
Melbourne, Australien

Zugegeben, als ich mich vor einigen Jahren bei GlobalFreeloaders.com anmeldete, war ich einigermaßen skeptisch. Das Motto der Website lautete:»GlobalFreeloaders.com ist eine Online-Community, die Menschen aus aller Welt zusammenbringt und kostenlose Übernachtungsmöglichkeiten vermittelt. Spar Geld, lern neue Leute kennen und sieh die Welt mit den Augen der Einheimischen.« Die Idee klang genial. Angefangen bei der kostenlosen Unterkunft – ich gestehe, dass ich auf Reisen ein ziemlicher Geizkragen bin und gern auch mal in meinem eigenen Schweiß bade, wenn das Zimmer mit Klimaanlage einen Euro mehr kostet. Doch GlobalFreeloaders sprach nicht nur den Knauser in mir an. Die Seite bot vor allem eine Möglichkeit, die ausgetretenen Touristenpfade zu verlassen und am Alltag der Menschen in anderen Ländern teilzuhaben.

Allerdings manipulierte ich mein Profil ein klein wenig, damit niemand auf die Idee kam, bei mir übernachten zu wollen. Mal ehrlich, wer ist denn schon so verrückt, wildfremde Menschen in sein Haus zu lassen, und das in einer Zeit, in der man beim Fliegen nicht mal eine Nagelfeile mit ins Handgepäck nehmen darf? Und selbst wenn meine potenziellen Gastgeber mir vertrauen sollten, wer garantierte mir denn, dass ich ihnen trauen konnte? Die Profile bei GlobalFreeloaders verrieten jedenfalls nicht, ob ein möglicher Gastgeber vertrauenswürdig war oder nicht. Viele sagten so gut wie nichts über die Person aus und lasen sich ungefähr so:

»Schlafcouch. Keine Haustiere.«
Claudio Hernandez
Bogota, Kolumbien

Ich vergaß GlobalFreeloaders und erinnerte mich erst einige Monate später wieder an die Seite (merkwürdigerweise hatte in der Zwischenzeit niemand Interesse an meiner »Couch« gezeigt), als ich bei einem meiner ziellosen Streifzüge durchs Netz über CouchSurfing.com stolperte. Das Motto der Seite lautete: »Hilf mit, eine bessere Welt zu erschaffen, Couch für Couch.« Die Grundidee war dieselbe wie bei GlobalFreeloaders, doch die Aufmachung war erheblich professioneller. Die Mitglieder konnten detaillierte Profile à la MySpace und Facebook einrichten, Fotos hochladen, ihre Interessen, Gästewünsche, Fremdsprachen und eigenen Reiseerfahrungen darstellen und sogar ihre Couch beschreiben. Das Beste war, dass Gastgeber und Gäste einander bewerten konnten.

Die Idee zu CouchSurfing wurde im Jahr 2004 geboren. Damals fand ein 22-jähriger Softwareingenieur namens Casey Fenton aus New Hampshire, der in Hundert-Stunden-Wochen die Internetseite seines eigenen Onlineunternehmens eingerichtet hatte, dass er dringend einen Kurzurlaub nötig hätte. Einen billigen Last-Minute-Flug nach Island fand er schnell, doch dann musste er feststellen, dass die Übernachtungen in Reykjavík unbezahlbar waren. In seiner Not tat Casey das, was man als einigermaßen begabter und moralisch flexibler Programmierer eben so tut: Er hackte sich in das Adressverzeichnis der Universität von Reykjavík, schrieb eine Rundmail an mehr als tausend Studenten und fragte, ob sie nicht eine Couch hätten, auf der er übernachten könnte. In seiner Mail schrieb er:»Ich komme am Freitag an. Ich möchte das echte Island sehen. Zeigst Du mir Dein Land?« Die Reaktion war überwältigend. Casey bekam mehr als einhundert Antworten von potenziellen Gastgebern, die ihm»ihr Reykjavík« zeigen wollten. Damit hatte er nicht nur eine Couch fürs Wochenende, sondern auch die Idee für Couch-Surfing.com.

Ich meldete mich sofort an und hinterlegte diesmal sogar ein etwas realistischeres Profil, mit ein paar Kindern weniger und ohne die Sache mit dem Gefängnis. Plötzlich kam mir eine fremde Couch sehr viel sicherer vor. Vor allem war sie leichter zu finden. Um eine Schlafgelegenheit zu organisieren, muss man nur die gewünschte Stadt eingeben und bekommt eine Liste von möglichen Gastgebern. Man kontaktiert die Anbieter, die einem interessant erscheinen, und diese antworten, ob ihre Couch im fraglichen Zeitraum frei ist. Dann sucht man sich den aus, der einem am meisten zusagt, und *voilà!* hat man ein kostenloses Bett und einen neuen Bekannten, der die Stadt vermutlich besser kennt als jeder Hotelportier.

Was mir an der Idee von CouchSurfing am meisten gefiel, war die Chance, eine Stadt mit den Augen ihrer Bewohner zu sehen. Auf meinen früheren Reisen bin ich, wann immer es ging, bei Einheimischen untergekommen. Diese Erlebnisse waren oft der Höhepunkt der Reise. Zum Beispiel hatte ich das Glück, auf der Pazifikinsel Futuna zu einer traditionellen Familienfeier eingeladen zu werden. Oder in Kirgisistan war ich Gast bei einer traditionellen Familienfeier. Und in Marokko durfte ich an einer traditionellen Familienfeier teilnehmen. Ich gebe es zu, ich habe eine Schwäche für traditionelle Familienfeiern. Aber mal ehrlich, kann man wirklich behaupten, man hätte ein Land kennengelernt, wenn man nicht mit einem Einheimischen ein Bier getrunken hat, und zwar in seiner Stammkneipe?

Als ich mir die Profile der Mitglieder bei CouchSurfing ansah, stellte ich fest, dass einige auch im Hospitalityclub.org eingetragen waren. Also registrierte ich mich auch da. Das Motto von Hospitality Club lautet:»Indem wir Reisende in Kontakt mit ›Einheimischen‹ bringen und diesen die Gelegenheit geben, Menschen aus anderen Kulturen kennenzulernen, können wir nicht nur Spaß haben, sondern auch ein klein wenig zur Völkerverständigung und zum Frieden beitragen.« Hospitality Club basiert auf derselben Idee wie CouchSurfing, doch die Seite hat eine etwas andere Vorgeschichte. Sie wurde im Jahr 2000 von Veit Kühne aus Deutschland ins Leben gerufen und war zunächst nur für Mitglieder des Studentennetzwerks AFS gedacht. Die Idee basierte auf dem Netzwerk ›Mensa SIGHT‹, einem Verband für hochintelligente Menschen. Damals lautete das Motto:»Mensa eröffnet seinen Mitgliedern die Möglichkeit, andere Mitglieder aus aller Welt kennenzulernen und ihre Gastfreundschaft zu genießen.« Erst als es den Mensanern zu langweilig wurde, sich über Quantenphysik zu unterhalten, öffneten sie sich dem Rest der Welt.

Während ich mich auf dieser Seite umsah, hatte ich einen Geistesblitz. Ich beschloss, eine große Couchsurfing-Weltreise zu unternehmen. Gab es eine bessere Möglichkeit, die Welt zu sehen – und ganz nebenbei ein neues Buch zu schreiben?

Aber durch welche Länder wollte ich surfen? Die Welt ist voller Sofas. Allein auf der Seite von CouchSurfing waren mehr als zweihundert Länder vertreten, darunter so ausgefallene Reiseziele wie der Irak (34 Mitglieder), Afghanistan (28), Palästina (24), Nordkorea (4), Ost-Timor (3), São Tomé und Príncipe (2) und die Spratly-Inseln (1 – wo immer die liegen mögen). Sogar in der Antarktis gab es fünf Mitglieder, von denen allerdings niemand ein Bett anbot. Mit Ausnahme eines gewissen Daniel, der seine Beschäftigung mit»Abfallbeseitigung« beschrieb. In der Rubrik»Unterbringung« schrieb er:

9

Denkbar. Und zwar deshalb, weil ich davon ausgehe, dass du schon ein bequemes Bett hast, wenn du in die Antarktis kommst. ABER wenn du es tatsächlich schaffst, ohne hierherzukommen, dann habe ich noch ein Sofa im Wohnzimmer.

Ich dachte mir, wenn ich einmal rund um die Welt fliegen und auf jedem Kontinent mindestens zwei Länder besuchen würde, dann müsste ich eigentlich einen ganz guten Eindruck von den Couchs und ihren Besitzern bekommen. Schließlich entschied ich mich für Länder, die ich noch nicht kannte, und ließ mich von der Willkür internationaler Flugpläne leiten. Nachdem ich meine Flüge gebucht hatte, musste ich nur noch Gastgeber finden, die bereit waren, mich bei sich aufzunehmen. Ich hatte ein relativ einfaches Auswahlkriterium: Die Menschen, bei denen ich übernachten wollte, sollten möglichst interessant klingen. Schließlich wollte ich ein Buch schreiben, und ich hätte vermutlich wenig zu erzählen, wenn meine Gastgeber jeden Abend um acht Uhr nach Hause kamen und vor dem Fernseher zusammenklappten. Ich wollte Menschen kennenlernen, die Spaß am Leben hatten und sich darauf freuten, mich ein paar Tage bei sich aufzunehmen. Wenn meine Gastgeber ein wenig schräg klangen, umso besser. Einige Profile kamen mir allerdings ein bisschen zu schräg vor:

Interessen:
Schönheit und Wissensdurst sind noch in Einklang zu bringen.
Filme, Musik, Bücher:
Die Sinnlosigkeit des Lebens zwingt den Menschen, sich seinen Sinn selbst zu erschaffen.
Lebensphilosophie:
Eine neue Philosophie zieht alles in Zweifel, das Feuer erlischt; die Sonne vergeht, und mit ihr die Erde; der Geist vermag nicht länger, dem Menschen den Weg zu weisen.

Etwas Fantastisches, das ich gesehen oder getan habe:
Es ist fantastisch, wie verbreitet die Wahnvorstellung ist,
Schönheit und Güte seien identisch.

Murat, 33
Istanbul, Türkei

Ich verschickte meine Anfragen zwei Monate vor meinem Abflug. Dann lehnte ich mich zurück und wartete auf Einladungen. Eine Woche vor meiner Abreise hatte ich sämtliche Sofas gebucht. Meine Gastgeber waren eine bunte Mischung von Menschen jeden Alters und Geschlechts; Singles waren genauso darunter wie Familien und Paare; sie hatten die unterschiedlichsten Berufe, von Architekten über Krankenschwestern bis zu Studenten; sogar einen Arbeitslosen hatte ich auf der Liste.

Meine Reise über die Sofas auf allen fünf Kontinenten sollte mir eine Reihe von Schnappschüssen aus dem Alltagsleben in aller Welt liefern, und das zu einer Zeit, in der uns die Technik einander näherbringt, während die Politik der Angst neue Distanzen schafft. Kann ein Muslim in Istanbul dieselben Fernsehshows sehen wie ein Katholik in Rio de Janeiro? Hören die Menschen in Nairobi dieselbe Musik wie in Santiago de Chile? Und wer trinkt mehr, Belgier oder Kanadier?

Wir leben in einer Zeit billiger Flüge und durchlässiger Grenzen, in der fast jedes Land der Welt von Aserbaidschan bis zur Zentralafrikanischen Republik von Touristen bereist werden kann. Das letzte authentische Reiseerlebnis besteht heute vermutlich darin, das Zuhause eines anderen Menschen zu betreten. Genau das tun immer mehr Couchsurfer.

11

Chile

»Ich habe nur eine Regel: Du MUSST dich täglich duschen! (Ich habe schon Schlimmes erlebt.)«

Daniel Ortega, 24, Santiago de Chile
GlobalFreeloaders.com

Meine große Couchsurfing-Weltreise fing unter keinem guten Stern an. Ich fand nämlich keine Couch. Besser gesagt, meine Couch stellte sich tot und beantwortete meine Emails nicht. Mein vermeintlicher Gastgeber Daniel hatte bereits zugesagt, und ich hätte es nett gefunden, wenn er mir mitgeteilt hätte, wo genau in Santiago de Chile seine Couch stand. Als ich Daniel einen Monat zuvor geschrieben hatte, schien er noch recht angetan. Gut, er hatte sich auch nicht gerade vor Freude überschlagen, sondern lediglich geantwortet:

O.K.
Ich habe kein Problem mit diesem Termin.
Daniel

Daniel war einer von mehreren Leuten, die ich in Santiago angeschrieben hatte. Sein Eintrag bei GlobalFreeloaders hatte mich neugierig gemacht, und ich wollte gern mehr über seine Abenteuer mit den Ungewaschenen hören. In seinem Profil schrieb er:

Zimmer in Dreizimmerwohnung in Andennähe (Blick vom Wohnzimmer). Hundert Meter zur U-Bahn, 30 Minuten zur Stadtmitte. Bin Student und habe viel Zeit zum Ausgehen.

Ich hatte ihm sofort zurückgeschrieben und zugesagt, und er hatte mir postwendend geantwortet, ich solle ihm doch ein paar Tage vor meiner Ankunft in Santiago eine kurze Email schicken. Eine Woche vor meiner Abreise schrieb ich Daniel drei Emails, doch er rührte sich nicht mehr. Ich fürchtete, er könnte einen Rückzieher gemacht haben, weil ihm meine Hygienestandards Kopfzerbrechen bereiteten, also schickte ich ihm eine weitere Email, in der ich ihm versicherte, wie gern ich mich duschte.

Zwei Tage vor meinem Abflug gab ich die Hoffnung schließlich auf und verschickte einen Stapel neuer Anfragen. Unter den Couchbesitzern, die ich anschrieb, waren Ignacio, ein Chiliebhaber, der »scharfe Soßen aus aller Welt« sammelte; María, die es nicht mochte, »wenn Besucher halb nackt in der Wohnung herumlaufen«; der Bauchtänzer Claudio, der über sich schrieb: »Mein Körper ist in Chile, doch mein Geist ist anderswo«; Mauricio, ein Wirtschaftsjournalist, der als Interessen »Onkologie« (Tumorforschung!), das Leben nach dem Tod und Tiefgründigkeit angab; und Diego, der ein Freund von Daniel gewesen sein könnte, weil er schrieb, seine Besucher könnten Haustiere mitbringen, »solange sie nicht stinken«.

Eine Stunde vor meiner Abfahrt zum Flughafen checkte ich noch immer meine Emails. Es sah nicht gut aus. Alle Anfragen erwiesen sich als Nieten. Die meisten der potenziellen Gastgeber ignorierten mich einfach, die anderen hatten keine Zeit: Drei waren verreist, zwei hatten ihr Sofa schon anderweitig vergeben, einer sortierte seine Unterhosen.

Im Rest der Welt hatte ich doch auch keine Probleme gehabt – warum drohte ausgerechnet in Chile ein Totalausfall? Ich hatte keine Ahnung, warum niemand reagierte. Ich ging sogar so weit, Mauricio zu schreiben, ich sei auch ein tiefgründiger Mensch, und Diego zu versichern, ich hätte zwar kein Haustier, aber wenn ich eines hätte, dann würde es bestimmt nicht stinken.

Beim Zwischenstopp im Flughafen von Auckland checkte ich meine Emails ein letztes Mal.»Ja, du kannst gern kommen«, schrieb Christian Petit-Laurent Eliceiry, Regisseur, 32.

Bingo!

Christian hatte gerade die Dreharbeiten zu einem Dokumentarfilm in Spanien abgeschlossen und »viel Zeit, dir die Stadt zu zeigen, in den Bergen Rad zu fahren und Nachbarn zu besuchen«. Als ich mir schon freudig die Hände rieb, las ich die letzte Zeile:»Bin am 27. wieder in Santiago.« Das war der Tag meiner Weiterreise nach Brasilien.

Okay. Gib die Hoffnung nicht auf. Noch ist es nicht zu spät. Ich hatte noch ganze 23 Minuten, um neue Emails zu verschicken, ehe mein Flug nach Chile aufgerufen wurde. Außerdem gab es in Santiago noch 1672 Couchbesitzer, die ich nicht angeschrieben hatte. Allerdings wollte ich auf keinen Fall eine Rundmail verschicken. Ich hatte selbst solche anonymen Sammelanfragen von Leuten bekommen, die eine Unterkunft in Melbourne suchten und die sich nicht einmal die Mühe gemacht hatten, mein Profil zu lesen oder »Hallo Brian« zu schreiben. Ich hatte sie einfach gelöscht.

Mir blieb gerade noch genug Zeit, um ein Dutzend Emails abzufeuern. Diesmal erweiterte ich meine Suche und schrieb auch Leute in Valparaíso an, das zwei Stunden von Santiago entfernt liegt. Es gab zwar massenhaft Sofas in beiden Städten, doch viele Gastgeber sprachen kein Englisch. Das war jedoch ein entscheidendes Kriterium für mich, da ich nur Englisch spreche (ich gebe zu, das ist eine erhebliche Einschränkung für einen Couchsurfing-Weltreisenden).

Zehn Stunden nach dem Abflug in Auckland schwebten wir über Südamerika. Die chilenische Küste lag unter uns wie der Rand einer Bühne, und die schneebedeckten Anden, die sich wie

ein langer, seidener Vorhang am Horizont entlangzogen, erinnerten mich an ein dramatisches Bühnenbild. Was ich über
Chile wusste, ging gegen null. Auf meinen vielen Reisen hatte ich
seltsamerweise nie einen Fuß nach Südamerika gesetzt.

In der Passkontrolle im Aeropuerto Internacional Arturo Me-
rino Benítez war ich noch guten Mutes, dass ich ein Sofa für die
Nacht finden würde. Ich wollte in einem Internetcafé im Flughafen vorbeischauen, wo sicher schon eine Einladung auf mich
wartete und mir den Weg zu einem gastfreundlichen Haus beschrieb, wo schon ein eiskaltes Bier für mich bereitstand. Ich
musste jedoch bald erkennen, dass mein Plan einen klitzeklei-
nen Haken hatte. Es gab im ganzen Flughafen kein Internetcafé.
Damit blieb mir keine andere Wahl, als in die Stadt zu fahren. Eine Stadt, über die ich nicht das Geringste wusste. Um
meine Reiseziele durch die Brille der Einheimischen kennenzulernen, hatte ich keine Reiseführer mitgenommen und keine
Recherchen angestellt. Was ja auch vollkommen in Ordnung
gewesen wäre, wenn denn ein Einheimischer da gewesen wäre,
durch dessen Brille ich hätte schauen können.

Ich ging davon aus, dass ich im Stadtzentrum von Santiago
ein Internetcafé finden würde. Noch hatte ich die Hoffnung nicht
aufgegeben, etwas Couchähnliches für die Nacht zu organisieren. Aber ich war auch nicht unflexibel. Zu diesem Zeitpunkt
hätte ich auch eine Chaiselongue, einen Fernsehsessel oder ein
gepolstertes Bänkchen genommen.

Santiago sah aus wie eine europäische Stadt, die in die Anden
verpflanzt worden war. Die hohen Berge rundherum schienen
sich bis in die Außenbezirke zu schieben, und die schneebedeckten Gipfel schimmerten hellweiß über dem braunen Smog der
Stadt. Jedes Mal wenn der Flughafenbus anhielt und jemand
ausstieg, fragte ich den Fahrer: »El Centro?« Der sah mich nur
verächtlich an und antwortete etwas auf Spanisch, das vermutlich bedeutete: »Was denkst du denn, du Idiot? Sieht das hier
vielleicht aus wie das Zentrum?«

Als er mir schließlich bedeutete, ich könne aussteigen, sah El Centro völlig anders aus, als ich es mir vorgestellt hatte. Ich stand an einem breiten, von Bürogebäuden und Pappeln gesäumten Boulevard. Die Haltestelle unterschied sich kein bisschen von den letzten drei Haltestellen an demselben Boulevard. Ich sah mich eine gute Minute lang um, um mich zu orientieren (was nicht ganz einfach ist, wenn man so gar keine Ahnung hat, wo man sich befindet), und ging dann ein Stück weiter den Boulevard entlang. Auf der Suche nach dem Zentrum ging ich die erstbeste Seitenstraße hinunter. Sie war gesäumt von Geschäften und Eiscafés, in denen große, attraktiv aussehende Menschen große, attraktiv aussehende Eisbecher löffelten.

Ein Internetcafé hatte ich schnell gefunden, doch zu meiner Enttäuschung hatte mir niemand geantwortet. Da ich sechs Nächte in Santiago verbringen wollte, verschickte ich noch ein paar Anfragen, doch ich fand mich allmählich damit ab, dass ich die erste Nacht meiner großen Couchsurfing-Weltreise ohne Couch verbringen musste. Es sah ganz so aus, als müsste ich mir ein Hotel suchen. Oder auf einer Parkbank schlafen.

Ich ging an einigen Hotels vorüber und entschied mich schließlich für das Hotel Foresta, das von außen nur ein kleines bisschen heruntergekommen (sprich: billiger) wirkte. Vom Hotel aus hatte man einen ausgezeichneten Blick auf den Cerro Santa Lucía, einen üppig begrünten Landschaftspark, der so aussah, als sei er nicht für Menschen, sondern für Gämsen angelegt worden. Auf der Länge eines einzigen Straßenzuges ragte ein unmöglich steiler Hügel mit Bäumen, Brunnen, Treppen und gewundenen Kieswegen empor.

Es war kein Wunder, dass ich keine Antwort auf meine Hilferufe bekam. Sämtliche unter Dreißigjährigen von Santiago saßen in diesem Park und knutschten. Nachdem ich meine Sachen im Hotelzimmer deponiert hatte, beschloss ich, den warmen Nachmittag zu nutzen und den Park zu erklimmen. Auf dem Hügel drängten sich die Liebespaare mit ineinander verschlungenen Armen und Beinen. Sie lagen auf den Parkbänken und Rasenflächen, und selbst Eltern befummelten einander, während ihre Kinder auf den Wiesen tollten.

Auf der Suche nach einem Ausblick stieg ich die steilen, von Bäumen überhangenen Terrassen hinauf. Doch jedes Mal wenn ich auf einen der kleinen Balkone hinaustrat, die gefährlich über den Abgrund ragten, drängten sich da schon die Pärchen und rammten einander ihre Zungen in den Hals. Nach einem letzten steilen Anstieg stand ich auf einer kleinen Aussichtsplattform mit dem Namen Caupolicán Plaza, von der aus man die gesamte Stadt überblicken konnte. Die Außenbezirke reichten tatsächlich bis an die Anden heran, und an einigen Stellen kletterten sie sogar die Hänge hinauf. Es sah so aus, als würden sich die Berge Schritt für Schritt in die Stadt schieben.

»An diesem Ort gründete Pedro de Valdivia, der Eroberer von Chile, 1541 im Namen der spanischen Krone die Stadt Santiago. Der Hügel hieß ursprünglich Huelén, was in Mapudungun so viel heißt wie ›Schmerz‹ oder ›Trauer‹. Im Jahr 1872 ...« Den Rest der Tafel verdeckte das Hinterteil einer jungen Frau, das ihr Freund zärtlich betätschelte.

Hinter dem Hotel begann ein Labyrinth charmanter Gässchen, in denen sich eine Gaststätte an die andere reihte. Während Trauben von attraktiven Menschen ziellos durch die Gassen bummelten, um die Entscheidung für ein Restaurant genüsslich hinauszuzögern, ging ich auf die erstbeste Gaststätte zu, die Tische vor der Tür stehen hatte, und bestellte ein Bier. Dass ich in der ersten Nacht meiner Couchsurfing-Weltreise keine Couch hatte, sollte mich nicht daran hindern, mich zu amüsieren. Oder zu betrinken. Was auch immer als Erstes passierte. Es war nicht weiter schwer, lustig zu werden. Der Kellner brachte mir ein Bier in einem Humpen, der so groß war wie die Teetassen in *Alice im Wunderland*. Dann schlug er mir vor, das chilenische Nationalgetränk Pisco Sour zu probieren. Als ich bestellte, brachte er mir gleich zwei große Gläser. Es war Pisco Sour Happy Hour und das hieß zwei zum Preis von einem. Das Getränk enthielt mehr Pisco als Sour und war im Grunde nichts anderes als ein großes Glas Brandy mit einem Spritzer Limonensaft und einer Prise Zucker.

Ich versuchte, den Pisco Sour mit einem Teller frittierter Tintenfische und Salat aufzutunken, doch die Kombination aus Raketentreibstoff mit Limonengeschmack und Zeitverschiebung (ich hatte keine Ahnung, ob es in Australien halb vier morgens oder halb vier nachmittags war) beeinträchtigte mein Urteilsvermögen erheblich. Das war vermutlich auch der Grund, weshalb ich auf dem Weg ins Hotel in einer weiteren Kneipe vorbeischaute. Mit seinen niedrigen Decken und holzgetäfelten Wänden wirkte das Berri wie eine Zeitmaschine. Als ich in meinem holprigen Spanisch ein Bier bestellte, fragte mich der Besitzer, wo ich denn herkomme.»Ah, Steve Irwin!«, rief er überschwänglich.»Crikey!«, fügte er hinzu, als er das Bier vor mich hinstellte.

Nachdem ich ein paar Minuten allein herumgesessen hatte, kam der Besitzer wieder an den Tisch:»Komm, ich stelle dir einen Freund vor!« Sein Freund war der spanische Botschafter in Chile.»Ah, Steve Irwin!«, rief der Botschafter, als er mir die Hand gab. Das könnte die Lösung sein, dachte ich mir. Mein cooler neuer Freund hatte mit Sicherheit noch eine Couch frei. Und vermutlich sogar eine wunderbar weiche Ledercouch. Mir kam allerdings bald der Verdacht, dass der Botschafter seine Couch schon anderweitig verplant hatte, denn während wir uns unterhielten, betätschelte er hingebungsvoll den Hintern seiner Sekretärin.

Auf dem Weg ins Hotel kam ich an einem Internetcafé vorbei, das noch offen hatte. Also schlurfte ich hinein, um meine Emails zu checken. Hartnäckig war ich, das musste man mir lassen.

»JA!«, lallte ich laut.

Ich hatte den Couchsurfing-Jackpot geknackt und eine Einladung bekommen, zwei Tage in einer Skihütte in den Anden zu verbringen. Miguel Angel Chacana lebte in Valparaíso. In seinem Profil stand, er sei »nicht allzu oft zu Hause«. Im Sommer arbeitete Miguel als Bergführer und Koch auf Reittouren durch die patagonische Wildnis und im Winter kochte er auf einer Skihütte. In seiner Email schrieb Miguel, er sei an diesem Abend in Santiago, und wenn ich mit ihm in die Berge fahren wolle, dann müsse ich ihn vor elf Uhr anrufen, denn er würde am nächsten Morgen früh aufbrechen, um die neunzigminütige Strecke zur Hütte zu fahren. Ich sah auf die Uhr. Es war fünf vor elf.

2

»Im Winter ist mein Lieblingssport Skifahren und gelegentlich Ausschlafen.«

Miguel Angel Chacana, 45, Valparaíso, Chile
CouchSurfing.com

Miguel hatte nicht die geringste Ähnlichkeit mit Miguel. »Brian?«, fragte er, als er vor dem Hotel aus seinem Wagen ausstieg. Der Miguel auf dem Foto im Internet hatte einen kahl geschorenen Kopf. Dieser Miguel hatte eine wuschelige, graue Mähne und war mindestens zehn Jahre älter.

»Hola, schön, dich kennenzulernen«, erwiderte ich und gab Miguel die Hand. Der grunzte ein kurzes »Hola« zurück, schnappte sich meinen Rucksack und warf ihn in den Kofferraum.

»Fahren wir«, sagte Miguel mit einem bösen Grinsen. Kann sein, dass ich ein bisschen paranoid reagierte, aber das war schon alles sehr merkwürdig. Miguel schien kaum Englisch zu sprechen, obwohl sein Profil bei CouchSurfing in perfektem Englisch verfasst war. Als wir losfuhren, beschlichen mich dunkle Vorahnungen. In seinem Profil hatte Miguel sehr nett geklungen, doch im Grunde wusste ich überhaupt nichts über ihn. Warum hatte er auf dem Foto einen rasierten Kopf? Trug er jetzt eine Perücke? Dann durchfuhr es mich wie ein Blitz. Zu

Hause wusste niemand, wo und mit wem ich unterwegs war. Wenn mich Miguel in eine versteckte Hütte in den Bergen verschleppte und dort folterte, dann würde es niemand mitbekommen. Meine Gedanken überschlugen sich. Vielleicht war Miguel Mitglied einer Gruppe chilenischer Freiheitskämpfer und wollte mich als Geisel nehmen, um Lösegeld zu erpressen. Noch nervöser machte mich die Tatsache, dass weder meine Freunde noch meine Familie reiche Leute sind. Deshalb würden Miguel und seine Freiheitskämpfer mich umbringen müssen, um zu beweisen, dass es ihnen ernst war. Vielleicht war diese ganze Couchsurferei ja doch keine so gute Idee.

Ich sah Miguel von der Seite an und versuchte, seine Pistole zu entdecken. Eigentlich sah er ganz normal aus. Aber genau deswegen war er natürlich der perfekte Mann, um unschuldige und naive Backpacker auf seine »Couch« zu locken.

»Du bist also ein guter Skifahrer, Miguel?«, stammelte ich.

»Ich bin nicht Miguel«, antwortete er und starrte auf die Straße.

Auweia.

Ich hatte also recht mit meinen Befürchtungen. Ich war das Opfer einer Entführung geworden.

»Wir holen Miguel unterwegs ab«, sagte der Mann, der nicht Miguel war, fröhlich. Zu fröhlich, wie ich fand.

So war das also. Wenn ich mich wehren würde, dann hatte ich gleich zwei gegen mich. Vielleicht sollte ich am besten gleich aus dem fahrenden Wagen springen. Die Straßen waren leer und wir fuhren ziemlich schnell, aber ein paar Schürfwunden und ein gebrochener Arm waren immer noch besser, als an den Eiern aufgehängt zu werden.

Als ich meinen Freunden erzählte, dass ich bei wildfremden Leuten und in unbekannten Städten übernachten würde, hatte mindestens die Hälfte spontan geantwortet: »Aber das könnte doch ein Axtmörder sein!« (Wohlgemerkt, nicht einfach nur ein Mörder, sondern immer ein Axtmörder.) Einer meiner Freunde hatte jedoch recht behalten. Er hatte mir vorhergesagt, dass ich von Freiheitskämpfern entführt werden würde.

Als ich schon den Türgriff in der Hand hielt, um aus dem Wagen zu springen, hielten wir vor einer Zeile hübscher Reihenhäuschen. Ein kahl geschorener Mann mit einer roten Fleecejacke kam aus einer der Türen und sprang auf den Rücksitz.

»Hola Brian! Willkommen in Chile!«, sagte der richtige Miguel. Er schüttelte mir die Hand und sah mich mit einem strahlenden Lächeln an. Zehn Minuten später war ich mir ziemlich sicher, dass Miguel kein Freiheitskämpfer war (obwohl ich mir noch nicht ganz sicher war, ob sein griesgrämiger Freund Roberto mit dem fiesen Grinsen nicht doch ein Axtmörder war). Miguel war zwar ein Fremder, doch er wirkte aufrichtig und herzlich.

»Diesen Winter hätte ich es fast nicht in die Berge geschafft«, erzählte Miguel.

»Warum?«, fragte ich.

»Ich wäre fast von einem Puma gefressen worden.«

Miguel erzählte, jeden Herbst würden die Bergführer mehr als hundert Pferde quer durch das ganze Land zu ihren Winterweiden bringen. Jede Nacht müsse jemand die Tiere bewachen, »damit ihnen die Pumas nicht die Ohren anknabbern«.

»Ein Puma hat versucht, zu mir ins Zelt zu kommen«, erwähnte er wie nebenbei.

Ich hatte Miguel eben erst kennengelernt, deshalb verkniff ich mir die Bemerkung, dass seine riesigen Ohren tatsächlich recht lecker aussahen.

Wenn er nicht gerade Großkatzen aus seinem Schlafsack fernhalten musste, hatte Miguel ein extrem spaßbetontes Arbeitsleben. Sechs Monate im Jahr führte er kleine Gruppen von reichen amerikanischen Touristen in zwölftägigen Pferdetrecks durch Patagonien. Die Touren waren vom Feinsten, oft nahmen mehr Führer als Gäste teil. Für Zelte, Nahrungsmittel und sonstige Ausrüstungsgegenstände waren sechs Packpferde nötig. Danach arbeitete Miguel drei Monate als Koch auf der Skihütte.

Den Rest des Jahres verbrachte er in Valparaíso mit »gelegentlichem Ausschlafen«.

»Hast du Lust, Ski zu fahren?«, fragte mich Miguel.

»Das wäre super!«, rief ich und strahlte über beide Backen. »Wir können hier ein Paar Skier mieten«, sagte Miguel, als wir in den Parkplatz eines McDonald's einbogen. Der Skiverleih befand sich in einem kleinen Schuppen neben dem McDrive-Schalter.

Kurz nachdem wir die Skier eingeladen hatten, ließen wir die Außenbezirke der Stadt hinter uns und kletterten eine steile Schlucht hinauf. Die Holzhütten und Steinhäuser an der Seite standen auf gefährlich wackelig aussehenden Pfählen. Als wir höher kamen, wichen die Bäume immer weiter zurück. Schließlich fuhren durch eine klassische südamerikanische Prärielandschaft – die um 45 Grad gekippt war. Auf den verwaschenbraunen Bergen vor und über uns leuchteten orangefarbene und gelbe Wüstenblumen und mannshohe Kakteen. Und als wolle er das Bild abrunden, kam uns hinter einer Kurve auf einem Pferd ein Cowboy (ein *huaso*, korrigierte mich Miguel) entgegen.

Von dem Dorf, in dem wir übernachten würden, sah ich nur wenig. Farellones lag unter einer dichten Nebeldecke und der Wind trieb den Schneeregen horizontal gegen die Windschutzscheibe. Das gefiel mir überhaupt nicht. Noch weniger gefiel mir, dass auf der Skipiste, die an der anderen Seite des Dorfes endete, nicht eine Schneeflocke lag. Vielleicht hätte ich mir Gras-Skier ausleihen sollen. Außer einigen schmutzigen Häufchen an den Hauswänden und dem Schneewasser, das von der Windschutzscheibe troff, war weit und breit keine Spur von Schnee zu sehen.

»Und, äh ... wo fahren wir Ski?«, fragte ich.

Miguel zeigte in die Wolken. »Da oben«, erwiderte er zuversichtlich.

»Da oben« waren offenbar irgendwo drei Skigebiete: La Parva, El Colorado und Valle Nevado. Farellones befand sich »nur« auf einer Höhe von 2500 Metern (das ist immer noch erheblich höher als der höchste Berg von Australien), während die Skigebiete auf 3700 Metern lagen. »Wir haben hier über einhundert Kilometer Skipisten und mehr als fünfzig Lifte«, fügte Miguel stolz hinzu. Das Dorf bestand vor allem aus attraktiven Ferienhäuschen und Hütten aus Holz und Stein. Da weder Menschen noch Autos auf der Straße zu sehen waren, wirkte der Ort ausgestorben und dank der Nebelschwaden ein wenig unheimlich. Als wir vor dem Refugio Alemán hielten, stieß ich einen Freudenschrei aus. Wir hatten die Hütte allerdings nicht ganz für uns allein: Im Vorgarten befand sich ein kleines Gehege, in dem drei etwas belämmert dreinblickende Lamas standen.

In der Skihütte wartete eine Überraschung auf mich. Ich hatte nicht nur eine Couch, sondern ein richtiges Bett. Und nicht nur eins – ich hatte freie Auswahl unter 28 Betten. Die Skisaison war gerade zu Ende gegangen und die Hütte war leer. Miguels bester Freund und Bergführerkumpel Jorge war der Verwalter der Hütte, und Miguel, der im Winter dort kochte, war gekommen, um ihm beim Frühjahrsputz zu helfen.

Das Innere der Hütte war reichlich rustikal – um nicht zu sagen ziemlich vergammelt. Jorge lag vor einem knisternden Feuer auf der Couch und sah sich in einem kleinen Uralt-Fernseher eine Seifenoper an. Der Aufenthaltsbereich war ein lang gestreckter Raum mit einer Sitzecke und einigen Esstischen aus Kiefernholz. Am anderen Ende standen eine Bar und ein paar Billardtische.

»Gefällt's dir?«, fragte Miguel und nickte mit einem Augenzwinkern in Richtung der Theke.

Über dem Tresen hing eine große australische Fahne. Australier sind wie Hunde. Wann immer abenteuerlustige und patriotische Aussies über den Planeten streunen, müssen sie in neu eroberten Territorien ihre Markierung hinterlassen.

Die 28 Betten der Hütte waren sämtlich in winzige Zimmerchen gequetscht. Miguel gab mir das kleinste Einbettzimmer und erklärte:»Da hast du es wärmer.«Das Zimmer war so klein, dass ich meinen Rucksack nicht neben dem Bett auf den Boden stellen konnte. Ich muss ein wenig enttäuscht dreingeblickt haben, denn Miguel sagte:»Aber du hast die Auswahl zwischen vier Bädern.« Jorge schleppte eine Kiste mit bunt zusammengewürfelten Ausrüstungsgegenständen an, die Gäste in der Hütte liegen gelassen hatten. Ich schnappte mir ein Paar knallrosa Frauenhandschuhe und viel zu enge Skihosen (zugegeben, vielleicht lag es auch an meinem Speckgürtel). Mützen fanden wir keine, also nahm sich Jorge kurzerhand seine eigene, regenbogenfarbene Strickmütze vom Kopf und setzte sie mir auf. Miguel und Jorge wollten nicht mit zum Skifahren kommen. Sie murmelten etwas von Hütte sauber machen, doch Jorge machte den Eindruck, als wolle er einfach ein paar Stunden vor dem Fernseher abhängen.

Das moderne Skidorf El Colorado – modern im Stil von zeitgenössischen Sozialwohnungssiedlungen – lag 15 Minuten und einige steile Haarnadelkurven entfernt. Nach einer langen Biegung blickte ich zurück – ein Auto am unteren Ende wirkte so winzig, als würde ich aus dem Flugzeugfenster schauen. Als ich die Eintrittskarte für den Lift kaufte, hatte es aufgehört zu schneien, doch die Berge lagen noch immer unter den Wolken verborgen. Zumindest würde ich nicht frieren: Ich trug fast den gesamten Inhalt meines Rucksacks am Körper.

Ich hatte keinen von Eseln gezogenen Lift erwartet, aber ich war doch einigermaßen überrascht, als ich in einen nagelneuen, schnellen Sessellift sprang. Die größte Überraschung erwartete mich jedoch kurz vor dem Ausstieg. Es waren sogar zwei Überraschungen: Erstens hatten sämtliche Pisten unter mir eine gute Schneedecke. Und gerade als ich dachte, ich könnte ein paar blaue Fleckchen am Himmel erkennen, stießen wir (der Sessel und ich) plötzlich durch die Wolken hinaus in den hellsten Sonnenschein und einen riesigen, blauen Himmel.

Ich stand eine ganze Weile am Ausstieg. Was mich am Reisen am meisten begeistert, ist die Tatsache, dass ich immer irgendetwas Neues sehe, das mich vollkommen plättet. Die Berge um mich herum waren dunkle, furchteinflößende Riesen, um deren ferne Gipfel sich die Wolkenfetzen legten wie dünne Rauchschleier. Bei meinen ersten Abfahrten wäre ich ein paar Mal fast gestürzt, weil ich immerzu auf die majestätischen Gipfel schauen musste, die einer nach dem anderen durch die Wolken hindurch sichtbar wurden. Zum Glück war kaum jemand da, mit dem ich hätte zusammenstoßen können. Ich hatte den Berg fast für mich allein.

Es war ein unvergesslicher Tag. Ich verbrachte den ganzen Morgen mit meinem persönlichen Sessellift und im weichen Frühlingsschnee. Mittags aß ich auf einer riesigen Terrasse, die ich mir mit vier anderen Gästen teilte, und am Nachmittag wanderte ich zwischen riesigen Felsen und durch steile Schneefelder. Gegen Abend wurde die Aussicht noch besser, denn die Wolken wichen ins Tal zurück und gaben einen überwältigenden Blick auf braune Felsschluchten und immer neue zerklüftete Gipfel frei.

Als mich Miguel abholte, kehrten wir am Lifteinstieg in ein Gasthaus mit dem Namen El Alambique ein. Über einem großen Glas Crystal erzählte mir Miguel mehr von sich. Er und Jorge arbeiteten seit zehn Jahren für BlueGreen Adventures im Nationalpark Torres del Paine in Patagonien. Miguel schien den größten Teil seines Lebens unterwegs gewesen zu sein. Vor seiner Zeit als Bergführer hatte er in Valparaíso Taxis chauffiert und davor war er in der chilenischen Marine gewesen. »Die Marine war die einzige Möglichkeit, etwas von der Welt zu sehen«, erklärte er mir. »Unter Pinochet durften die Chilenen das Land nicht verlassen, aber mit der Marine war ich in Argentinien, Peru und Uruguay.«

Miguel hatte eine geschiedene Frau und zwei Kinder im Jugendlichenalter (ich fragte ihn nicht, wann er die Zeit gehabt hatte, die Kinder zu zeugen), die noch in Valparaíso lebten. Ich nahm an, dass er seine Kinder besuchte, wenn er nicht gerade ausschlief.

Als ich an die Theke ging, um noch zwei Bier zu bestellen, sah ich ein paar Computer mit Internetanschluss. Ich konnte nicht anders. Ich musste mich schnell einloggen und nachsehen, ob ich für meine restliche Zeit in Chile eine Couch hatte. Dreimal Bingo. Ich hatte drei Angebote, darunter von einem gewissen José, der mir schrieb:»Ich will mit dir trinken und tanzen gehen.«Nun stand ich vor einem neuen Dilemma: zu viele Couchs und ein Typ, der mich zu einem heißen Rendezvous einlud. Ich antwortete allen dreien und nahm sämtliche Angebote an. Nach der Rückkehr aus den Bergen blieben mir noch drei Nächte in Chile. Es würden drei One-Night-Stands werden. Ich würde mit dem 35-jährigen Ingenieur José trinken und tanzen, mich dann in einen Vorort begeben, um bei dem 28-jährigen Grafikdesigner Juan zu übernachten, und schließlich mit dem Bus nach Valaparaíso fahren, um den 24-jährigen Journalisten Mariano zu besuchen.

Miguel bot an, eine neue Runde Bier zu bestellen, doch ich lehnte ab. Nicht dass ich nicht noch ein Glas getrunken hätte, aber ich hatte keine Lust, mich zu Miguel ins Auto zu setzen, wenn der mit drei Bier intus in der Dunkelheit steile, vereiste Haarnadelkurven hinabfuhr.

Auf dem Rückweg nahmen wir ein großes, bildhübsches Mädchen namens Claudia mit. Ich war nämlich doch nicht der einzige Pritschensurfer im Refugio Alemán. Claudia, die mit Miguel und Jorge befreundet war und in der Touristeninformationsstelle in El Colorado aushalf, übernachtete in einem der Zimmerchen. Claudia war Skilehrerin, doch als vor zwei Wochen die Skisaison zu Ende gegangen war, hatte sie auch ihre Skilehrerwohnung räumen müssen.

»Ich bin Skibummlerin«, informierte sie mich im Auto.

Ich sah sie verständnislos an.

»Eine Weltenbummlerin auf Skiern! Die letzten vier Jahre bin ich zwischen Nord- und Südamerika hin- und hergependelt und habe Skiunterricht gegeben.«

Ich stellte mir vor, dass sich Claudias Schüler rettungslos in sie verliebten. Claudia war Ende 20, hatte lange, schwarze Haare, eine weiche, von der Sonne geküsste Haut und große, braune Augen.

Als wir wieder in die Hütte kamen, saß Jorge noch genau auf dem Platz, an dem ich ihn am Morgen zurückgelassen hatte, und sah immer noch fern. Der Raum sah kein bisschen sauberer aus. Ich duschte mich ausgiebig und holte mir dann an der Theke ein Bier. Während Miguel und Jorge die chilenische Version von *Big Brother* schauten, stellte ich mich ans Panoramafenster und sah zu, wie die Sonne langsam durch die Wolken hindurch ins Tal sank. Der Himmel wurde blass und ging innerhalb weniger Minuten von Gelb zu Orange in Dunkelrot und Purpur über, während sich die umliegenden Berge blau färbten.

»An was denkst du?«

Ich zuckte zusammen.

»Entschuldigung.« Es war Claudia.

»Ich habe gerade gedacht, was für ein Glück ich habe, dass ich hier sein kann«, antwortete ich. »Ich glaube, das ist der unglaublichste Sonnenuntergang, den ich je gesehen habe.«

Claudia kam ein Stückchen näher. »Glaubst du an Gott?«

»Mh… nein«, antwortete ich peinlich berührt. Claudia wirkte mit einem Mal traurig. »Naja, irgendwie so, aber… halt manchmal«, korrigierte ich mich unbeholfen.

»Gott hat etwas mit mir gemacht«, sagte Claudia und senkte die Stimme.

»Ja?«, fragte ich unsicher.

Claudia lehnte sich zu mir und flüsterte: »Ich bin schwanger.«

Obwohl ich mir nicht sicher war, ob Gott der Vater war, zögerte ich keine Sekunde. »Oh! Herzlichen Glückwunsch!«

»Ich weiß nicht, ob das etwas ist, zu dem man mich beglückwünschen sollte«, antwortete Claudia vorsichtig. »Ich weiß nicht.«

Claudia erzählte mir, sie hätte es erst vor fünf Tagen bemerkt. Der Vater sei ein Trainer der kanadischen Nationalmannschaft im Skiabfahrtslauf und sei nach drei Monaten in Valparaíso inzwischen wieder in Kanada.

»Ich weiß nicht, was ich tun soll«, schniefte Claudia.

»Weiß es der Vater denn?«

»Ich habe ihn heute Nachmittag angerufen. Er hat sich gefreut und mir gesagt, dass er mich liebt und dass ich nach Kanada kommen soll. Aber ... ich weiß nicht, ob er der Richtige ist. Ich bin 29, aber ich weiß nicht, ob ich ein Kind will und ob ich ein Leben lang mit Bob zusammen sein will.«

Ich schwieg eine Minute lang.

»Oh«, sagte ich dann. Ich bin nicht besonders gut darin, über Gefühle zu reden (das kann Ihnen meine Frau bestätigen).

»Sag bitte Jorge und Miguel nichts davon.« Ihre Augen schimmerten verdächtig. »Außer dir weiß es niemand.«

Claudia hatte nicht einmal ihren Eltern davon erzählt. Sie hatte Angst.

»Abtreibung ist illegal. Und wenn ich das Kind allein bekomme, dann werden meine Eltern und meine Freunde mich verstoßen.« Jetzt kullerten ihr die Tränen die Wangen hinunter.

Mir wurde klar, dass Claudia mir davon erzählte, weil sie wusste, dass sie mich nie wiedersehen würde, und weil sie mit irgendjemandem reden wollte. Aber ich hatte keine Ahnung, was ich ihr sagen sollte.

Wir schauten zum Fenster hinaus, während die Sonne hinter dem Horizont verschwand und unter uns im Tal Tausende kleine Lichter sichtbar wurden. Es sah aus wie ein auf dem Kopf stehender Sternenhimmel.

»Ist das Santiago?«, fragte ich. Was ich gut kann, ist das Thema wechseln, wenn mir ein Gespräch zu heftig wird (auch das kann Ihnen meine Frau bestätigen).

»Ich will nicht als Single in dieser Scheißstadt leben«, sagte Claudia.

Ich hoffte nur, dass sie mich nicht fragen würde, was sie jetzt tun sollte.

»Was soll ich denn jetzt tun?« Claudia sah mich tränenüberströmt an.

Oje.

Weil ich nicht wusste, was ich antworten sollte, zählte ich sämtliche Möglichkeiten auf, die mir einfielen. »Du könntest nach Kanada gehen und das Kind bekommen ... oder nicht und sehen, ob es mit Bob klappt ... oder nicht ...«

Ich war eine große Hilfe.

»Danke. Du warst eine große Hilfe«, sagte Claudia und drückte mir die Hand.

Beim Abendessen wirkte Claudia aufgekratzt, doch ich wusste, dass sie sich nur vor Jorge und Miguel nichts anmerken lassen wollte. Miguel hatte eine chilenische Traditionsmahlzeit zubereitet: Hamburger und Pommes. Als sich Claudia ihren zweiten Hamburger nahm, musste ich an mich halten, um nicht herauszuplatzen: »Claudia isst für zwei.«

Nach dem Essen schlich sich Claudia ins Bett, während wir uns mit einem dampfend heißen Kakao vor den Fernseher fläzten. Je mehr ich reise, desto mehr stelle ich fest, wie klein und fernsehverrückt die Welt ist. Nach der chilenischen Version von *Big Brother* kam die chilenische Version von *Let's Dance* und danach *Südamerika sucht den Superstar* (wir waren uns einig, dass die chilenische Kandidatin die beste war). Während die kolumbianische Teilnehmerin eine Liebesschnulze trällerte, döste ich ein. »Was bin ich nur für ein langweiliger Couchgast?«, dachte ich, als ich eine Stunde später hochschreckte. Doch zum Glück waren Jorge und Miguel derart von einer Reality-Show über laut schreiende Frauen mit großen Brüsten gefesselt, dass sie mein Einnicken gar nicht mitbekommen hatten.

»Tut mir wirklich leid, aber ich muss ins Bett«, sagte ich und gähnte.

»Du brauchst vermutlich noch ein paar Decken«, sagte Jorge
und gab mir einen Stapel Wolldecken. »Wir haben die Heizung
in den Zimmern abgeschaltet. Es ist wie im Kühlschrank.«

Ich bin ein Depp. Werde ich es denn nie kapieren? Ich habe als
Skiführer in den Schweizer Alpen gearbeitet und weiß, dass das
Wetter innerhalb von kürzester Zeit umschlagen kann. Warum
hatte ich mir dann keine Sonnencreme mit auf den El Colorado
genommen? Ich sah aus wie Mr. Tomato Head.
Jorge saß schon wieder auf seinem Stammplatz vor dem Fernseher. »Mann, du hast einen fetten Sonnenbrand im Gesicht!«,
sagte er mit ernstem Blick. Das sollte ich in den nächsten Tagen
von allen Leuten zu hören bekommen, denen ich begegnete.
Es war wieder ein wunderschöner, sonniger Tag. Bevor ich
also nach Valle Nevado aufbrach, cremte ich mich dick mit Son-
nenmilch ein (ja, ich weiß, es war zu viel und vor allem zu spät,
aber wenn ich noch mehr Sonne abbekommen hätte, dann hätte
sich mein Gesicht selbst entzündet).
Ich musste Miguel vom Fernseher wegzerren, damit er mit
mir Skifahren ging.
»Ich fange dann schon mal mit dem Saubermachen an«, sagte
Jorge, ohne den Blick von der Mattscheibe abzuwenden.
Der Skiort Valle Nevado sah aus, als hätte jemand einen Berg-
gipfel gekappt, um einen Parkplatz und einen Hotelklotz hinzu-
stellen. Wir ließen die Besichtigung kurz ausfallen und fuhren
sofort nach Tres Puntas, dem höchsten, auf 3670 Metern gelegenen Lift, weiter. Dort sprangen wir in die Piste (es war eher wie
ein Sprung von einer Klippe) und in feinsten Pulverschnee. Es
war natürlich schön, mit einem Einheimischen zu fahren. Aber
auf der langen Abfahrt hatten wir auch viel Zeit, über das Leben
im Allgemeinen, über Skifahren, Fußball und die chilenische
Kultur im Besonderen zu philosophieren. Und über junge Mädchen, denen man die Brust aufschlitzte, um ihnen die Innereien
herauszureißen. Miguel deutete auf den höchsten Gipfel, den El

Plomo mit seinen 5430 Metern, in dessen Gletscher vor einigen Jahren eine intakte Inka-Mumie entdeckt wurde. »Die Inka-Prinzessin brauchte zwei Wochen, um barfuß auf den Gipfel zu steigen. Dann haben sie sie geopfert«, erzählte mir Miguel trocken. Später beklagte er sich, es gebe keine Kultur mehr in Chile (jetzt, da die gute alte Zeit der Mädchenopfer Vergangenheit war). »Die chilenische Kultur besteht nur noch aus Klatsch«, meinte er ärgerlich. »Es gibt nichts als Klatschmagazine, Klatschfernsehen und Fernsehshows, in denen über Klatschmagazine geklatscht wird.«

Dann unterhielten wir uns über die Eheprobleme von Brad und Angelina.

Ich erfuhr, dass ich Miguels erster Couchgast war. Er hatte schon einige Anfragen bekommen, aber nie Zeit gehabt. Er meinte, ich hätte interessant geklungen und er hätte ein bisschen Mitleid mit mir gehabt. »Du hast echt verzweifelt geklungen.«

»Kann sein«, antwortete ich. Okay, zugegeben. In den letzten Emails hatte ich um eine Couch gebettelt und gefleht.

Wie fantastische Tage das so an sich haben, endete auch dieser viel zu schnell und mit ihm meine Zeit in den Bergen. Miguel blieb, »um die Hütte fertig sauber zu machen«. Oder besser gesagt um mit dem Saubermachen anzufangen, denn Jorge saß bei unserer Rückkehr immer noch vor dem Fernseher. Also fuhr ich mit dem Axtmörder Roberto zurück nach Santiago.

Es war ein seltsames Gefühl, während meiner Reise immer wieder in das Leben anderer Menschen einzutauchen, um nach ein paar Tagen wieder zu verschwinden. Als Miguel und ich uns zum Abschied umarmten, wussten wir, dass wir uns vermutlich nie wiedersehen würden. »Äh ... viel Glück«, raunte ich Claudia zu, als wir uns umarmten. Wenn Sie dies lesen, hat Claudia vielleicht ihr Kind bekommen, vielleicht lebt sie in Kanada oder vielleicht lebt sie in dieser »Scheißstadt« Santiago.

3

*»Du bist herzlich bei mir willkommen, solange du den
Abwasch machst.«*

*José Levican, 35, Santiago de Chile
Hospitalityclub.org*

Der Apartmentblock, in dem José wohnte, wirkte von außen wie
eine Behörde und José wie ein Beamter. Mit seinen ordentlichen
Kleidern, seiner ordentlichen Brille und seiner extrem ordentlichen Frisur machte er den Eindruck eines Bücherwurms.
Seine Wohnung war genauso ordentlich wie er, was vor allem
daran lag, dass es kaum Platz gab, um unordentlich zu sein. José
begrüßte mich an der Tür mit einem beamtenhaften Hände-
druck. Nach zwei Schritten in seine Wohnung war ich bereits
durch seine Küche gegangen und stand im Wohnzimmer. Obwohl Wohnzimmer ein bisschen viel gesagt ist – mit einem An-
derthalbsitzer war der Raum beinahe ausgefüllt.

Auf dieser Minicouch saß Caroline, eine hübsche und zierliche Couchsurferin aus Frankreich. Sie hatte die Couch bereits
für sich beansprucht, mein Bett bestand aus ein paar Kissen auf
dem Fußboden. Aber ich war schon froh, überhaupt ein Bett zu
haben. Nicht nur, weil es nichts kostete, sondern auch, weil ich
noch immer derart begeistert davon war, dass ich bei einem Einheimischen wohnen und aus der Nähe sehen konnte, wie er so
lebte.

Kaum hatten wir uns vorgestellt, fragte ich: »Habt ihr schon
gegessen? Hättet ihr Lust, was essen zu gehen?« Die Frage war
vielleicht ein bisschen voreilig, aber nach einem langen Tag auf
der Skipiste war ich ausgehungert und mein Magen gab pein-
liche Gurgellaute von sich.

»Wir haben schon gegessen, aber ich mach dir was«, sagte Caroline. Sie stand auf und ging in die Küche, obwohl sie den Herd fast von der Couch aus hätte anschalten können. Es war genial: Eine Couchsurferin kocht einem anderen Couchsurfer, den sie eben erst kennengelernt hat, in der Wohnung eines wildfremden Menschen ein Essen.

José nahm eine riesige Flasche Heineken, schenkte mir ein Bier ein und setzte sich zu mir auf die Couch. Aus seinem Profil bei HospitalityClub wusste ich bereits ein wenig über ihn. Er interessierte sich für Sprachen, Astronomie, Naturwissenschaften und Barockmusik, spielte Gitarre und versuchte, »den menschlichen Geist zu ergründen«.

»Du bist Ingenieur?«, fragte ich José. Auch das hatte ich seinem Profil entnommen.

»Ja. Ich bin bei Nestlé und baue Düsen zur Eiskremherstellung.«

»Du arbeitest auf Auftragsbasis?«

»Nein«, sagte José. »Ich bin schon seit drei Jahren da.«

»Ach so. Aber wieso brauchen die denn so viele Düsen?«

»Die arbeiten nach dem Schweizer System«, klärte mich José auf. »Die Düsen sind ... superkalifragilistischexpiallegorisch ...«

So klang das zumindest in meinen Ohren, und das änderte sich auch nicht, nachdem er einen Stapel von Entwürfen hervorgekramt und mir zehn Minuten lang erläutert hatte, wie man den Spin der Dichtungsnut justiert, wenn die Zirkonblindflansch kein Erdbeereis wollte, sondern Schokolade.

Vor seiner Zeit bei Nestlé hatte José drei Jahre lang in den Vereinigten Staaten gearbeitet. Ehe er mir jedoch im Detail erklären konnte, wie die Düsen unter dem amerikanischen System funktionierten, reichte mir Caroline eine Schüssel mit dampfendem Risotto. Ich lenkte das Gespräch geschickt auf Couchsurfing und erfuhr, dass José eine Art Couchsurfing-Junkie war und bereits die halbe Welt durch sein Wohnzimmer geschleust hatte. Auf seine Minicouch hatten sich bereits Slowenen, Tschechen, Polen, Deutsche, Österreicher, Spanier, Iren, Australier, Neuseeländer, Kanadier und Amerikaner gequetscht. Einige hatten direkt bei ihm angefragt, andere hatte er selbst aus dem Netz gefischt und eingeladen. Auf der Website des HospitalityClub kann man nämlich nicht nur potenzielle Gastgeber nach Land und Stadt suchen, man kann auch nach Geschlecht, Alter, Fremdsprachen, Berufen und »geplanten Reisen« filtern – und unter dieser Rubrik fand José seine Couchsurfer. Gelegentlich sah er nach, wer eine Reise nach Chile plante, schickte der betreffenden Person eine Email und bot sein Sofa an. So merkwürdig das klingt, aber José hatte ein ehrliches Interesse daran, Menschen aus aller Welt kennenzulernen. »Ich liebe Menschen«, sagte er überschwänglich. »Und ich liebe es, wenn sie mir von ihrem Leben erzählen.« Er war jedenfalls ein leidenschaftlicher Gastgeber, denn er war auch Mitglied bei CouchSurfing und GlobalFreeloaders.

José selbst war auch schon durch ein paar Wohnzimmer gesurft. Dabei hatte er vor allem die ausgeklügelte Suchfunktion bei Hospitality Club genutzt. Unter der Kategorie »Beruf« hatte er Ingenieure in San Diego und Buenos Aires entdeckt, bei denen er übernachtete. Wenn man das wollte, könnte man über den gesamten Planeten surfen und bei Menschen unterkommen, die sich gern über Düsen unterhalten. Auf der Seite des Hospitality Club finden sich allein 843 Ingenieure.

Ich habe spaßeshalber einmal eine ausführliche Suche in der Rubrik »Berufe« angestellt. Wer will, kann bei Tierpräparatoren, Wetterfröschen, Rikschafahrern, Anthropologen, Raketenforschern, Kühlschrankmagnettextern, Kaminkehrern, Umarmungskursleitern, Schauermännern und Computerspieltestern unterkommen. Ich habe sogar jemanden gefunden, der seinen Beruf als »Lebensbetrachter« angibt.

Erstaunlich viele Leute beschreiben sich als »Bummler« – darunter Skibummler, Strandbummler, Weltenbummler, professionelle Bummler, Teilzeitbummler, Fahrradbummler, soziale

Bummler, Internetbummler, Pokerbummler, Jobbummler, Jazzbummler oder ganz einfach nur Bummler. Wenn Ihnen als Plastikblumen getarnte Spritzpistolen nichts ausmachen und Sie nicht gegen Haustiere aus zusammengeknoteten Luftballons allergisch sind, dann haben Sie die Wahl unter 39 Clowns. Die meisten der 17 Komiker kommen aus Finnland und alle fünf Butler aus England (darunter einer mit dem extrem butlerigen Namen Gareth Parry-Jones).

Insgesamt haben sich 28 Fußballer registriert, darunter elf aus Nigeria (vielleicht die gesamte Nationalmannschaft?) und einer aus dem Kongo, der sich selbst als »den nächsten David Beckham« beschreibt. Wenn Sie der Ansicht sind, die Welt sei für Rucksackreisende nicht mehr sicher genug, dann passen 97 Polizisten in 38 Ländern auf Sie auf. Sie können auch bei einem der 113 Soldaten in 27 Ländern unterkommen, wenn Sie meinen, das sei sicherer. Ich persönlich würde zu einem gewissen Zafar aus Pakistan auf Abstand gehen, der »viele Menschen treffen« will. Sie können eine überirdische Couch wählen und bei einem der Astronauten übernachten – ich weiß allerdings nicht, wie echt die sind. Einer kommt aus Amsterdam; es kann sein, dass er über den Wolken schwebt, aber bestimmt nicht im All. Ein anderer kommt aus der Raumfahrernation Peru, die ihre Astronauten offenbar nicht allzu gut bezahlt, denn mit seinen 36 Jahren lebt er noch bei seinen Eltern.

Wenn Sie Probleme mit Ihrem Liebesleben haben, könnten Ihnen vier Sextherapeuten und zwei Paarberater weiterhelfen. Drei exotische Stripperinnen würden Sie einen Abend lang bestens unterhalten. Lora Cherry aus Orlando in Florida schreibt in ihrem Profil:

> *Ich bin Stripperin und ich bin Veganerin. Ich bin eine*
> *veganische Stripperin. Das einzige Fleisch, das ich esse,*
> *ist Männerfleisch!*

Die Tänzerin Candy aus Gold Coast im australischen Queensland schreibt:

Du kannst bei mir wohnen, wenn du deine Drogen teilst, meine Katze in Ruhe lässt und nichts klaust. Bitte keine Perverslinge. Ich bin normal.

Und dann ist da noch Manuel, Stripper aus Detroit, der schreibt:

Das ist meine Hausordnung:
1. Wenn du jemanden mitbringen willst, gern. Aber entweder vögeln alle oder keiner. Wenn du keine Orgien magst, vergiss es.
2. Keine Schuhe.

(Man sollte doch annehmen, dass die Gäste vor der Orgie ihre Schuhe ausziehen, oder?)

Ich bin einer von 48 Autoren (obwohl keiner von uns ein derart geniales Profil verfasst hat wie Manuel), und Caroline ist eine von 286 Architekten. Auf ihrer dreimonatigen Reise durch Südamerika hat Caroline bei einigen ihrer Kollegen übernachtet. »Ich habe nur die Hälfte der Übernachtungen übers Internet gefunden«, sagt sie. »Ich find's klasse, aber ich bin es ein bisschen leid, jedem neuen Menschen, den ich kennenlerne, meine Lebensgeschichte zu erzählen.« Ich konnte mir gut vorstellen, dass das ein bisschen ermüdend war. Vielleicht hätte ich meinen Gastgebern zur Vorbereitung eine Kurzbiografie schicken sollen.

Andererseits sollte es einem eine Freude sein, seine gesamte Familiengeschichte zu erzählen, wenn man bei einem Multimillionär unterkommt, der einem einen ganzen Flügel seiner weitläufigen Villa überlässt. Genau das passierte Caroline nämlich in Argentinien. »Ich habe ihm eine Anfrage geschickt, und er hat geantwortet, wenn ich in dem Ort ankäme, würde er mich abholen«, erzählte sie. »Er hat mich allerdings nicht selbst abgeholt. Er hat seinen Chauffeur geschickt, und der hat mich aus dem Ort in eine Riesenvilla auf einem Berg gefahren. Eine Hausangestellte hat mich an der Tür in Empfang genommen und mich in mein Zimmer gebracht. Es hatte das größte Badezimmer, das ich je gesehen habe. Ich hatte sogar ein eigenes Wohnzimmer neben dem Swimmingpool ...«

An dieser Stelle sollte ich kurz einfügen, dass ich Caroline dummerweise nicht nach dem Namen des Ortes und des Gastgebers gefragt habe. Die Reaktion der Leute, denen ich die Geschichte erzählte, war immer dieselbe: »Wo finde ich den Mann?« Tut mir leid. Wenn ich es wüsste, würde ich jetzt in diesem Wohnzimmer neben dem Pool sitzen und einem der Hausangestellten dieses Buch diktieren. Fahren wir also fort ...

»Das Abendessen war ein Festmahl«, strahlte Caroline. »Er hatte sogar eigene Kellner. Ich war drei Tage da und wollte gar nicht mehr weg. Die Familie war einfach wunderbar.«

Eine Villa ist definitiv etwas anderes als eine Minicouch in einer Räucherkammer. Ein Freund Josés, der aussah wie dessen Bürogehilfe, war gekommen. Die beiden spielten Gitarre und rauchten Kette. José oder sein Freund, dessen Namen ich nicht verstand, spielte virtuos – leider weiß ich nicht, wer von beiden, denn durch die Rauchschwaden konnte ich nicht so genau erkennen, wer gerade spielte.

Gegen halb eins verkündete José, wir würden jetzt Salsa tanzen gehen. Wir fuhren in den Stadtteil Bella Vista, der lange ein wenig vernachlässigt worden war, ehe sich die Bohème hier niederließ. Als wir die Hauptstraße hinunterfuhren, kamen wir an alten Gebäuden aus der Kolonialzeit vorbei, aus denen ohrenbetäubende Musik dröhnte. Es war, als würden wir uns durch Radiosender suchen: Vor jeder Tür hörten wir ein paar Takte und ein paar Schritte weiter empfingen wir schon die Frequenz des nächsten Senders. An den Tischen auf der Straße saß das junge Partyvolk vor riesigen Bierkrügen, doch drinnen war es ruhig. Der erste Club, den wir betraten, war fast völlig leer.

»Vor eins passiert hier gar nichts«, schrie José über die dröhnende Musik.

Ich sah auf die Uhr. Es war zwei Minuten vor eins.

»Dann machen wir mal Platz, damit uns die Massen nicht umrennen«, witzelte ich.

Schließlich fanden wir einen Club, in dem wir nicht die Einzigen waren. Ich wollte schon zur Theke gehen und Getränke bestellen, als José brüllte: »Das ist eine Schwulenbar. Ist das okay?«

»Ja klar«, antwortete ich und zuckte mit den Schultern.

Josés Freund, dessen Namen ich nicht verstand und der kein Englisch sprach, sagte etwas zu José.

»Er will nicht bleiben«, meinte José. »Er mag es nicht, wenn Männer ihm den Hintern begrapschen.«

Also gingen wir zurück in den ersten Club, der sich inzwischen ein wenig gefüllt hatte. Die Einrichtung erinnerte mich an eine Mischung aus McDonald's und einer Metzgerei. Die Tanzfläche war mit Sägemehl bestreut, und das Mobiliar bestand vor allem aus knallig gelben Plastikformstühlen. Die Musik war eine Mischung aus Salsa und Hip-Hop mit einer Prise Techno. Jeder von uns bestellte eine Riesenflasche Bier, und José zerrte Caroline auf die Tanzfläche. Josés Freund, dessen Namen ich immer noch nicht verstanden hatte, und ich lächelten einander an und sagten öfter mal »cheers«.

Gegen zwei Uhr machte ich schlapp und war reif fürs Bett. Caroline bot an, mit mir zurückzugehen. »So ab drei geht's hier *richtig* los«, versprach José, als wir aufbrachen.

»Wie ist die Minicouch?«, fragte ich Caroline, während ich meine Kissen auf dem Boden verteilte.

»Sehr ... mh, klein«, erwiderte sie.

Ich nickte zustimmend. »Vielleicht sollte José eine Website DwarfCouchSurfing.com gründen.«

4

»Regeln und Einschränkungen: Sei nett.«
Juan Francisco Garrido, 27, Santiago de Chile
Hospitalityclub.org

Juan hatte sein Englisch mit den Alben des Electric Light Orchestra gelernt. Als Jugendlicher wollte er wissen, was die Texte bedeuten, also übersetzte er jedes Lied Wort für Wort ins Spanische. In der Schule war er in Englisch durchgefallen, aber jetzt sprach er die Sprache fließend. Trotzdem glaube ich nicht, dass die ELO-Sprachschule eine ernsthafte Konkurrenz für Berlitz werden könnte. Nach meiner Erfahrung finden Sätze wie »zing went the strings of my heart, zing, zing, zing« oder »pretty, pretty, chilly, chilly, silly, silly, money, money« im Alltag nicht allzu häufig Verwendung.

Juan holte mich am blitzsauberen Metrobahnhof El Llano ab, in dem das Verhältnis von Reinigungs- zu Schalterpersonal etwa drei zu eins betrug. Ich hatte ihm geschrieben, ich sei leicht zu erkennen: »Halt einfach nach dem Typen mit der roten Birne Ausschau.« Auch Juan war leicht zu erkennen, denn mit seinen coolen Klamotten und seinem coolen Bärtchen sah er wie ein typischer Grafikdesigner aus.

Die erste Begegnung mit einem neuen Gastgeber hat gewisse Ähnlichkeit mit einem Blind Date: Man klopft einander ab und prüft, ob man miteinander klarkommen könnte. In diesem Fall wusste ich gleich, dass Juan und ich uns anfreunden würden. Zumindest wurde ich direkt in die Familie aufgenommen. Nachdem ich meinen Rucksack bei Juan abgestellt hatte, fuhren wir ohne Umwege zu einem großen Familiengrillfest (oder einem *asado*, wie es in Chile heißt) bei seiner Großmutter.

Juan lebte zusammen mit seiner Mutter und seinem jüngeren Bruder in San Miguel, einem Vorort im Südwesten von Santiago, ganz in der Nähe der Metrostation. Ich war erleichtert, die breiten, Baum bestandenen Alleen und großen Einfamilienhäuser zu sehen und nicht die endlosen, hässlichen Wohnblocks, an denen ich unterwegs mit dem Zug vorbeigekommen war. Juans Mutter Nancy, die jung genug war, um als seine große Schwester durchzugehen, begrüßte mich an der Tür mit einer herzlichen Umarmung. Als ich das Wohnzimmer betrat, stach mir sofort die Couch ins Auge, und ich nahm erfreut zur Kenntnis, dass sie lang genug war, um einem durchschnittlich großen Menschen Platz zu bieten. Noch mehr freute ich mich, als Juan mich nach oben führte und mir mein eigenes Zimmer zeigte, in dem ein Doppelbett stand, in das leicht drei bis vier durchschnittlich große Menschen passten.

Auf dem Weg nach unten holten wir Han Solo in seinem Zimmer ab. Juans Bruder Luis Alfredo war ein eingefleischter *Star Wars*-Fan und sein Zimmer ein Schrein für Dinge, die vor langer Zeit in einer fernen Galaxie geschahen. An den Wänden hingen gerahmte Bilder und Poster, und auf den Regalen, Möbeln und dem Fußboden drängten sich beängstigende Mengen von Plastikfiguren. Luis Alfredo hatte sogar einen Han-Solo-Haarschnitt.

»Luis hat Englisch mit den *Star-Wars*-Filmen gelernt«, sagte Juan.

Luis Alfredo sagte nicht viel, was vermutlich daran lag, dass man Fremde nicht unbedingt mit Sätzen wie »Fühle die Macht, Luke« oder »Die Sturmtruppen haben soeben den Rebellenstützpunkt eingenommen« begrüßt.

Juans Zimmer sah dagegen aus wie die Zentrale der Kommunistischen Partei Chiles. An den Wänden hingen schwarze und rote Poster aus der Zeit der Russischen Revolution. Juan war im letzten Jahr seines Grafikdesignstudiums und schrieb seine Abschlussarbeit über Propaganda in der Russischen Revolution. Er lernte Russisch über MyLanguageExchange.com, einer Website, die Nutzer mit Sprechern der gewünschten Sprache zusammenbringt, die wiederum die andere Sprache lernen wollen. Seit einem Jahr chattete Juan mit Katja, einer jungen Frau aus Moskau. Nach sechs Monaten hatte Katja Juan für einen Monat in Chile besucht. Zum Abschied hatte ihr Juan einen Heiratsantrag gemacht. »Nach meinem Abschluss gehe ich nach Moskau und lebe bei ihr«, sagte Juan und strahlte.

Auf dem Weg zur Großmutter merkte ich an, wie patriotisch die Chilenen doch seien. An fast jeder Fassade hing die chilenische Fahne. »Letzte Woche war der chilenische Unabhängigkeitstag, und jeder muss laut Gesetz eine Woche vorher und eine Woche nachher sein Haus beflaggen«, erklärte Juan. »Die Feiern dauern eine Woche. Deswegen unser Grillfest.«

Die Großmutter lebte in einem alten Haus mit Kronleuchtern, Standuhren, marmornen Kachelöfen und allem, was Großmütter in aller Welt eben so an Nippes, Familienfotos und Häkeldeckchen aufbieten. Ich hatte kaum den Hof betreten, da hielt ich schon ein Getränk in der Hand. »Es heißt *Ponche a la Romana con Frutilla*«, erklärte mir Juan, während er das Getränk in sich hineinschüttete. »Es ist eine Mischung aus Sekt, Weißwein und Erdbeeren.« Ehe ich jedoch an meinem Becher nippen konnte, drängten sich die Verwandten zu einer Vorstellungsrunde heran. Zumindest die Frauen. Die Männer saßen in ihren frisch gestärkten Hemden an einem kleinen Tisch in der Ecke des Hofes und spielten Karten. Vermutlich hat der regelmäßige Alkoholgenuss im Laufe der Jahre mein Namensgedächtnis stark beschädigt, denn wie üblich behielt ich nicht einen einzigen Namen. Immerhin kannten alle meinen – Juans Onkel stellte mich jedem als Crocodile Dundee vor.

Nachdem ich gut zwanzig Hände geschüttelt hatte, blickte ich mich ein wenig um. Unter einer ausladenden, weinumrankten Pergola sah ich zwei lange gedeckte Tische. Unter einem Zitronenbaum in der Mitte des Hofes stand der größte Grill, den ich je gesehen habe. In einer dichten Rauchwolke hantierten drei Männer mit einer derartigen Menge Fleisch, dass man hätte meinen können, eine ganze Kuh wäre in Stücke geschnitten. Hinter dem Zaun zeichneten sich die Anden ab. So, wie ich an diesem heißen Frühlingstag schwitzte, konnte ich kaum glauben, dass ich weniger als 24 Stunden zuvor da oben Ski gefahren war.

Mehr Gäste kamen, mehr Getränke wurden gereicht, mehr Hände geschüttelt und mehr herzliche Umarmungen ausgetauscht. Nach dem Getränk mit dem langen Namen gab mir jemand einen großen Pisco Sour. Gerade als ich dachte, ich sollte etwas Festes zu mir nehmen, um den ganzen Alkohol aufzutunken, war das Essen fertig. Die Gäste setzten sich und begannen sofort mit einer Unterhaltung, die wie Maschinengewehrfeuer klang und aus der ich nur die Worte »sí« und »no« heraushörte.

»Worüber unterhalten sie sich?«, fragte ich Juan, der neben Onkel Alfredo als Einziger am Tisch Englisch sprach.

»Sie unterhalten sich über die Fernsehserie *Lost.*«

Manchmal ist die Welt wirklich klein.

Onkel Diego (die folgenden Namen sind frei erfunden, da mein Namensgedächtnis wie gesagt stark beeinträchtigt ist) stellte mehr Rotweinflaschen auf den Tisch, als Gäste da waren, während Tante Claudia große Teller mit leckeren chilenischen Teigtaschen, genannt *empanadas*, heranschleppte.

Mit Juans Unterstützung fragte mich Tante Claudia, ob mir Santiago gefalle, und ich antwortete mit Ja, obwohl ich noch nicht allzu viel davon gesehen hatte. »Santiago ist eine sehr, sehr schöne Stadt«, sagte Tante Claudia stolz.

Als sie ging, flüsterte Juan: »In Santiago gibt es nichts zu sehen. Die Stadt ist schön, aber langweilig.«

Nach einer Vorspeise aus dampfenden Riesenmuscheln bekam ich einen Teller, auf den die Onkels nach und nach eine so große Menge Fleisch stapelten, dass ein Vegetarier vermutlich in Ohn-

macht gefallen wäre. Auf Schweinerippchen folgten eine Lamm-
keule, pralle Schweinswürste, einige Hähnchenschenkel und
Rindersteaks.

Kaum hatte ich die Spitze des Fleischberges abgetragen, lud
mir ein Onkel ohne große Umstände eine weitere Riesenportion
auf den Teller. Ich hatte das Gefühl, mein Magen müsste platzen,
doch Onkel Carlos und Onkel Eduardo wendeten noch immer
riesige Tierstücke auf dem Grill.

Angeheizt durch Sekt, Wein und Pisco Sour wurde die Gesell-
schaft immer lauter und lustiger. Juan versuchte, eine besonders
hitzige Unterhaltung zu übersetzen. »Sie führen ein philosophi-
sches Gespräch über die Frage, ob etwas existiert, wenn wir
Menschen es nicht wahrnehmen.«

Eine Viertelstunde später fragte ich Juan, ob sie inzwischen
eine Antwort gefunden hätten.

»Oh nein. Jetzt unterhalten sie sich über die Fernsehserie
24.«

»Kommt deine Familie oft zusammen?«, fragte ich Juan.

»Ja, ziemlich oft. Für einen Chilenen gibt es nichts Wichtigeres als die Familie.«

Ich beneidete diese Leute. Das letzte Mal, dass meine aller-
nächsten Verwandten gemeinsam an einem Tisch saßen, war
Weihnachten 1991. Ich glaube aber, dass ich das Rätsel inzwischen gelöst habe: Eine Familie, die zusammen raucht, bleibt
zusammen. Nachdem die Fleischorgie beendet war, pafften alle
am Tisch wie die Schlote.

Einige schluckten ein bisschen, als ich meine australischen
Zigaretten herumzeigte (die ich übrigens nur mitgebracht hatte,
um die Menschen vor den gefährlichen Folgen des Rauchens
zu warnen). Ein Foto auf der Vorderseite sollte drastisch demons-
trieren, welches Schicksal Raucher erleiden. Wer zu viel raucht,
verwandelt sich offenbar irgendwann in eine Art Elefanten-
mensch. Das Foto zeigte einen schrecklich deformierten Fuß
mit schwarzen und fehlenden Zehen. Das blüht einem, wenn der

Zigarettengenuss die Blutgefäße schädigt, die Zirkulation verhindert und das berühmte Raucherbein verursacht. Oder, so Onkel Miguel, wenn wir zu viel arbeiten.

Er sah sich das Foto sehr genau an und erklärte (in der Übersetzung von Juan): »Das heißt, wenn du gleichzeitig arbeitest und rauchst, dann passiert es dir, dass dir was auf den Fuß fällt und dir die Zehen zerquetscht. Deswegen sollten wir weniger arbeiten.«

Die Warnung vor den Folgen des Rauchens schien die Gäste zu veranlassen, eher noch eifriger zu rauchen, denn kaum eine Stunde später waren alle Päckchen leer. »Wir brauchen sieben Schachteln«, sagte Juan, nachdem er die Hände gezählt hatte. Ich meldete mich freiwillig als Zigarettenkäufer, weil ich eine kleine Trinkpause einlegen musste. Ich war schon leicht beschwipst und wollte auf keinen Fall die Grenze überschreiten und etwas Peinliches tun. Nicht dass das zwingend passieren musste, aber ich hatte mich schon einmal auf einer Reise völlig zum Affen gemacht, und das reichte.

Während meiner allerersten Auslandsreise lud mich ein Mädel aus Dublin, das ich auf einer Party in Melbourne kennengelernt hatte, zu sich nach Hause ein. Als ich Louise von London aus anrief, erzählte sie mir, sie würde am folgenden Abend ihren 21. Geburtstag feiern und ich solle unbedingt vorbeikommen. Ich nehme an, sie hat diese Einladung später bereut. Ich nahm die Nachtfähre, kam gegen Mittag bei ihr an und ging direkt mit ihrem Freund und dessen Kumpels in den nächsten Pub. Als wir auf der vornehmen Party eintrafen (die Eltern von Louise wohnten in einem großen Anwesen in einem der exklusivsten Vororte Dublins), war ich bereits gut unterwegs. An die nächsten Stunden erinnere ich mich nicht mehr in allen Einzelheiten. Ich weiß nur, dass ich irgendwann ein volles Glas Bier über den Hund schüttete, mitten im Wohnzimmer die beste Freundin von Louise begrapschte und schließlich sturzbetrunken unter den Pooltisch fiel. Ich schämte mich am nächsten Tag derart, dass ich nach einer langen Entschuldigung meine Sachen packte und verschwand.

Auf der Familienfeier war noch niemand unter den Tisch gefallen, obwohl einige auf dem besten Wege zu einem ausgemachten Vollrausch waren. Der Wein war ausgetrunken und die Gäste waren zu einer toxischen Mischung aus Drambuie, Johnny Walker, Eis und frischen Nelken übergegangen. Selbst wenn ich umgekippt wäre oder Tante Claudia befummelt hätte, dann hätte das meinem Ruf vermutlich nichts anhaben können. Denn mit den Zigaretten hatte ich auch einen Blumenstrauß für die Großmutter mitgebracht, die mich daraufhin fast zu Tode drückte und Juan sagte, ich könne sofort bei ihr einziehen.

»Wahrscheinlich schreibst du jetzt, dass wir Chilenen ein Haufen Schnapsnasen sind«, meinte Juan.

»Ja, aber nette Schnapsnasen.« Ich grinste betrunken.

Sechs Stunden nachdem wir uns zum Essen an den Tisch gesetzt hatten, wurde der Nachtisch serviert. Es war bereits dunkel, als sich die Gäste langsam von der Tafel erhoben. Die Kinder spielten im Garten, die Männer setzten sich wieder an ihren Kartentisch, die Frauen räumten ab und Onkel Diego und Tante Claudia knutschten in einer Ecke wie Teenies, während ihre jugendlichen Kinder bei uns am Tisch saßen und tranken.

Gegen halb neun brachen wir schließlich auf. Es war gerade noch rechtzeitig. Wären wir länger geblieben, dann wäre ich vermutlich mit dem Gesicht in mein Stück Torte gekippt. Juan, der wenig getrunken hatte, setzte sich ans Steuer und sagte: »Tut mir leid, Brian, ich muss heute Abend noch was für meine Abschlussarbeit tun.«

»Das ist okay«, antwortete ich und sah auf die Uhr. Es war neun Uhr. »Ich muss mir auch noch ein paar Notizen machen.«

Acht Minuten später war ich eingeschlafen.

Ich war noch nicht so ganz mit den Regeln des Couchsurfing vertraut. Als ich am nächsten Morgen um acht Uhr aufwachte, war es im Haus vollkommen still. Alle lagen noch im Bett. Das wusste ich, weil ich mich auf Zehenspitzen durch den Flur geschlichen und an allen Türen gehorcht hatte. Ich wusste dagegen nicht so recht, was ich jetzt tun sollte. War es unhöflich, wenn ich mir selbst mein Frühstück machte? Ich wollte mich duschen, aber sollte ich nicht lieber warten, bis alle anderen geduscht hatten? Also schlich ich wieder in mein Zimmer und packte meinen Rucksack. Eine Viertelstunde später packte ich den Rucksack um, hielt in meinem Notizbuch fest, dass ich meinen Rucksack umgepackt hatte, und machte ein zweites Mal das Bett.

Kurz nach neun bekam Juans Mutter vermutlich Zweifel, ob sie noch einmal einen Couchsurfer in ihr Haus lassen würde. Als sie aus dem Schlafzimmer kam, sah sie, wie ein Mann in Unterhosen und auf Zehenspitzen ein Ohr an die Zimmertür ihres jüngsten Sohnes drückte.

Beim Frühstück herrschte betretenes Schweigen. Juans Mutter sprach kein Englisch, weshalb ich ihr nicht erklären konnte, dass ich nicht vorgehabt hatte, mich zu Luis Alfredo ins Zimmer zu schleichen. Das Frühstück war ein wahres Festmahl aus frischen, warmen Brötchen, Wurst, Käse, gekochten Eiern, Marmelade, Tee und Orangensaft. Es war *muy rico* (sehr lecker), aber so viel Essen bedeutete natürlich, dass ich eine halbe Stunde am Tisch sitzen musste, und das Einzige, was ich Juans Mutter sagen konnte, war »muy rico«. Das sagte ich denn auch ziemlich oft und versuchte dabei zu lächeln und nicht auszusehen wie ein Perversling.

Juan tauchte schließlich gegen halb elf am Frühstückstisch auf – er hatte bis halb vier an seiner Abschlussarbeit gesessen. Ich hatte es ziemlich eilig, weil ich zum Busbahnhof musste, um den Bus nach Valparaíso zu bekommen. Deshalb bat ich Juan, mich zur Metro zu bringen. Juan sagte, er finde es schade, dass ich schon gehen wolle, und lud mich ein, doch noch ein paar Tage zu bleiben. Obwohl ich weniger als 24 Stunden mit Juan und seiner Familie verbracht hatte, behandelten sie mich wie ein Familienmitglied. Als Juan mich umarmte, hatte ich das Gefühl, mich von einem guten Freund zu verabschieden. Nachdem ich Juan erzählt hatte was passiert war, und er ihr versicherte, dass ich kein Kinderschänder sei, wollte selbst Juans Mutter, dass ich noch bleibe.

5

»Interessanterweise zeigt der historische Kern der Stadt dem Besucher, dass es sich um ein Weltkulturerbe der UNESCO handelt.«

Mariano Carlos Cubillos, 24, Valparaíso, Chile
CouchSurfing.com

»Und hier wohne ich«, sagte Mariano und zeigte auf ein großes, graues Gebäude auf der anderen Seite einer belebten Straße. Es handelte sich um einen Eisenwarenladen. Ich sah mich schon in einem Bett aus Farbeimern schlafen und mit einem Spachtel essen. Doch dann betraten wir das Gebäude durch eine Seitentür und stiegen eine steile Treppe hinauf in eine Künstlerbude. Ich nenne es mal so, denn die Wohnung sah genauso aus, wie ich mir eine Künstlerbude vorstelle. Der große, offene Wohnraum mit der hohen Decke war sparsam möbliert, es standen nur ein paar bunt zusammengewürfelte Sessel herum, die zum Abhängen einluden. An der Wand lehnten einige angefangene und fertige Gemälde und eine Sammlung von Musikinstrumenten, darunter zwei Gitarren, eine Mandoline und Bongos, die vermutlich zur Standardausstattung jeder echten Künstlerbude gehören. Fernseher gab es keinen, dafür einen alten Plattenspieler. Ansonsten war das einzige Möbelstück ein Kaffeetischchen, auf

dem ein großer, mit Jointstummeln gefüllter Aschenbecher stand.
Um das Bild abzurunden, lümmelte in einem der Sessel ein cool
aussehender Typ mit Fliege und geblümten Hosen.

Wenn ich eine Gruppe von Bohèmiens hätte erfinden wollen,
die zusammen in einer Künstlerbude hausen, dann hätte ich es
nicht besser gekonnt. Neben meinem Gastgeber Mariano, einem
Journalisten, lebten hier der Puppenmacher Nicolas und sein
Freund, der Filmstudent Sebastian; die surrealistische Malerin
Marcela; der Musiker Leonardo und schließlich die asiatisch-
schwedisch-chilenische Silberschmiedin Frida.

Mariano zeigte mir mein Bett, einen leuchtend blauen Sessel,
der sich aufklappen und in eine reichlich kurze Matratze verwandeln ließ. Der Sessel war über und über voller Hundehaare.
Diese Haare stammten von Marianos Hund Remedios, der übrigens nicht allzu glücklich darüber zu sein schien, dass ich ihm
sein Bett wegnahm.

Mariano hatte mir gesagt, bei meiner Ankunft im überfüllten
Busbahnhof von Valparaíso solle ich nach dem Beagle Remedios Ausschau halten. Am anderen Ende der Leine würde mein
Gastgeber Mariano auf mich warten. Wenn Mariano mir gesagt
hätte, ich solle mich nach einem unglaublich groß gewachse-
nen, attraktiven Beatnik mit Ziegenbärtchen umsehen, dann
hätte ich ihn allerdings auch ohne die Hilfe von Remedios entdeckt.

Der Bus war pünktlich um 13.30 Uhr in Valparaíso angekom-
men, nach einer 90-minütigen Fahrt durch grüne, mit orange-
und rosafarbenen Blumen übersäte Hügel, Weinberge, Seen,
Obstgärten und Kiefernwälder. Der eindrucksvollste Teil der
Strecke waren jedoch die letzten Kilometer, die Abfahrt nach
Valparaíso. Im Hintergrund schimmerte der Pazifik. Die Bucht,
an der die Stadt lag, war ein natürliches Amphitheater, die stei-
len Hänge ringsum waren mit einem Gewirr aus knallbunten
Häusern bebaut, die gefährlich über dem Abgrund hingen. Die
Stadt wirkte ein wenig verlottert, doch sie gefiel mir.

Auch Marianos Wohnung wirkte heruntergekommen, doch eine Renovierung hätte ihr wahrscheinlich ihren Charme genommen.

Remedios war nicht sonderlich angetan von meiner Anwesenheit. Erst hatte ich ihm sein Bett weggenommen, und als wäre das noch nicht genug, ließ ihn Mariano allein zu Hause, um mit mir in der Markthalle Mercado Cardonal essen zu gehen. »Remedios war ein Geschenk von meiner Exfreundin«, erzählte mir Mariano, als Remedios uns beim Hinausgehen traurig ansah. »Ich war eine Woche lang ziemlich krank und habe mich hundsmiserabel gefühlt. Sie hat mir ein süßes Hündchen geschenkt, quasi als Medizin. Deswegen heißt er Remedios.«

»Hier findest du an jeder Ecke einen Schnapsladen«, sagte Mariano, als wir innerhalb von zwei Straßenzügen am sechsten vorüberkamen. »Chile ist die fünftwichtigste Trinkernation der Welt«, fügte er stolz hinzu. Ich war ehrlich gesagt überrascht, dass es Chile nur auf Rang fünf schaffte. Nach meinem Tag bei Juans Familie hätte ich gewettet, dass die Chilenen wenigstens aufs Siegertreppchen kamen (wobei sie aufpassen mussten, dass sie nicht herunterkippten).

Der Mercado Cardonal hatte zwei Etagen. In der unteren waren die Obst- und Gemüsestände und über eine wackelige Holztreppe kam man nach oben zu den belebten Restaurants oder *cocinerías*. Mit den von der Decke hängenden Fischernetzen voller roter Plastikhummer und den alten Männern, die in gestreiften Hemden und Seemannsmützen an den Tischen mit ihren karierten Tischdecken saßen, erinnerten die Restaurants an eine Hollywood-Kulisse. Kaum hatten wir uns gesetzt, bekamen wir eine Schüssel mit *pebre* (einem chilenischen Soßendip aus Tomaten, Chili, Koriander und Schnittlauch) und Brot.

»Chile ist der zweitgrößte Brotkonsument der Welt«, informierte mich Mariano kauend. Es war natürlich kein Zufall, dass ich mir einen Journalisten als Gastgeber ausgesucht hatte. Ein Journalist war eine perfekte Quelle für Informationen über Land und Leute, das wusste sogar ich. Mariano war Politikredakteur der größten chilenischen Tageszeitung *La Tercera* gewesen. War, denn er hatte den Job hingeschmissen. »Ich hatte einen Zwölfstundentag, und das war mir einfach zu anstrengend«, seufzte er. »Außerdem hatte ich genug von der Politik. Es ist immer dasselbe. Wir wählen einen Wichser raus und einen anderen Wichser rein.«

Seither promovierte er und schrieb eine Doktorarbeit über »Valparaíso, das unberührbare Paradies«. Das klang wie der Titel eines Romans über das Leben der Bohème, aber es handelte sich um eine philosophische Abhandlung. Er erklärte mir sein Thema, aber ich habe schon Schwierigkeiten, das Wort »Philosophie« auszusprechen, geschweige denn sie zu verstehen. Mariano begeisterte sich für sein Projekt und war sich sicher, dass seine Arbeit gut ankommen würde.

»Und was machst du danach?«, fragte ich ihn.

»Ich würde gern eine Kneipe aufmachen.«

Als Hauptgericht empfahl Mariano eine regionale Spezialität namens *chupe de locos*. »Das bedeutet so was wie ›voller Narren‹«, erklärte mir Mariano, nachdem ich bestellt hatte. (Es heißt auch »saugen wie verrückt«, wie ich herausfand, als ich im Internet nach der genauen Schreibweise suchte und auf einer spanischen Schwulenseite mit hochinteressanten Fotos landete.)

Das Gericht war nicht nur voller Narren, sondern vor allem voller Leckereien. Es erinnerte mich ein wenig an eine Muschelsuppe. Die riesige Schüssel war voller Muscheln, Fisch und Shrimps und obendrauf eine Schicht Käse.

Da Mariano noch als freier Journalist arbeitete und einen Termin für einen Artikel hatte (»Nebenher muss ich auch noch arbeiten, von irgendwas muss ich schließlich leben!«), unternahm ich meinen Verdauungsspaziergang allein. Ich ging – oder besser ich schleppte mich – hinunter zum Hafen, der mir von Mariano in den buntesten Farben ausgemalt worden war. Vor der Eröffnung des Panamakanals war Valparaíso der wichtigste Hafen auf dem südamerikanischen Kontinent gewesen. Im Laufe des 19. Jahrhunderts war die Bevölkerung von 5000 auf mehr als 100 000 angewachsen. Reiche Händler aus dem Ausland hatten sich hier niedergelassen und dazu beigetragen, dass Valparaíso zur Wirtschaftsmetropole und Kulturhauptstadt Chiles wurde. Eine Ewigkeit lang ging ich an einem hohen Sicherheitszaun entlang, der das Hafengelände von der Stadt trennte. Der Hafen war zwar beeindruckend groß, aber ich war nicht groß beeindruckt. Wie die meisten Häfen der Welt war auch der von Valparaíso in erster Linie grau und schmutzig. Zu sehen gab es vor allem große, hässliche Kräne, große, hässliche Schiffscontainer und größere, hässlichere Schiffe. Der Hafen nahm die gesamte Bucht ein, was zur Folge hatte, dass man die Stadt verlassen musste, wenn man ans Meer wollte. Ich wünschte, das hätte ich gewusst, ehe ich auf der Suche nach einem Türchen eine gute Stunde lang an dem Sicherheitszaun entlangstreifte.

Ich ging zurück ins Stadtzentrum, das mich an eine Hafenstadt am Mittelmeer erinnerte. An den schmalen, verstopften Straßen standen große, neoklassische Gebäude, die früher farbig gestrichen waren, deren Farbe aber längst abgeblättert war und die nun vor sich hin bröckelten. Einige der Häuser waren eindrucksvoll, doch ich hatte kaum Gelegenheit, sie zu bewundern. Ich war zu sehr damit beschäftigt, den großen Rudeln von Straßenkötern aus dem Weg zu gehen. Ich hatte noch nie zuvor so viele streunende Hunde gesehen. Sie waren überall und stolzierten durch Valparaíso – wobei sie pflichtbewusst an roten Fußgängerampeln warteten –, als würde die Stadt ihnen gehören. Jedes Rudel hatte seinen Anführer, was nicht immer unbedingt der größte Hund sein musste. Ein Rudel mit besonders großen, fies aussehenden Bestien wurde zum Beispiel von einem frechen Cockerspaniel angeführt.

Ich machte einen großen Bogen um eine Meute, die vor einem Spirituosenladen herumhing, als würde sie nur darauf warten, dass ich hineinging und ihr ein paar Flaschen Bier kaufte. Ich hielt Abstand, denn aus Gründen, die ich selbst zu gern kennen würde, verspüren Hunde, zu denen ich Augenkontakt herstelle, das unwiderstehliche Bedürfnis, mich in winzige Fetzchen zu zerreißen. Also ging ich auf dem Rückweg mit gesenktem Blick durch die Straßen. Als ich doch einmal kurz aufblickte, sah ich einen Hund, der gleichgültig auf dem Gehweg saß. Sobald sich unsere Blicke begegneten, spannte er die Muskeln, in seinen Augen glühte ein satanisches Feuer und er rannte auf mich zu, als hätte er den ganzen Tag nur auf mich gewartet. Ich schwang meine Tasche nach der Bestie, brüllte sämtliche Verwünschungen, die mir in diesem Moment einfielen, und rannte rückwärts. Nachdem ich auf die andere Straßenseite geflüchtet war, beobachtete ich, wie Trauben von Menschen an dem Hund vorübergingen, ohne dass dieser sie auch nur eines Blickes gewürdigt hätte.

Ich brauchte ein Bier und dachte, ich würde einfach in einen der Schnapsläden gehen, die angeblich an jeder Ecke waren. Leider kam ich nur an Ecken ohne Schnapsladen vorbei. Sechs Straßen weiter fand ich schließlich einen Supermarkt. Es war bereits dunkel, als ich zurück in die Wohnung kam, doch ich bebte noch immer nach meiner Begegnung mit dem Zerberus.

»Die Hunde hier sind verrückt!«, bellte ich Mariano an.

»Ach, die tun keinem was«, antwortete Mariano lässig. Er saß mit Sebastian und Marcela auf der Couch, rauchte einen dicken Joint, hörte coolen chilenischen Jazz und wirkte extrem entspannt. Ich lehnte einen Zug ab (ich habe mir nie etwas aus Marihuana gemacht, weil es mir zu sehr nach alten Socken riecht) und entkorkte eine Flasche Wein.

Zugegeben, ich dachte, die nachfolgenden Gespräche würden nur noch aus wirrem Hippiegewäsch und langen Kicheranfällen bestehen. Stattdessen führten wir eine anregende Unterhaltung über Kunst (Marcela und ich waren Bewunderer des belgischen Surrealisten René Magritte), Musik (seinen letzten Artikel hatte Mariano für ein Jazzmagazin geschrieben und dazu einige Musiker interviewt) und Kino (Sebastian sah nur unabhängige und

künstlerisch wertvolle Filme, weil die Hollywoodfilme für ihn
»nur stumpfsinniger Quatsch« waren). Ich genoss die Gesell-
schaft. Alle waren so nett zu mir, dass sie selbst dann noch Englisch sprachen, als sie diskutierten, wer mit dem Toilettenputzen
dran war.

Mein Magen rumorte. Es war inzwischen zehn Uhr und ich
hatte noch nichts gegessen. »Sebastian ist heute mit dem Kochen
dran«, sagte Mariano und zeigte auf den Küchenplan. Jeder Mitbewohner musste einen Abend pro Woche das Essen zubereiten
(sonntags war kochfrei). Als Sebastian gegen elf Uhr noch immer
keine Anstalten machte zu kochen, schmierten Mariano und ich
ein paar Käsebrötchen. Leider konnten wir keine sauberen Teller auftreiben. Wie in sämtlichen Wohngemeinschaften der Welt
stapelte sich in der Spüle das schmutzige Geschirr. Und wie in
sämtlichen Wohngemeinschaften der Welt schienen die Bewohner an Heinzelmännchen zu glauben, die nachts kommen und
den Abwasch erledigen.

Ich musste einen Gitarrenverstärker und einige Schaumstoff-
puppen beiseiteräumen, um meine Schlafcouch aufzuklappen.
Als ich schließlich im Bett lag, beschloss ich, sämtliche Sofas zu
bewerten, auf denen ich während meiner Welttournee übernachtete. Marianos Couch machte den Anfang:

Couchnote: 7 von 10 Punkten
Minus: Das Sofa war voller Hundehaare
Plus: Die Hundehaare schützen gegen die Kälte

»Mein Gott!«, schrie Mariano, als er mich am nächsten Morgen
sah.

Als ich mich im Spiegel sah, stieß ich auch einen Schrei aus.
Ich sah aus, als hätte ich Lepra. Von meinem einstmals roten
Kopf schälte sich die Haut in großen, hässlichen Fetzen.

Mariano muss wohl Mitleid mit mir gehabt haben, denn obwohl er viel zu tun hatte, bot er an, mir die Stadt zu zeigen. Un-

ser Rundgang begann in den dunklen Seitengassen. Mariano versicherte mir, es handele sich um eine Abkürzung. Ich hegte allerdings den leisen Verdacht, er wollte vermeiden, dass ich mit meinem postnuklearen Gesicht die Bevölkerung derart erschreckte, dass sie in die Berge flüchtete.

Am Ende einer der Seitengassen kamen wir an einen Lift, der in den steilen Fels gebaut war. Es handelte sich um einen der berühmten *ascensores* von Valparaíso, einen von 15 Fahrstühlen, die vor allem im 19. Jahrhundert gebaut worden waren, um die Reichen in ihre Villen am Hang zu transportieren. Der *Ascensor El Peral,* der mehr an eine Seilbahn als an einen Fahrstuhl erinnerte, spuckte und stotterte, während wir an einem Labyrinth von bunten Verschlägen und wettergegerbten Villen vorüberkamen, die über dem Abgrund hingen. Ich wunderte mich nicht, als Mariano mir erzählte, im Jahr 2003 habe die UNESCO die gesamte Innenstadt zum Weltkulturerbe erklärt.

Unser erster Zwischenstopp galt dem Palacio Baburizza, der mit seinen grün gekachelten Türmchen aussah wie eine Mischung aus Mittelalter, Jugendstil und Hogwarts. Vor dem Palacio war eine große Terrasse, von der aus man einen fantastischen Ausblick über die Stadt und die Bucht hatte – die tatsächlich vollständig aus Hafenanlagen bestand. Danach durchstreiften wir einige Stunden lang das Labyrinth von gepflasterten Gässchen, die sich die steilen Schluchten und Hügel entlangwanden. Gelegentlich machten wir in einem der vielen winzigen Parks Rast. In der Mitte jedes dieser Parks stand ein ausladender Baum, unter dem Straßenköter und knutschende Pärchen lagen.

Zu Mittag aßen wir in einem Restaurant namens La Columbina. Es war eine ehemalige Privatvilla, die gefährlich über dem Abgrund hing. Wir setzten uns auf die von Bougainvillen umrankte Terrasse, von der aus man einen Blick über die gesamte Stadt hatte (mir blieb nicht verborgen, dass uns der Kellner, der die ganze Zeit auf mein Lepragesicht starrte, so weit wie möglich weg von den anderen Gästen setzte).

»Santiago ist eine Scheißstadt«, meinte Mariano, während wir unsere Pisco Sours schlürften. Ich hatte ihn gefragt, ob er sich vorstellen könnte, in Santiago zu leben. »Im Winter zu kalt, im Sommer zu heiß und das ganze Jahr über zu dreckig. Santiago ist die Stadt mit der dritthöchsten Luftverschmutzung der Welt.« Mariano blickte über die Stadt. »Valparaíso ist meine Heimat.« Mariano war in Argentinien zur Welt gekommen, doch als er vierzehn Jahre alt war, hatten sich seine Eltern getrennt und er war mit seiner Mutter nach Valparaíso gezogen. Seine Mutter war vor Kurzem nach Argentinien zurückgegangen, doch Mariano hatte sich entschieden zu bleiben, denn er fühlte sich eher als Chilene denn als Argentinier.

Mariano empfahl mir die *camarones frescos sobre lechuga, limón y mayonesa* – einen großen Teller pikanter Riesengarnelen. Ich hob meinen Pisco Sour und brachte einen Toast auf Couchsurfing aus (und auf das Restaurant, das ich nie gefunden hätte, wenn ich nicht bei einem Einheimischen übernachtet hätte). Wir waren uns einig, dass Couchsurfing eine tolle Neuerfindung des Reisens war. Ich meinte, ich hätte in sechs Tagen Couchsurfing mehr über Chile und die Chilenen gelernt, als ich in sechs Wochen Hotel mitbekommen hätte. Ich war Marianos erster Couchgast und er freute sich auf neue Besucher. »Ich würde aber etwas gegen die Hundehaare auf der Couch unternehmen«, riet ich ihm. In zwei Tagen waren wir Freunde geworden, und Freunde sollten einander die Wahrheit sagen.

Mariano und seine Mitbewohner schienen mich in ihr Herz geschlossen zu haben, denn trotz meines Lepra-Looks umarmten mich zum Abschied alle herzlich. Am frühen Abend war ich wieder in Santiago. Ehe ich zum Flughafen fuhr, hatte ich noch Zeit, einen Happen zu mir zu nehmen. Ich fand ein kleines Restaurant mit einer dunklen Ecke, in der ich mich verstecken konnte. Es wäre nicht fair gewesen, die anderen Gäste meinem Anblick auszusetzen – mein Gesicht bestand inzwischen nur noch aus Hautfetzen und ich sah aus wie Freddy Krueger.

Als ich auf den Bus zum Flughafen wartete, sah ich auf der anderen Straßenseite ein Internetcafé. Ich dachte, es sei vielleicht keine schlechte Idee, Pedro, meinen ersten Gastgeber in Rio de Janeiro, vorzuwarnen.

Olá Pedro:

Ich freue mich, Dich morgen kennenzulernen. Ich dachte nur, es wäre vielleicht besser, Dir zu schreiben, damit Du mir nicht die Tür ins Gesicht schlägst, wenn Du mich siehst. Ich habe keine ansteckende Hautkrankheit oder Lepra. Ich habe nur einen heftigen Sonnenbrand, und mein ganzes Gesicht schält sich.

Vielleicht solltest Du auch Deine Nachbarn vorwarnen.

Bis bald

Brian

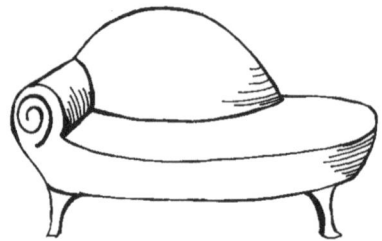

Brasilien

6

»Typ Mensch, mit dem ich gut auskomme: Trinker und
Partysprenger«

Pedro Conforti, 29, Rio de Janeiro, Brasilien
CouchSurfing.com

So, wie ich aussah, konnte ich von Glück sagen, dass ich nicht
vorhatte, bei Amado in Rio zu übernachten. Der hätte mich definitiv vor die Tür gesetzt. In seinem sehr offenherzigen Profil bei
GlobalFreeloaders stand nämlich:

> *Kleines Zimmer mit bequemem Einzelbett. Nur sehr ungern*
> *nehme ich jähzornige, unhöfliche, schmutzige oder extrem*
> *dicke Menschen bei mir auf. Auch Menschen mit ernsten Herz-,*
> *Haut-, Nerven-, Kreislauf- und Verdauungskrankheiten kann*
> *ich keine Unterkunft bieten, ebenso wenig Menschen, die*
> *möglicherweise dringende ärztliche Versorgung benötigen. Ich*
> *trinke gern und viel, zum Essen trinke ich Wein und Bier.*

Vermutlich hatte ihn die dauernde Sorge, seine Besucher in die
Notaufnahme bringen zu müssen, zum Trinker gemacht. Nicht
umsonst gilt Rio de Janeiro als Hedonistenhauptstadt der Welt.
Und wenn man nach den Profilen einiger Couchanbieter urteilen
kann, lebt hier auch eine gehörige Portion Säufer. Ich hätte beispielsweise bei Maria Luiza anfragen können, einer 25-jährigen
Molekularbiologin, die unter der Rubrik »Hobbys und Interessen« nur eines angegeben hatte: »Ich betrinke mich gern.«

Oder bei dem 27-jährigen Vidal, der von sich sagt, er sei »ein normaler Typ, der gern die ganze Nacht bis zum Umfallen durchfeiert«.

Ich beschloss, mich den örtlichen Gepflogenheiten anzupassen, und fand eine Couch bei der 26-jährigen Mariana, die sich als »einmaliges, wildes Partygirl« beschrieb. Ich entschied mich für Mariana, weil ich »das coolste Mädel in ganz Rio« kennenlernen wollte. Mariana konnte mich allerdings erst am Wochenende bei sich aufnehmen und warnte mich in einer Email: »Bereite dich auf eine Dauerparty vor. Du wirst kaum zum Schlafen kommen.« Ich hielt es für sinnvoll, vorher ein wenig zu trainieren, und suchte mir deshalb für meine ersten beiden Nächte einen ähnlich lebhaften Typen aus. Pedro Conforti war ein »29-jähriger Bearbeiter von Kinofilmen und Musikvideos« und hatte wie ich selbst Grafikdesign studiert und in einer Band gespielt. Außerdem hatte er eine Vorliebe für »Trinker und Partysprenger«. Genau wie ich.

Pedro hatte mir eine klare und unmissverständliche Wegbeschreibung geschickt, aber die Örtlichkeit bereitete mir ein wenig Kopfzerbrechen. In seiner Email war von einer »schmalen Gasse, zwischen einer Bar und Domino's Pizza« die Rede gewesen. Doch nicht einmal die Aussicht, auf einer alten Matratze neben leeren Pizzaschachteln zu nächtigen, konnte meine Vorfreude auf eine der berühmtesten Städte der Welt dämpfen. Kaum hatte das Taxi den Flughafen verlassen, erspähte ich die Silhouette der legendären Christusstatue auf dem Corcovado. Während wir durch Tunnels und zwischen sattgrünen Hügeln hindurch in Richtung Stadtmitte fuhren, blitzte sie immer wieder über uns auf.

Die Gasse, in der Pedro lebte, ging von einer lauten Geschäftsstraße ab. Doch meine Befürchtung, ich müsste zwischen Kartons übernachten, erwies sich als unbegründet. Bei der schmalen Gasse handelte es sich um eine Privatstraße, und Pedros bescheidenes Zuhause war ein elegantes, vierstöckiges Gebäude mit

Glasfassade, das zwischen zwei älteren, vergleichsweise heruntergekommenen Häusern stand.

Pedro empfing mich an einem grauen Metalltor am Eingang
der Gasse. Er hatte tiefschwarzes Haar und Koteletten und war
mein dritter Gastgeber in Folge mit cooler Gesichtsbehaarung.
Er trug eine verspiegelte Sonnenbrille und ein T-Shirt mit der
Aufschrift »I really feel alright«. Nach einem herzlichen Hände-
druck sagte Pedro: »Eh ich's vergesse, hier sind die Schlüssel.
Damit kannst du kommen und gehen, wie du magst.« Es war ein
seltsames Gefühl, die Schlüssel zu Pedros Haus zu bekommen.
Abgesehen von zwei kurzen Emails, mit denen ich meine Couch
angefragt und bestätigt hatte, hatten wir bislang keinerlei Kontakt gehabt. Schuf Couchsurfing ein derartiges Vertrauensver-
hältnis? Oder hatte ich ein so nettes und harmloses Gesicht? Wie
dem auch sei, es ist natürlich nett, wenn einem so viel Vertrauen
entgegengebracht wird.

»Wow, was für eine geile Fender Stratocaster«, staunte ich.
Beim Rundgang durch Pedros Haus fiel mir sofort auf, wie viel
Zeug er hatte, das einen Diebstahl wert gewesen wäre. Im Erdgeschoss befand sich ein Tonstudio mit modernsten Aufnahme-
geräten, einem Schlagzeug, Marshall-Verstärkern, vier Elektro-
gitarren, einem Bass, drei Keyboards, einer Ansammlung von
Mikrofonen und einem Mischpult. »Ich stelle dir dein Bett hier
auf«, sagte Pedro und zeigte auf einen freien Platz vor dem Schlagzeug. »Die Wände sind vollkommen schalldicht, hier kannst du
schnarchen und furzen, wie du lustig bist.«

Eine schmiedeeiserne Wendeltreppe führte vom Erdgeschoss
durch ein Wohnzimmer mit Küche über ein Schlafzimmer zur
Dachterrasse. Im Wohnzimmer sah ich mehr Sachen, die sich
gelohnt hätten, bei meiner Abreise mitzunehmen: einen Flachbildfernseher, eine teure Stereoanlage, den neuesten Mac und
ein weiteres Mischpult, aus dem Kabel in allen Größen und Farben hingen. An einer Wand stand ein extrem langes und bequemes, schwarzes Ledersofa. »Das wäre kein so guter Ort zum

Schlafen«, meinte Pedro, als er sah, wie ich die Couch beäugte. »Ich habe zwei Katzen, und die würden versuchen, auf deinem Kopf zu schlafen.«

Auf das Schlafzimmer in der zweiten Etage folgte die weiß gefliese, teilweise überdachte Dachterrasse mit einem weiteren Wohnzimmerbereich und einer Bar. Hoch über uns ragte der auferstandene Christus empor und blickte herunter auf die Terrasse, als wolle er den Grill und das Katzenklo im Auge behalten.

Irgendwo unterhalb der Christusstatue führte mich Pedro zum Essen aus. Er hatte es eilig, hinzukommen. Er raste steile, gepflasterte Straßen hinauf, während er sich angeregt mit mir unterhielt und es irgendwie schaffte, den entgegenkommenden Autos, Fußgängern und gelben Straßenbahnen auszuweichen. Außen an den Straßenbahnen hingen dichte Menschentrauben, und Pedro erklärte mir, für Trittbrettfahrer sei die Fahrt kostenlos. Wir fuhren nach Santa Teresa, einem Stadtteil auf einem Hügel zwischen zwei Slums, der sich zu einem Szeneviertel entwickelt hatte, nachdem Künstler in die halb verfallenen Villen aus dem 19. Jahrhundert gezogen waren. Heute reiht sich hier ein Antiquitäten- und Kunsthandwerksladen an den anderen. Außerdem gibt es hier »die besten Fischrestaurants in ganz Rio«, wie mir Pedro erklärte.

Es war drei Uhr, als wir uns zum Essen setzten. Im Sobrenatural, einem intimen Restaurant mit Backsteinwänden und bunten Gemälden, bekamen wir einen großartigen Tisch mit Blick auf die Straße. »Ich weiß nicht, ob ich der beste Gastgeber bin«, meinte Pedro, während wir unsere *caipirinhas,* das brasilianische Nationalgetränk aus dem Zuckerrohrschnaps *cachaça* und Limonensaft, schlürften. »Ich bin vermutlich nicht gerade der typische *carioca* (so nennen sich die Einwohner von Rio). Ich mag weder Fußball noch Strand.«

»Aber sind nicht alle Brasilianer Fußballfans?«

»Meine gesamte Familie ist völlig fußballfanatisch«, antwortete er. »Sie haben jahrelang versucht, mich dafür zu begeistern.

An meinem elften Geburtstag haben meine Eltern einen ganzen Fußballplatz gemietet und eine Weltmeisterschaftsparty für mich veranstaltet. Erst haben wir gekickt, dann schauten wir uns das Viertelfinalspiel gegen Frankreich an. Während des Spiels haben wir meinen Geburtstagskuchen mit der brasilianischen Nationalflagge und dem Wort»SIEGER« gegessen. Als Brasilien verloren hat, war die Party vorbei. Bei der nächsten Weltmeisterschaft hat Brasilien an meinem 15. Geburtstag gegen Argentinien verloren. Wenn Brasilien jetzt an meinem Geburtstag spielt, dann spricht niemand aus meiner Familie mit mir oder wünscht mir alles Gute, damit ich kein Unglück bringe.«

Wir begannen mit einer typisch brasilianischen Vorspeise – zum Glück war es nicht Pedros Lieblingsvorspeise, das wären nämlich gekochte Hühnerherzen gewesen. Bei unserem *pastel de siri e camarão* handelte es sich um köstliche, mit Garnelen und Krabbenfleisch gefüllte Teigtaschen mit einer pikanten Chilisoße. Über unserem Hauptgericht – *bobó de camarão* (Garnelen mit Maniokpüree) und knusprigen *farofa de dendê* (getrocknete Garnelen in Maniokteig, fritiert in Palmöl) – erzählte mir Pedro, dank des schlechten Wetters habe er den Tag frei. Weil es während der letzten Tage geregnet hatte, hatten keine Dreharbeiten stattgefunden und er hatte keine Filme zur Nachbearbeitung bekommen. Pedro war einer von wenigen Filmbearbeitern in Rio (die brasilianische Filmindustrie hat ihre Studios überwiegend in São Paolo), deshalb war die Nachfrage groß und er konnte sich seine Arbeitszeit selbst einteilen.»Ich gehe meistens ab Mittag ins Studio und arbeite bis acht oder neun«, sagte er.

Nach dem Essen stand eine weitere aberwitzige Fahrt hinauf zur Christusstatue auf dem Programm. Unvermittelt und ohne jede Vorwarnung bog Pedro mit einem Mal von der Hauptstraße ab und raste auf einem Feldweg durch den Wald. Die Piste endete plötzlich an einem Hubschrauberlandeplatz, der über einen Abgrund hinausragte. Pedro hatte es so eilig gehabt, weil er den Sonnenuntergang nicht verpassen wollte. Der Landeplatz bot einen der spektakulärsten Ausblicke, die ich je gesehen habe, doch er war offenbar in keinem Touristenführer verzeichnet. Wir waren die einzigen hier.

Als ich völlig gebannt auf die Stadt hinunterblickte, hatte ich ein unheimliches Gefühl der Vertrautheit. Es war dasselbe Déjà vu, das ich von meinen ersten Besuchen in London, New York oder Paris kannte. Ich hatte so viele Fotos und Filmaufnahmen von Rio de Janeiro gesehen, dass ich das Gefühl hatte, ich hätte schon einmal an dieser Stelle gestanden. Andächtig schweigend sog ich die magische Aussicht in mich auf, die sich in ihrer ganzen zweischneidigen Schönheit unter mir erstreckte. Auf der einen Seite lagen die blendend weißen Sandstrände von Copacabana und Ipanema, die weißen Apartmenthäuser und der saftig grüne Regenwald, der sich zu märchenhaften Bergen auftürmte, um sich dann hinunter ins Meer zu stürzen, wo Inseln wie Punkte das Ausrufezeichen ergänzten. Und direkt unter uns drängten die Slums oder *favelas* die Hänge herauf wie eine Höllenszene aus einem Gemälde von Breughel. Hier trafen die Erste und die Dritte Welt aufeinander, und dieser Zusammenprall war spektakulär und faszinierend.

»Das ist ein einziger Schandfleck«, sagte Pedro und zeigte hinunter auf die *favelas*. »Die Regierung hat kein Interesse daran, das in Ordnung zu bringen. Im Gegenteil, es kommen immer mehr Leute aus dem Umland. Das Land gehört dem Staat und der Kirche, und die Leute können bauen, wo sie wollen.«

»BUUUMMMM!«

»Was war das?«, fragte ich erschrocken. Es klang, als wäre eine Bombe explodiert.

»Das kommt aus den *favelas*«, erklärte Pedro. »Das heißt, dass die Drogen angekommen sind. Wegen der Drogen sind die *favelas* heute nicht mehr so arm wie früher. Sie haben Strom und sogar Kabelfernsehen.«

Ich hatte den Film *City of God* gesehen, deswegen hatte ich es nicht eilig, die *favelas* kennenzulernen. Der Film zeigt die Spirale aus Gewalt und Angst in den *favelas* Rio de Janeiros. Drogenhändler sprengen Autos in die Luft und bringen dutzendweise Menschen um. Ich erinnerte mich auch daran, irgendwo gelesen zu haben, dass in Brasilien pro Tag etwa 150 Menschen ermordet werden. Mit Zehntausenden von Gewaltopfern pro Jahr gilt die Situation in Brasilien laut Definition der Vereinten Nationen als niederschwelliger Bürgerkrieg.

»Wenn du willst, können wir gern eine *favela* besuchen«, bot mir Pedro an.

Obwohl ein Überfall, eine Entführung oder eine kleinere Schießerei eine gute Geschichte für mein Buch abgeben würde, lehnte ich das freundliche Angebot dankend ab.

Als wir den Hubschrauberlandeplatz verließen, gingen in der Stadt unter uns die Lichter an, während sich über uns die ersten Sterne am tiefblauen Abendhimmel abzeichneten.

Zurück in Pedros Haus, mixte uns dieser zwei große *caipirinhas*. In seinem Profil hatte Pedro geschrieben, er mache »die besten *caipirinhas* in ganz Rio«. Er hatte vergessen zu erwähnen, dass er auch die stärksten *caipirinhas* machte. Andererseits hatte er ja geschrieben, dass er Trinker mochte.

Pedro spielte mir eine Demo-CD seiner Band *Surfista Pratedo* vor, die er in meinem provisorischen Schlafzimmer aufgenommen hatte. Es war flotter Gitarrenrock mit einer portugiesisch singenden Sängerin. »Ich arbeite gern für den Film«, erzählte Pedro. »Aber meine Leidenschaft ist die Musik.« Während wir unsere Drinks schlürften, bearbeitete Pedro sein neuestes Stück. Bearbeiten ist allerdings zu viel gesagt, denn er verbrachte die meiste Zeit damit, Stecker ein- und auszustöpseln und dabei laut zu fluchen. Ich sah ihm zu, wie er achtmal hintereinander versuchte, einen Stecker in dieselbe Buchse zu stöpseln, dann ging ich duschen. Es gelang mir, den größten Teil der Hautfetzen von meinem Gesicht zu rubbeln, sodass ich wieder halbwegs menschlich aussah. Als ich zurückkam, hantierte Pedro immer noch mit den Kabeln und kratzte sich am Kopf.

Pedro war auch ein ziemlicher Computerfreak. Unter seinem Schreibtisch befand sich ein Stapel alter Mac-Computer, und er erzählte mir, sein Onkel habe als einer der Ersten in Rio einen Computer gehabt. Außerdem habe er sein Englisch mithilfe von Computerzeitschriften gelernt. Das erklärt vielleicht, warum er mich fragte, ob ich mein Operationssystem erfolgreich neu gestartet hätte, als ich aus der Dusche kam.

Gegen zehn Uhr kam Pedros Freundin Natalia und wir fuhren zum Abendessen nach Ipanema. Obwohl es schon nach elf war, als wir ankamen, mussten wir uns anstellen. Das zur Straße hin offene Restaurant war zwei Straßenzüge vom Strand entfernt und voll besetzt mit jungen, schönen und hippen Menschen. Kellner trugen Tabletts mit leckeren Häppchen zum Herunternehmen durch die Gegend. Wir aßen libanesische Fleischklöpse, Krabbensuppe und Garnelenpastetchen. Wenn ich »wir« sage, dann meine ich Pedro und mich – die schlanke und zierliche Natalia begnügte sich mit einem großen Stück Schokoladentorte und einigen mit Sahne gefüllten Windbeuteln.

»Ich mag weder Fußball noch den Strand noch Karneval«, erzählte Natalia achselzuckend. »Fußball mag ich schon deshalb nicht, weil mein Vater mich immer im Klo einsperren will, wenn Brasilien spielt.« Vor einigen Jahren hatte Natalia zusammen mit ihrer Familie ein Weltmeisterschaftsspiel gesehen; als sie zur Toilette ging, schoss Brasilien ein Tor. Beim nächsten Spiel schoss Brasilien wieder ein Tor, während Natalia im Bad war. »Deswegen quälen sie mich damit, ich soll sie doch besuchen, wenn Brasilien spielt, damit sie mich aufs Klo schicken können«, erklärte sie mir.

Pedro erzählte, er habe lange keine Lust auf Karneval gehabt und sei jedes Jahr zu dieser Zeit aus der Stadt geflüchtet. »Es war mir einfach zu steif geworden«, sagte er. »Aber seit einigen Jahren ist der Karneval wieder populärer, und der Zug führt jetzt wie früher bis nach Santa Teresa.«

»Ich hasse Karneval«, schniefte Natalia. »Es sind mir einfach zu viele Leute, man braucht zwanzig Minuten, nur um über die Straße zu gehen. Die Leute sind mir zu fröhlich, alle wollen einen andauernd begrapschen und küssen.« Natalia konnte allerdings eine witzige Geschichte von ihrem letzten Karnevalsbesuch erzählen. Während ihres Architekturstudiums hatte sie ein Jahr in Sydney studiert, und vor drei Jahren bekam sie während des Karnevals Besuch von einer australischen Freundin. Nach dem Umzug gingen sie zu einer Strandparty. Ihre Freundin, die nicht mehr ganz nüchtern war, angelte sich einen attraktiven Jungen und tanzte mit ihm bis in die frühen Morgenstunden. Er gefiel ihr. Sie überlegte, mit zu ihm nach Hause zu gehen und fragte: »Wo wohnst du?«

»Hier!«, antwortete er.

»Ja, ich weiß, hier in Rio. Aber wo?«

»Hier!«, sagte er und zeigte auf den Sand. »Hier am Strand!«

Vielleicht ist er ja einer der Strandbummler auf CouchSurfing.com.

Ich wachte spät auf und erschrak. Mein Studio-Schlafzimmer war nicht nur stockdunkel, sondern auch vollkommen still. Das einzige Geräusch, das ich in der Nacht gehört hatte, war das Schnurren einer Katze, die sich vermutlich unter dem schmalen Spalt der schweren Studiotür hindurchzwängen wollte, um auf meinem Kopf zu schlafen. Dass sie es nicht schaffte, wirkte sich positiv auf meine Couchbewertung aus:

Couchnote: 7 von 10 Punkten
Plus: So dunkel und ruhig, dass ich gut schlafen konnte.
Minus: So dunkel und ruhig, dass ich fast den ganzen Tag
verschlafen habe.

Als ich ins Wohnzimmer kam, saß Pedro am Computer. »Heute muss ich wieder arbeiten. Ich habe dir deswegen mal einen Stadtplan und einen Veranstaltungskalender der Touristeninformation für den Monat September ausgedruckt.« Das war sehr nett von Pedro, doch abgesehen von einem Filmfestival klangen die Veranstaltungen wenig verlockend. Unter den »touristischen Veranstaltungen« waren unter anderem die 55. Brasilianische Proktologen-Tagung, der Brasilianische Zementkongress (den ich leider knapp verpasste, da er an meinem Abreisetag beginnen sollte), die 9. Internationale Konferenz für Sicherheit in der Seefahrt und das Internationale Symposium zur Brustgesundheit der brasilianischen Bevölkerung. Letzteres klang ganz interessant.

Pedro hatte jedoch schon eine Besichtigungstour für mich geplant. Er wollte mich am Strand von Copacabana absetzen. Von der Festung von Copacabana führte sein Rundgang zum Strand von Ipanema und schließlich an der *Lagoa Rodrigo de Freitas* (der lang gestreckten Lagune zwischen dem Strand und den Bergen) entlang zurück zu ihm nach Hause. Pedro hatte einen Friseurtermin in Copacabana. »Den hat Natalia vereinbart«, murrte er. »Mein Leben lang bin ich immer nur zum Barbier gegangen, nie zum Friseur. Und sie hat einen Termin ausgemacht! Seit wann braucht man Termine, um sich die Haare schneiden zu lassen?«

Auf der fünfzehnminütigen Fahrt von Pedros Haus nach Copacabana fuhren wir immer wieder an Menschengruppen vorbei, die am Straßenrand standen und Wahlplakate hochhielten, darunter gewaltige Plakatwände, die von zwei oder drei Personen gehalten werden mussten. »Am Sonntag sind Präsidentschaftswahlen«, erklärte mir Pedro. »Parteien dürfen keine Plakate aufhängen, also zahlen die Kandidaten den Leuten aus den *favelas* einen Dollar pro Tag, um die Schilder hochzuhalten.« Auf dem Weg nach Copacabana fuhren wir an gut 500 Menschen mit Schildern vorbei.

Es war schon immer mein Traum, Copacabana zu besuchen. Ich wollte unbedingt diesen weltweit einmaligen kulturellen Schmelztiegel der historischen Stadtteile mit ihren großen kolonialen Kirchen und ihren prächtigen klassizistischen Palästen kennenlernen.

Ich gebe es zu, das ist gelogen.

Ich wollte Copacabana besuchen, um mich an den Strand zu legen und die Hinterteile von brasilianischen Frauen zu bewundern.

Bedauerlicherweise – für meine Forschungszwecke, versteht sich – waren die brasilianischen Hinterteile Mangelware. Pedro klärte mich auf, dass Copacabana von den Vierzigern bis in die Sechziger »in« war. Heute leben in den vornehmen Apartments mit Blick aufs Meer vor allem ältere Damen. Zu meiner Überraschung war der Strand wie leer gefegt. Und das, obwohl es ein angenehm warmer Tag war und ich Dutzende Bilder von Copacabana gesehen hatte, auf denen der Strand zum Bersten voll war. Vielleicht war elf Uhr auch noch ein bisschen früh. Ich hatte aber ehrlich gesagt auch keine Lust, zu warten, bis die älteren Damen in ihren Tangabikinis kamen, also machte ich mich auf den Weg zum Fort.

Copacabana hat keinen allzu guten Ruf. Ich hatte zahlreiche Geschichten von Überfällen gehört, und jeder Reiseführer warnt, auf keinen Fall Wertsachen mit an den Strand zu nehmen. Als ich aus dem Auto ausstieg, fragte ich Pedro, ob ich einen Überfall befürchten müsste. »Geh nur nicht in eine dunkle Gasse und bitte einen Straßenräuber um Feuer«, erwiderte Pedro grinsend.

Im Fort fühlte ich mich sicher. Kaum hatte ich das Tor durchquert, umgaben mich Hunderte von Soldaten in voller Kampfmontur. Hier entdeckte ich ein Restaurant mit dem fantasievollen Namen Café do Forte. Im Schatten eines riesigen Baumes schaute ich den Surfern zu, die direkt unter mir durch die tosende Brandung ritten, und nahm ein leckeres, wenn auch reichlich teures Frühstück zu mir (vielleicht war es auch eher Brunch oder schon fast ein Mittagessen). Ich bestellte auf Portugiesisch und war angenehm überrascht, genau das zu bekommen, was ich bestellt hatte. Portugiesisch verursachte mir derartige Knoten in der Zunge, dass ich nicht einmal in der Lage war, den Namen der Landeswährung *reais* auszusprechen. »Es ist ganz leicht«, hatte mir Pedro gesagt. »Einfach so: *hewiiischajijs*. Ich versuchte es ein paarmal, dann schlug Pedro vor, ich solle es doch einfach »brasilianisches Geld« nennen.

Mit einem Omelett und einem Stück Kuchen im Magen ging ich an den weiß gestrichenen Kasernengebäuden vorüber und bog dann in einen kleinen Park, der hinter der felsigen Küste verläuft. Plötzlich blieb ich wie angewurzelt stehen und rief: »Wow!« Vermutlich wäre »Aaaah!« der passendere Ausruf gewesen. Zwischen den Palmen eröffnete sich mir der Blick auf ganze Scharen von hübschen, braun gebrannten Mädchen aus Ipanema, die sich in der Sonne räkelten oder am Strand entlanggingen und dabei ihre nackten Hintern wiegten. Die meisten trugen Bikinis, die alles zeigten, ohne wirklich alles zu zeigen: Unten ein Streifchen Stoff und oben ein Spaghetti- oder besser Vermicelliträger mit zwei Nippelhütchen. Ich bin zwar kein Experte, doch ich sah keinen Anlass, sich Sorgen um die Gesundheit der brasilianischen Brüste zu machen.

Das Einzige, was mich an meinem Besuch am Strand von Ipanema etwas nervte, war die Tatsache, dass ich *dieses* blöde Lied nicht aus dem Kopf bekam. Irgendwann schaffte ich es immerhin, es nicht mehr laut zu singen, doch als ich einen schmalen Weg zu einer kleinen Anhöhe hinaufging, von dem aus man einen fantastischen Blick über den Strand hat, ertappte ich mich dabei, wie ich es vor mich hin pfiff. Während ich auf einer Bank saß, die Aussicht genoss und dabei noch immer dümmlich vor mich hin trällerte, setzte sich plötzlich eine junge Frau in einem weißen Baumwollkleid neben mich und zog sich aus. Als sie zu ihrem winzigen weißen Bikini kam, sah ich eine kleine Tätowierung auf ihrer Hüfte knapp über ihrem Hintern (wo sollte ich denn auch sonst hinsehen?). Das Tattoo sah aus wie ein Gummistempel, und die Aufschrift lautete: »Made in Brazil«.

Den Rest des Nachmittags verbrachte ich damit, über den Strand zu schlendern und Bällen auszuweichen. Ich kam zu dem Schluss, dass die Heteromänner, zu erkennen an den Boxershorts, Strandfußball bevorzugten, während die schwulen Männer, zu erkennen an den knappen Badehöschen, offenbar lieber Softtennis spielten. Am belebtesten war der Strand rund um den Strandwächterturm Posto 9. Geschmeidige, durchtrainierte und sonnengebräunte Körper spielten Volleyball, kickten Fußbälle oder lagen lässig im Sand, während die Luft von Musik und dem Duft von alten Socken (sprich: Marihuana) erfüllt war. Neben den Einheimischen fühlte ich mich wie Mr. Bean auf Reisen, und wahrscheinlich sah ich auch genauso aus. Nachdem ich fast den gesamten Strand abgelatscht war, machte ich mich also auf den Weg zu den geschäftigen Seitenstraßen von Ipanema.

Ich nahm mir einige Stunden Zeit und spazierte gemütlich zu Pedros Haus zurück. Auf dem Weg schaute ich mir die Schaufenster und Kirchen an, setzte mich auf idyllische Plätze und beobachtete hippe junge Leute in belebten Cafés. Der größte Teil des Weges führte jedoch an der *Lagoa Rodrigo de Freitas* entlang. Gemächlich schlenderte ich durch den schmalen Uferpark, vorbei an Joggern und Pärchen. In einem Café an der Promenade trank ich ein Bier, und als die Sonne hinter den Bergen verschwand, kam ich zu dem Schluss, dass ich mich in weniger als 24 Stunden in diese Stadt verliebt hatte. Und nein, es waren nicht nur die blanken Hintern und gesunden Brüste, die mich verführt hatten.

Pedro hatte angekündigt, er werde gegen acht Uhr wieder zu Hause sein. Um halb zehn war er immer noch nicht zurück und mein Magen knurrte immer lauter. Die Versuchung war groß, doch die Benimm-Hinweise auf der CouchSurfing-Seite rieten dringend davon ab, sich über den Kühlschrank des Gastgebers herzumachen. Die Seite hält übrigens eine ganze Reihe von Geboten für den guten Gast parat, zum Beispiel: Du sollst deine Gastgeber nicht ignorieren; du sollst nicht flüstern; du sollst dich gegenüber den Kindern deiner Gastgeber nicht abweisend, herablassend oder ungeduldig verhalten; du sollst die Kochkünste deiner Gastgeber nicht schmähen; und du sollst nicht ohne deine Gastgeber feiern, es sei denn, sie fordern dich dazu auf.

Ich beäugte bereits die appetitlich aussehenden Kroketten im Futternapf der Katze, als Pedro gegen halb elf endlich nach Hause kam. Wir aßen in einem mexikanischen Restaurant am Markt von Cobal, ganz in der Nähe von Pedros Haus. Abends verwandelt sich der gesamte Markt in einen Restaurantbezirk, die Gänge füllen sich mit Tischen und lärmenden Gästen.

Über unseren Fajitas fragte ich Pedro, was es bedeute, Brasilianer zu sein. »Brasilien ist ... surreal«, antwortete er. »Das Land hat unglaubliche Rohstoffvorräte, eine fantastische natürliche Vielfalt und eine völlig einmalige Geschichte, weil sich hier von Anfang an die Rassen vermischt haben. Aus diesem Schmelztiegel von Kulturen ist ein völlig neues Land entstanden, mit wenigen Vorurteilen und vielen Strömungen, die sich gegenseitig befruchten und bewirken, dass das Ganze mehr ist als die Summe seiner Teile. Und das merkt man. Ich bin sehr, sehr stolz, Brasilianer zu sein. Nicht nur wegen der Rohstoffe, sondern weil wir hier wirkliche Freiheit haben – nicht diesen kranken amerikanischen Traum von Freiheit durch Geld – und ein kulturelles Kaleidoskop, wie es das nur hier gibt.«

Ich war zutiefst beeindruckt. Nicht nur von Pedros Liebe zu Brasilien, sondern auch von der Tatsache, dass er nach einigen Gläsern Bier besser Englisch sprach als ich in nüchternem Zustand.

»Hast du Lust, in einen Nachtclub zu gehen?«, fragte er mich nach dem Essen.

»Mh. Ja«, antwortete ich wenig überzeugend. Es war nach Mitternacht und ich war reif fürs Bett.

»Du hast gesagt, du willst das brasilianische Leben kennenlernen«, lachte Pedro. »Und so leben wir Brasilianer. Wir gehen aus.«

»Die werden mich nicht reinlassen«, sagte ich und zeigte auf meine Cargo-Shorts und Sandalen.

»Kein Problem. Das haben hier alle an.«

Was für ein wunderbares Land. Brasilien ist so stolz, Heimat der Havaianas, der bekanntesten Sandalenmarke der Welt, zu sein (die Original-Flip-Flops, nicht irgendwelche dahergelaufenen Jesuslatschen), dass Sandalen überall als angemessenes Schuhwerk durchgehen.

Wir standen vierzig Minuten vor dem Nachtclub Casa da Matriz an, der sich in einer der dunklen Gassen befand, vor denen Pedro mich gewarnt hatte. Als wir schließlich beim Türsteher ankamen, grunzte der mich an. »Er will deinen Ausweis sehen«, übersetzte Pedro.

Ich lachte spöttisch. »Das soll wohl ein Witz sein, oder? Sag ihm, ich benehme mich zwar oft wie ein Teenie, aber ich stehe kurz vor der Rente.«

Den Neandertaler beeindruckte das nicht, also fuhren wir zu Pedros Wohnung und holten meinen Reisepass. Als wir zurückkamen, war die Schlange verschwunden und der Türsteher würdigte meinen Pass keines Blickes.

Der Nachtclub, in dem sich tanzende Körper drängten, befand sich in einer alten Villa. Die Tanzfläche war früher das Wohnzimmer gewesen, die Küche war zu einer Bar umgebaut worden und das Schlafzimmer in der oberen Etage war eine weitere Tanzfläche. Ich fand den Laden genial, auch wenn ich zehn Minuten vor dem Klo anstehen musste, weil das Haus nach wie vor nur drei Bäder hatte. Als alter Knacker, der ich inzwischen bin, gefiel mir die Musik im Erdgeschoss besser, denn dort wurden »die Hits der Sechziger, Siebziger, Achtziger, Neunziger und von heute« gespielt, wie das im Slang der Radio-DJs so schön heißt.

Am Eingang bekamen wir eine »Getränkekarte«. Alles, was wir an der Bar bestellten, wurde auf der Karte eingetragen und bezahlt wurde am Ausgang. Ich kann mir vorstellen, dass so mancher am Ende einer langen Nacht eine böse Überraschung erlebt. »Was passiert, wenn man sich an der Bar besäuft und dann nicht genug Geld dabei hat, um zu bezahlen?«, fragte ich Pedro – das heißt, ich schrie, um die Musik zu übertönen.

»Die lassen dich hier nicht raus. Dann musst du dir das Geld eben von einem Freund pumpen«, schrie er zurück. »Ich musste mal um vier Uhr morgens meine Mutter anrufen und sie bitten, mir Geld zu bringen. Das Schlimmste ist, wenn du deine Karte verlierst und sie dann später an der Theke wiederfindest, nachdem jemand eine Runde für alle bestellt hat.«

Gegen zwei Uhr morgens saß ich friedlich über meinem fünften oder achten Bier, als mich eine hinreißende Brasilianerin zum Tanz aufforderte. Es war allerdings weniger ein Tanz als ein Gestolper. Sie war sturzbetrunken. »Hast du Lust, ein brasilianisches Mädchen zu vögeln?«, schrie sie mir ins Ohr.

»Wie bitte?«

»Nicht mich«, lallte sie. »Du gefällst mir nicht. Aber wenn du willst, suche ich dir eins.«

Als wir gegen drei Uhr gingen, hatte sie offenbar jemanden gefunden, der ihr gefiel, und war dabei, mit ihrer Zunge seine Lungenflügel zu erforschen.

Wieder zu Hause, drehte sich Pedro einen Joint. »Mein erster Stiefvater hat gekokst«, erzählte er mir zwischen zwei Zügen. »Das war einer der Gründe, weshalb sich meine Mutter wieder von ihm getrennt hat.« Pedro war ein Einzelkind, doch seine Mutter hatte nach ihrer ersten Ehe noch zweimal geheiratet, weshalb er heute vier Halb- und zwei Stiefgeschwister hatte. »Mein leiblicher Vater unterrichtet Kunst an der Universität. Er ist aber auch ein berühmter Kinderbuchillustrator«, erzählte Pedro stolz. »Der einzige Haken an der Illustriererei war, dass er Monate mit einem Buch verbracht und dabei sein ganzes Herzblut vergossen hat und dass er am Ende nichts damit verdient hat. Eines seiner Bücher ist seit dreißig Jahren ein Bestseller und er hat nur eine Einmalzahlung dafür bekommen.« Er zeigte mir das Buch. Die fantastischen, psychodelischen Zeichnungen sahen so aus, als hätte *er* gekokst und nicht der erste Stiefvater. Oder war es der zweite gewesen? Es war schon sehr spät.

Kurz nach vier stolperte ich ins Bett, während Pedro wieder mit seinen Kabeln hantierte. Meine Couchsurfing-Weltreise verwandelte sich allmählich in eine Rausch-auf-dem-Sofa-Ausschlaf-Tour.

Aha! Deswegen war Pedro also noch aufgeblieben! Er hatte noch jemanden erwartet. Ich hatte zwar kein brasilianisches Mädchen abbekommen, aber Pedro offenbar schon. Als ich gegen Mittag nach oben wankte, stand eine junge, üppige Frau mit einer Zigarette im Mund in der Küche am Herd. Pedros »Freundin« sprach kein Wort Englisch, also lächelten wir uns etwas unbeholfen an. Dann spülte sie das Geschirr. Nicht schlecht, dachte ich. Die meisten One-Night-Stands gehen morgens einfach.

Wenig später kam Pedro die Treppe heruntergestolpert und blickte ein bisschen belämmert drein. Wen wundert's. »Ich bin erst um sechs Uhr ins Bett gekommen«, sagte er vorsichtig.

»Kann ich mir denken«, sagte ich und zwinkerte ihm zu.

Pedro sagte etwas zu seiner Freundin. Die ließ das Geschirr stehen und ging nach oben.

»Das Katzenklo muss sauber gemacht werden«, sagte er sachlich.

Vielleicht hätte ich ja etwas heftiger flirten sollen. Ich musste dringend Wäsche waschen, und meine Shorts hatten ein Loch, das geflickt werden musste.

»Klingt gut«, sagte ich fröhlich.

»Ja, sie ist gut«, antwortete Pedro. »Rosângela arbeitet für mich, seit ich hier wohne. Sie kommt einmal die Woche, macht das ganze Haus sauber und kocht.«

Ups.

In die Handreichungen für den guten Gast gehört unbedingt auch das Gebot: »Du sollst keine Vorurteile gegenüber deinem Gastgeber haben.«

Pedro zahlte seiner Hausangestellten umgerechnet 25 Euro für zehn Stunden. Rosângela arbeitete außerdem für Pedros Mutter und zwei seiner Tanten. »Haushaltshilfen findet man am besten über Bekannte«, erzählte mir Pedro. »Viele versuchen, die Hausangestellte von Bekannten abzuwerben, denn es ist gar nicht so einfach, ehrliche und fleißige Frauen zu finden.«

»Haben viele Leute eine Hausangestellte?«, fragte ich.

»In der Mittelschicht ja. Es ist meistens eine schwarze Frau, die bei einer weißen Familie lebt. Viele Wohnungen haben neben dem Waschraum oder der Küche ein kleines Zimmer, in dem die Hausangestellte wohnt. Das geht noch zurück auf die Tradition der *casa grande e senzala*, das Haus für die Großgrundbesitzer und das Haus für die Sklaven. Früher schliefen die Besitzer und ihre Söhne mit den Sklavinnen. Deswegen haben die meisten Brasilianer afrikanisches und europäisches Blut.«

Als wir zum Markt aufbrachen, um zu frühstücken (oder eher um Mittag zu essen), machte Rosângela gerade mein Bett. Wir aßen im Restaurante do Mercado, einem kleinen, typisch brasilianischen Buffetrestaurant, wo man das Essen nach dem Gewicht bezahlte. Es gab eine Menge lecker aussehender Salate und Fleischgerichte. Da ich einen gewaltigen Kater hatte, wählte ich nur einen winzigen Salat und ein kleines Stück gegrillter Hühnerbrust und schlug mir den Magen mit Pommes frites voll. Pedro schlang sein Essen hinunter, weil er zur Arbeit musste.

Es war Zeit, uns zu verabschieden. In den zwei Tagen, die wir miteinander verbracht hatten, war Pedro ein Freund geworden. Ich hoffte nur, dass ich genug Alkohol zu mir genommen hatte, um mich zu den Menschen zählen zu dürfen, die Pedro sympathisch fand.

Den größten Teil des Nachmittags verbrachte ich damit, zum Pão de Açúcar, dem berühmten Zuckerhut, zu gehen, oder besser, mich dorthin zu schleppen. Pedro hatte geschätzt, dass ich eine Stunde brauchen würde, aber ich brauchte zwei. Allerdings nicht nur, weil ich müde und verkatert war, sondern auch, weil ich unterwegs in zwei Geschäfte ging, um mir Havaianas zu kaufen. Die Dinger waren fast in jedem Laden zu bekommen. Ich sah Havaiana-Ständer in einer Apotheke, einem Videoverleih, einem Café, einem Zeitungskiosk und sogar in einem Blumenladen (»Meine Frau hat heute Geburtstag, und ich hätte gern einen Strauß weißer und roter Havaianas.«).

Jetzt kann ich auch einen weiteren Ort auf meiner Tour durch die James-Bond-Drehorte der Welt abhaken. In *Moonraker* versucht der Beißer, das Kabel der Drahtseilbahn zum Zuckerhut durchzubeißen. Bond musste sich zwar gegen die Kräfte des Bösen zur Wehr setzen, aber ich wette, er war nicht gezwungen, sich durch die Touristenmassen zu kämpfen, nur um eine weitere fantastische, gigantische Sehenswürdigkeit der Stadt zu fotografieren.

Gegen halb acht kam ich zu Pedros Haus zurück. Damit blieb mir keine Zeit mehr für das Nickerchen, das ich eigentlich fest eingeplant und dringend nötig hatte. Mariana hatte geschrieben, ich solle mich auf eine Dauerparty einstellen, und mich gewarnt, ich würde kaum zum Schlafen kommen. Ehrlich gesagt, ich wollte lieber dauerschlafen und nicht zum Feiern kommen.

7

»Ich bin die coolste carioca in Rio und das glücklichste Mädchen, das du je kennenlernen wirst.«
Mariana Violante, 26, Rio de Janeiro, Brasilien
CouchSurfing.com

»Meine Freundin übernachtet auch hier, für den Fall, dass du ein Vergewaltiger oder ein Massenmörder bist«, sagte Mariana zur Begrüßung an der Tür.

»Bin ich nicht«, antwortete ich eilig. Doch es klang sogar in meinen Ohren so, als wäre ich genau das.

Marianas Freundin, die sich hinter der Tür versteckt hatte, streckte den Kopf hervor und lächelte mich nervös an. »Das ist Paula«, sagte Mariana strahlend. »Sie ist meine beste Freundin und das zweitcoolste Mädchen in ganz Rio.«

Mariana lebte zumindest in einem der coolsten Viertel der Stadt, in einem noblen Apartmentgebäude, vor dessen Eingang sogar ein livrierter Portier stand. Das Apartment war nur einen Häuserblock vom Strand von Copacabana entfernt und vom Wohnzimmerfenster aus konnte man sogar das Meer sehen. Zumindest ein Eckchen davon. Zwischen den Wohntürmen blitzte ein schmaler Streifen Sand und Wasser auf. Auf meiner Tour durch die kleine Wohnung gingen wir an der Couch vorbei zu meinem eigenen kleinen Schlafzimmer mit seinem eigenen kleinen Bett und einem noch kleineren Badezimmer (das so klein war, dass man von der Dusche aus ins Klo pinkeln konnte – nicht dass ich es versucht hätte, versteht sich).

Mariana gestand mir, ich sei ihr erster Gast und sie sei ein wenig nervös. Das ließ sie sich allerdings nicht anmerken. Sie sprudelte geradezu über vor Energie und freute sich darauf, mich auf die besten Partys von ganz Rio zu schleppen. Die Mädels waren aufgedonnert und bereit für eine lange Nacht. Marianas langes, glattes und samtschwarzes Haar war perfekt gestylt, sie trug Designerjeans und ein weißes Oberteil, das ihren tief gebräunten Bauch freigab. Paula hatte lange, dunkelblonde Locken und sah mit ihrem aufregenden geblümten Kleid hinreißend aus.

»Ist es okay, wenn wir heute Abend zu Hause bleiben, hier was essen und einen Film schauen?«, fragte Mariana entschuldigend.

»Klar«, sagte ich und tat mein Bestes, meine Freude zu verbergen.

»Sicher?«

Ich war mir ganz sicher. Und meine Leber auch. Ich war mir auch noch sicher, als Mariana eine DVD hochhielt und jubelte: »Wir schauen *Stolz und Vorurteil*!«

Mariana arbeitete als Innenarchitektin in einem Büro, das sie drei Jahre zuvor nach dem Abschluss ihres Studiums mit zwei Freundinnen gegründet hatte. »Meine Woche war ziemlich anstrengend und ich muss mich heute Abend ein bisschen ausruhen. Aber morgen kann ich dir zeigen, warum ich das coolste Mädel von ganz Rio bin.« Mariana strahlte mich an. »Ich habe unsere Route genau durchgeplant.« Und die sah ungefähr so aus: Strand – Essen – Strand – Disco – Schlafen – Strand – Essen – Strand – Samba. »Ich bin ein echtes *Carioca*-Girl«, verkündete Mariana. »Ich liebe den Strand und ich liebe Samba!«

»Ich hasse den Strand und ich hasse Samba«, erwiderte Paula.

»Wir haben nichts gemeinsam«, sagte Mariana und umarmte Paula. »Aber sie ist trotzdem meine beste Freundin.«

Wir gingen in den Supermarkt gegenüber, der direkt am Strand lag, um Schokolade zu besorgen. »Ohne ein bisschen Schokolade kann man keinen Film sehen«, verkündete Mariana. Das »bisschen Schokolade« waren vier große Tafeln.

Weil Mariana derart auf Schokolade stand, hatte sie sich der Gruppe der »Schokoladenliebhaber« auf CouchSurfing.com angeschlossen, die, wie ich später herausfand, 1017 Mitglieder in 38 Ländern hat. Die Schokoladenliebhaber waren nur eine von mehreren Tausend Gruppen, die Mitglieder von CouchSurfing eingerichtet hatten. Mariana erzählte mir, die Schokoladenliebhaber diskutierten über Schokolade, debattierten ausführlich, in welchem Land die beste Schokolade hergestellt wird, und organisierten Schokoladentreffen.

Neben den speziellen Länder- und Städtegruppen sind die Schwulen Couchsurfer mit 10 680 Mitgliedern die mit Abstand größte Gruppe. Weitere große Gruppen sind die Fotografen (2668 Mitglieder), die Radfahrer (2198 Mitglieder), die Bierliebhaber (1641 Mitglieder) und der Tattoo- und Piercingclub (1148 Mitglieder).

Die meisten Gruppen haben relativ wenige Mitglieder, obwohl ich mich bei einigen wunderte, wie populär sie waren. Die Masturbationsgruppe kommt beispielsweise auf 179 Mitglieder. Der Begrüßungstext dieser Gruppe lautete:

> *Schon mal im Büro den Dödel gerödelt? An verbotenen Orten den Schniedel gezwiebelt? Dann bist du nicht allein! Komm rein!*

Ich könnte mir gut vorstellen, dass einige der Masturbierer auch unter den 106 Mitgliedern des Jungfrauenclubs, den 18 schwulen Radfahrern, den 15 Unterwäschefetischisten oder den 11 schwulen vegetarischen Nudisten zu finden sind.

Einige Gruppen sind schlicht verrückt. Es gibt 165 Müllcontainerspringer, 11 Zwergwerfer, 29 Ikea-Couchsurfer, 9 Gürkchenliebhaber, 9 Mayonnaiseexperten, 8 Marmitefans, 5 Marmitehasser, 5 Küchenschrankaufräumer, 87 Internationale Partygirls auf der Suche nach Toyboys, 101 David-Hasselhoff-Freunde, 41 Atheisten mit biblischen Namen und 163 Anhänger der Kirche des Fliegenden Spaghettimonsters.

Nachdenklicher stimmt einen da schon, dass von den rund 150 000 Couchsurfern ganze vier der Gruppe der »netten Menschen« angehören. Einige Gruppen haben sogar noch weniger Mitglieder. Zu diesen exklusiven Clubs gehören beispielsweise die irischen Tänzer, die pakistanischen bisexuellen Männer, die gut Gekleideten, die Kriegsgegner, die radikalen Feministinnen, die schwulen Köche und die Perverslinge.

Nach meiner Couchsurfing-Weltreise gründete ich übrigens eine eigene Gruppe mit dem Namen »Karaoke Club« und dem Motto »Karaoke ist alles«. Die Gruppe hat inzwischen elf Mitglieder aus den Niederlanden, Bulgarien, Kanada, Australien, Island, Dänemark und den Vereinigten Staaten.

Ich bin Mitglied von insgesamt sechs Gruppen, darunter inzwischen auch die Schokoladenliebhaber. Einige Leute scheinen allerdings kein Maß zu kennen. Ein gewisser Mark aus dem australischen Melbourne gehört 242 Gruppen an, darunter den Surfern für den Frieden, der Lasagnekirche, den moderaten, nichtalarmistischen Sozialisten, Essen statt Bomben, Ich gehöre zu vielen Gruppen an und Wie löscht man eine Gruppe?.

Mariana war offensichtlich nicht in der Gruppe der Hobbyköche. Während sie die Plastikdosen in ihrem Gefrierschrank durchsah, erklärte sie: »Ich kann nicht kochen. Ich bin schrecklich.«

Mariana hatte eine Haushaltshilfe, die zweimal pro Woche kam und ihr sämtliche Mahlzeiten vorkochte. »Heute Abend essen wir ... mh, panierte Hähnchenbrust mit Nudeln und ...« Mariana las die ordentlich beschrifteten Dosen, um zu sehen, was heute auf dem Speisezettel stand. »... Quiche mit Salat.«

Das Essen war sehr lecker, doch das Hähnchen war leider nur lauwarm. »Ich kann nicht mal Essen aufwärmen«, verkündete Mariana unbekümmert.

»Ich habe gehört, in Copacabana leben nur alte Damen«, erzählte ich den Mädels beim Essen.

»Ich bin eine alte Dame«, seufzte Mariana. »Ich bin letzten Monat 26 geworden.«

Mit 26 hatte Mariana das Durchschnittsalter einer Couchsurferin. Die Mehrzahl der eingetragenen Nutzer, genauer gesagt 72 Prozent, ist zwischen 20 und 28 Jahren alt. Aber nicht alle Couchsurfer sind jung. Außer mir gibt es noch eine ganze Menge anderer Fossilien: Rund 30 000 Mitglieder sind zwischen 40 und 49 Jahren alt. Und bei der letzten Zählung gab es 146 registrierte Couchsurfer über 80.

Wir wollten eigentlich den Film sehen, doch das Telefon klingelte ununterbrochen. Mariana war eine beliebte alte Dame. Einer der Anrufer war Paulas Freund. Diesem Freund war sie übrigens noch nie persönlich begegnet. Paula hatte ihn auf wayn.com (Where Are You Now?) »kennengelernt«, einer Web-site, die ähnlich funktioniert wie CouchSurfing, nur ohne Couch. Auf dieser Seite können Backpacker miteinander chatten und sich verabreden, wenn sie sich zufällig in derselben Stadt aufhalten. Paula chattete seit über einem Jahr mit Dave aus Sydney, und vor vier Monaten hatten sie angefangen zu »daten«. »Ich hoffe, dass ich ihn bald mal treffe«, sagte sie strahlend.

»Mein Freund hat sich schon seit einer Woche nicht mehr bei mir gemeldet«, schniefte Mariana.

»Dein Freund ist ja auch ein Arschloch!«

Mariana machte eine Grimasse. »Paula nennt ihn nur ›das Arschloch‹.«

Mariana war seit sieben Monaten mit »dem Arschloch« zu-sammen. Nunoo war Portugiese und arbeitete seit zwölf Mona-ten in der Shell-Niederlassung in Rio de Janeiro.

»Ich habe ihn zufällig letzten Samstag getroffen«, erzählte Mariana. »Wir sind uns in einem Club über den Weg gelaufen. Wir hatten eine tolle Nacht, haben zusammen gefrühstückt und alles. Er hat gesagt, er würde mich anrufen, aber er hat sich die ganze Woche nicht gemeldet. Ist doch komisch, oder?«

»Nein. Er benutzt dich. Er will nur mit dir schlafen«, wollte ich sagen. Stattdessen antwortete ich: »Ja, das ist schon komisch.«

»Das ist gar nicht komisch«, rief Paula. »Er ist eben ein Arschloch.« Paula sagte »asshole« mit einem amerikanischen Akzent. Sie sprach überhaupt mit einem starken amerikanischen Einschlag. »Ich habe mein Englisch von der Fernsehserie *Friends* gelernt«, sagte sie, als würde sie Kaugummi kauen. »Ich lasse mir keine Folge entgehen.«

»Bei mir war es *Sex and the City*«, erklärte Mariana.

Während eines Anrufs dachte ich, das Arschloch wäre am Apparat, denn Mariana fing an zu weinen. »Das war meine Mama«, sagte sie, nachdem sie wieder aufgelegt hatte. Marianas Mutter war Ärztin und lebte in einem kleinen Dorf fünf Flugstunden nördlich von Rio. »Sie ruft mich jeden Tag an. Und weil sie mich vermisst, weint sie, und dann weine ich auch. Ich bin ihre einzige Tochter und ihre Prinzessin.«

Als den beiden Mädels während einer Filmszene mit dem drolligen Mr. Darcy die Tränen über die Wangen liefen, entschuldigte ich mich und verdrückte mich ins Bett.

»Das mit dem Wetter tut mir so leid!«, schniefte Mariana traurig und sah nach draußen in den Nieselregen. »Das ist wirklich schrecklich!«

»Ist ja nicht deine Schuld«, sagte ich. »Wir können doch einfach was anderes unternehmen. Was macht ein Carioca-Girl, wenn es nicht an den Strand gehen kann?«

Mariana strahlte. »Einkaufen!«

Wir hatten eigentlich den Bus nehmen wollen, aber auf dem Weg zur Haltestelle beschlossen wir, die sechs Kilometer nach Ipanema zu Fuß zu gehen. Es hatte aufgehört zu regnen, doch trotz des immer noch grauen Himmels war es angenehm warm. Die Promenade von Copacabana gehörte uns fast alleine, die Restaurants und Cafés waren leer. Auf unserem zweistündigen Fußmarsch erzählte mir Mariana von ihrer Arbeit (sie plante nicht nur Wohnungen, sondern übernahm die gesamte Innendekoration bis hin zur Auswahl der Möbel), von ihrer Familie (ihre Eltern hatten sich scheiden lassen, als Mariana zwei Jahre alt war, und ihr Vater hatte sich erst vor Kurzem bei ihr gemeldet, »weil ich jetzt erfolgreich bin«) und von Nunoo: »Er geht in fünf Monaten wieder nach Lissabon und ich denke, vielleicht ist er ja der Richtige. Aber vielleicht hat Paula ja recht. Vielleicht ist er ganz einfach ein Arschloch.«

»Ich bin Havaianas-süchtig«, sagte Mariana, als sie anhielt, um sich ein Paar mit zehn Zentimeter hohen Absätzen zu kaufen. Meine Sucht gedieh ebenfalls prächtig. Ich kaufte mir zwei weitere Paar Havaianas und kam damit auf vier Paar in zwei Tagen.

Außerdem war Mariana kaufsüchtig. Ich weiß nicht, in wie

viele Kleider-, Schmuck-, Hut-, Gürtel-, Handtaschen- und Schuh-
geschäfte wir gingen. »Ist dir langweilig?«, fragte mich Mariana
in einem Unterwäscheladen, in dem umwerfende Frauen Büsten-
halter anprobierten. »Keine Sorge«, antwortete ich und wischte
mir den Sabber vom Kinn.

»Hier gehe ich sonntags zur Messe«, erzählte Mariana, als
wir an einer kleinen Kirche zwischen den Modeboutiquen vorbeikamen. »Ich bitte Gott um mehr Geld, damit ich mehr einkaufen kann.«

Gerade als ich dachte, ich hätte *The Girl from Ipanema* endlich aus dem Kopf bekommen, gingen wir zu einem späten Mittagessen (sprich, es war halb fünf) in ein Restaurant mit dem
Namen *The Girl from Ipanema* oder *Garota de Ipanema,* wie das
Lied im Original heißt. Genau hier hatten Tom Jobim und Viní-
cius de Moraes das Lied geschrieben, das zur brasilianischen Er-
kennungsmelodie avancierte und fast so häufig gecovert wurde
wie *Yesterday* von den Beatles.

Wir bekamen einen Platz am Fenster. Es dauerte nicht lange
und ich verstand, warum Tom und Viníicius das Stück ausgerechnet hier komponiert hatten. Ich hatte ein paar Mal Gelegenheit, »aaaah« zu sagen, während draußen auf der Straße
große, braune, junge und hübsche Mädchen aus Ipanema vorbeigingen. Das Restaurant platzte vor Einheimischen und lauten amerikanischen Touristen schier aus den Nähten, doch die
Bedienung war freundlich und effizient. Wir teilten uns eine
picanha à brasileira, einen üppigen Teller aus fein geschnetzel-
tem Rumpsteak mit Reis, Pommes und *farofa.*

Zurück fuhren wir mit dem Bus, denn Mariana hatte einen
»Schönheitstermin«. »Ich lasse mir die Nägel und die Haare
machen«, erklärte sie. »Brasilianische Frauen investieren eine
Menge Zeit und Geld in ihr Aussehen.« Mariana ging mindestens einmal pro Woche in ihren Schönheitssalon und dreimal die
Woche zu ihrem persönlichen Trainer. »Ich muss mich doch für
den Strand hübsch machen!«, sagte sie fröhlich.

»Sollte mein Freund anrufen, wenn ich weg bin, dann sag ihm, dass ich zu tun habe und dass ich heute Abend mit einem netten Jungen aus Australien weggehe«, rief sie mir im Gehen zu. Ich wollte es allerdings nicht darauf anlegen, ihren Freund eifersüchtig zu machen. Mariana hatte mir ein Foto gezeigt, auf dem Nunoo in einer weißen Badehose am Strand stand und die Muskeln spielen ließ. Muskeln, die ein bisschen größer waren als meine.

Als Mariana aus dem Schönheitssalon zurückkam, sah sie umwerfend aus. »So, jetzt muss ich mich noch zurechtmachen«, verkündete sie. »Das dauert noch eine gute Stunde.« Mit diesen Worten verschwand sie im Badezimmer. Ich schaltete den Fernseher ein. Mariana hatte Kabel, aber wie überall auf der Welt war auf allen Kanälen nur Mist zu sehen. Gegen elf Uhr gingen wir mit zwei von Marianas langbeinigen Cousinen in den Nachtclub Melt. Zu Hause liege ich samstags um diese Uhrzeit im Bett oder döse vor dem Fernseher.

Das Melt wirkte extrem chic und szenig, genau wie die Leute, die draußen anstanden. Es war so chic und szenig, dass die Getränkekarten einen Magnetstreifen hatten und der Türsteher einen dreiteiligen Anzug trug. »Ich komme jeden Samstag hierher«, flötete Mariana, als wir an der Schlange vorbeigewunken wurden. Andernfalls hätten wir vermutlich eine Stunde gewartet, denn das Sicherheitspersonal überprüfte nicht nur jeden Ausweis mit der Lupe, sondern registrierte sämtliche Personendaten in einem Computer.

In der Bar im Erdgeschoss warteten zwei weitere von Marianas langbeinigen Cousinen an einem der mit Kerzenleuchtern dekorierten Tische. In der Bar tummelten sich derart viele bezaubernde und schöne Menschen, dass man meinen konnte, es handelte sich um die Endausscheidung von *Brazil's Next Topmodel*. Ich spreche kein Portugiesisch, doch ich verstand auch so, dass einige zu mir herübersahen und tuschelten: »Wer hat nur diesen hässlichen Zwerg angeschleppt?« Aber für einen hässlichen Zwerg hatte ich es ganz gut getroffen. Ich war von einer Traube umwerfend gut aussehender Frauen umringt, die sich allerdings mit atemberaubender Geschwindigkeit auf Portugiesisch unterhielten. »Sie diskutieren darüber, warum alle brasilianischen Männer bescheuert sind«, klärte mich Marianas Amazonencousine Roberta auf.

Kurz vor Mitternacht erschien Nunoo auf der Bildfläche. Mariana erspähte ihn in der Menschenmenge und winkte ihn zu uns herüber. »Mein Herz pocht *so* laut«, sprudelte sie hervor, während ihre Cousinen ihm böse Blicke zuwarfen. Mariana kicherte wie ein kleines Mädchen, als er ihr ein Küsschen auf die Wange drückte. Als er an die Theke ging, um einen Drink zu bestellen, zwitscherte sie: »Er hat mir gesagt, er hätte mich nicht angerufen, weil er mich hier überraschen wollte. Er ist so süß!«

Um Mitternacht begann die Disco im Obergeschoss, und die hippen und coolen Menschen liefen auf die Tanzfläche, um zu dem hippen und coolen *Don't Go Breaking My Heart* von Elton John und Kiki Dee zu tanzen. Mariana und Roberta zerrten mich auf die Tanzfläche, doch als der DJ die Doobie Brothers auflegte, verschüttete ich meinen Drink und hatte eine Entschuldigung, wieder nach unten zu gehen. »Sag Nunoo, er soll raufkommen und tanzen«, schrie mir Mariana noch ins Ohr.

Aber Nunoo war anderweitig beschäftigt. Er stand an der Theke, flirtete heftig mit einer Blondine und spielte mit ihren Haaren.

»Ich hab ihn nicht gefunden«, sagte ich schulterzuckend, als ich wieder nach oben kam.

»Ich such ihn«, rief Mariana.

Das konnte interessant werden.

Ich blieb auf der brodelnden Tanzfläche bei Roberta, die sich zu mir herabbeugte und schrie: »Das ist so, als würde man in einer Sardinenbüchse tanzen!«

Schreiend berichtete ich Roberta von Nunoo und der Blondine, und Roberta antwortete, wir sollten lieber mal nach unten gehen und sehen, ob Mariana in Ordnung war. Sie schien mehr als in Ordnung. Als wir unten ankamen, lagen Nunoo und Mariana mit ineinander verschlungenen Zungen auf der Theke.

Eine Viertelstunde später traf ich Mariana, die tränenüberströmt auf der Treppe saß. »Er hat Schluss gemacht und mir das Herz gebrochen«, wimmerte sie. »Warum will er mich nicht? Ich bin schön, klug und witzig.«

»Er weiß nicht, was er sich entgehen lässt«, antwortete ich.

»Er hat mir gesagt, ich wäre perfekt ...«, schniefte Mariana, während ihr die Wimperntusche die Wangen hinunterlief, »... aber nicht perfekt genug.«

Um sie zu trösten, ratterte ich einige der bewährten Klischees herunter:

»Er ist nicht gut genug für dich.«

»Männer gibt es wie Sand am Meer.«

»Du findest bald einen besseren.«

»Er ist ein Scheiß-Arschloch!« Roberta brachte die Situation etwas eindeutiger auf den Punkt, nachdem ich Mariana nach oben gezerrt hatte. »Sie braucht was zu trinken und muss tanzen«, fügte sie hinzu. Als ich mit einem Cosmopolitan zurückkam (Mariana hatte natürlich denselben Lieblingsdrink wie ihre Heldin Carrie aus *Sex and the City*), stand sie auf der Tanzfläche und heulte sich die Augen aus dem Kopf. Ich ließ sie mit Roberta allein und ging nach unten an die Theke, um mich mit einem Landsmann zu unterhalten. Wo immer man auf der Welt hinkommt, es ist immer schon ein anderer Australier da, mit dem man sich unterhalten kann. »Ich habe das Paradies gefunden«, lachte er, als sich ihm zwei bildhübsche junge Frauen an den Hals warfen.

Um halb vier war ich reif fürs Bett. Und ich hatte den Eindruck, Mariana wäre reif, jemanden mit in ihr Bett zu nehmen. Als ich wieder nach oben kam, knutschte sie leidenschaftlich mit einem neuen Nunoo. Als ich ihr gesagt hatte, sie würde bald

einen anderen finden, hatte ich nicht gemeint, innerhalb einer
Stunde. »Komm, setz dich zu uns«, strahlte Mariana.

Ich setzte mich und sah mir auf einem der Großbildschirme
die Wiederholung eines Fußballspiels der brasilianischen Liga
an, während Mariana und ihr neuer Schwarm neben mir Zungen austauschten. In diesem Moment schien die Hälfte der Besucher mit Freund, Freundin, Bekannten oder Wildfremden zu
knutschen. »Tut mir leid, Brian«, sagte Mariana zwischen zwei
Küssen. »Aber ich bin immer noch das coolste Mädel von ganz
Rio, oder?«

Als ich Mariana schließlich aus dem Club schleppte, war es
nach fünf und am Himmel zeichnete sich das erste Morgengrauen ab. Die ganze Stadt schien auf den Beinen zu sein, an den
Kiosken entlang der Promenade von Ipanema standen späte
(oder frühe) Zecher, die aus großen Kokosnüssen tranken und
Sandwiches aßen. Ich war erst seit vier Tagen hier, aber ich war
einer von ihnen geworden. Ich war nun ganz offiziell ein Nachtmensch.

Mariana sollte vielleicht ihr Profil ein wenig überarbeiten – zumindest die Stelle, an der sie behauptet, sie sei »das glücklichste
Mädchen, das du je kennenlernen wirst«. Den nächsten Morgen
verbrachte sie schluchzend und heulend am Telefon. Um ein Uhr
kroch sie schließlich aus dem Bett, um etwas zu frühstücken.

Meine Essenszeiten waren inzwischen vollkommen aus dem
Lot. Wir frühstückten um halb eins, das heißt, Mittagessen gab
es vermutlich gegen sieben Uhr abends und das Abendessen
irgendwann im Laufe des nächsten Tages. Als ich aufstehen
wollte, um den Abwasch zu erledigen, rief Mariana: »Lass das
ruhig stehen! Meine Haushaltshilfe will ja auch noch was zu tun
haben!« Also machte ich mein Bett, auch wenn es ihr nicht
gefiel.

Obwohl ich das Bett kaum gesehen hatte, gab ich ihm die bislang beste Bewertung:

Couchnote: 8 von 10
Plus: Ein echtes Bett mit Bad
Minus: Das Bett war reichlich kurz (hätte ich eine der
Amazonencousinen mit nach Hause genommen – rein
theoretisch natürlich –, dann hätte ich sie zusammenfalten
müssen).

»Willst du mitkommen und dir ansehen, wie unsere Demokratie funktioniert?«, fragte Mariana. »Ich muss heute wählen.« Die Wähler konnten sich ihr Wahllokal selbst auswählen. Mariana entschied sich für den exklusiven Tennisclub Leme am Strand von Ipanema, der ein Restaurant und einen eigenen Swimmingpool hatte. »Ich bin ... wie sagt man?« Mariana stupste ihren Zeigefinger von unten gegen die Nasenspitze. »Ein Snob.«

Auf dem kurzen Weg zum Tennisclub bekamen wir beide eine schwindelerregende Menge von Wahlbroschüren in die Hand gedrückt. »Wir wählen heute sechs Ämter, unter anderem den Präsidenten«, erklärte Mariana. Einige der Kandidaten machten einen wenig vertrauenswürdigen Eindruck. Luiz Sergio sah aus wie Borat mit der Brille seiner Großmutter, und João Pedro erinnerte mich an Charles Manson. Der Windigste von allen war ein Kerl mit schlecht sitzendem Hemd, Bart und grauer Perücke, der schmierig in die Kamera grinste und beide Daumen hochhielt.

»Würdest du diesen Typen wählen?«, fragte ich Mariana. »Der sieht aus wie ein Gebrauchtwagenhändler.«

»Das ist unser Präsident Lula! Der ist ganz okay, verglichen mit den Politikern, die wir sonst so haben.« Einer dieser anderen Politiker war der frühere Präsident Fernando Collor de Mello, der 1989 die Präsidentschaftswahlen gewann, weil er versprochen hatte, mit der Korruption aufzuräumen. Im Jahr 1992 wurde er aus dem Amt gejagt und beschuldigt, umgerechnet eine Milliarde Euro an Steuergeldern veruntreut zu haben. Ein anderer war der Parlamentsabgeordnete Hildebrando Pascoal, der verhaftet wurde, weil er Einschnitte vorgenommen hatte – aber nicht am Staatshaushalt, sondern an den Armen und Beinen eines anderen Mannes, und zwar mit einer Kettensäge.

Obwohl es sich um eine vornehme Gegend handelte, war die Armut der Stadt überall sichtbar: Männer und Frauen schliefen auf der Straße; zerlumpte Jungen jonglierten an Straßenkreuzungen, um sich ein paar Münzen zu verdienen; kleine Mädchen verkauften vor eleganten Restaurants Kaugummis. Die Armen standen mit den Reichen vor den Wahlurnen in der Schlange.

Im Innenraum des Tennisclubs standen nach Altersgruppen getrennte Wahlkabinen. Die Wahlhelfer waren Freiwillige, das heißt, sie hatten Briefe von der Regierung bekommen, die sie darüber informierten, dass sie sich freiwillig zu melden hatten. Mariana hatte sich schon zwei Mal freiwillig gemeldet.

»Für wen hast du gestimmt?«, fragte ich Mariana.

»Für den Gebrauchtwagenhändler«, grinste sie.

Der Einsatz für die Demokratie kostete Kraft, weshalb wir beide zu dem Schluss kamen, dass wir uns ein wenig hinlegen mussten. Langsam gewöhnte ich mich an die nächtlichen Ausflüge.

Gegen halb acht hatten wir beide geduscht, uns umgezogen und waren auf dem Weg ins Bordell. Okay, ein ehemaliges Bordell. Die Casa Rosa (das rosa Haus) war ein Sambaclub, und sonntagabends fand hier eine *roda de samba*-Party statt. Für fünf Euro Eintritt gab es ein kostenloses Abendessen (in unserem Fall Mittagessen) und eine schier endlose Parade von Mädels, die ihre perfekten Hintern schwangen. Das Geschehen spielte sich hauptsächlich draußen, auf der großen und sehr rosafarbenen Terrasse, ab. Mariana meinte zutreffend: »Es ist wie eine private Gartenparty.«

Die Band saß an einem Tisch, der mit Bierflaschen zugestellt war. Die Musiker sangen, während sie auf ihren *surdos* und *bongos* trommelten und auf ihren *cavaquinhos* (den Zwerggitarren, die für den typischen Sambasound sorgen) schrammelten. Die

Musik wirkte ansteckend, und unwillkürlich wippte ich meinen alles andere als perfekten Hintern. Genau das ist der Sinn von Couchsurfing. Ich hatte wirklich das Gefühl, in Brasilien zu sein. Zusammen mit einer echten Einheimischen saß ich in einer echten Sambabar und aß echtes brasilianisches Essen.

Die lässigen und sonnengebräunten Einheimischen tanzten sogar noch in der Schlange am Buffet. Es gab ein typisch brasilianisches Gericht namens *feijoada*, das aus *arroz e feijão* (Reis und schwarzen Bohnen), *farofa* und *linguiça* (pikante Schweinswürstchen) besteht. Dazu gab es einen erstaunlich leckeren Salat aus Kohl und Orangen.

Nach dem Essen war ich so satt, dass ich mich kaum noch bewegen konnte. Das war denn auch meine Entschuldigung dafür, dass ich Mariana dauernd auf die Zehen trat, während sie versuchte, mir den *forró* beizubringen, einen schnellen Tanz aus dem Nordosten des Landes. Dazu gingen wir in den *forró*-Raum, einen von drei Tanzsälen des Casa Rosa. Die rustikale Akkordeonmusik schien mir ein bisschen zu volkstümlich für diese glamouröse Stadt, doch die Cariocas verwandelten den kleinen Raum in eine verschwitzte Hölle der Sinnlichkeit. Leider war meine Tanzerei eher unsinnlich. Der *forró* ist ein extrem enger Paartanz: Wie beim Walzer ergreift der Mann mit der rechten Hand die Linke der Frau und legt ihr seine Linke auf den Rücken, während sie ihm den rechten Arm um den Hals legt. Das rechte Bein des Mannes befindet sich die ganze Zeit über zwischen den Beinen der Frau. Es erinnert ein bisschen an einen Hund, der versucht, ein Bein zu vögeln.

Ich bin ein miserabler Tänzer und habe nicht das geringste Rhythmusgefühl. Alle anderen tanzten perfekt und legten die ausgefallensten Pirouetten hin, während ich auf meine Füße starrte und vor mich hin murmelte: »1, 2, 3, Drehung, 1, 2, 3, Drehung, 1, 2, 3, stampf... oh, tut mir leid!« Mariana war unendlich höflich und geduldig. Als ich ihr vorschlug, nach draußen zu gehen, stimmte sie allerdings auffällig bereitwillig zu.

Wir gingen in einen anderen Raum, in dem die Band eine Mischung aus Jazz und Samba spielte. Mir gefiel die Musik, genau wie Mariana. Ich nehme an, was Mariana besonders gefiel, war die Tatsache, dass man zu dieser Musik solo tanzte. »Es ist ein glücklicher Ort«, sagte sie und lächelte selig. Sie hatte recht. Alle Anwesenden tanzten. Es war ein ausgelassener und fröhlicher Tanz, nicht das übliche coole Genicke und Gewippe, wie man es sonst aus Nachtclubs kennt.

Wir brachen früh auf und verließen die Party schon um ein Uhr. Aber zuvor ging Mariana noch auf einen gut aussehenden jungen Mann zu, den sie noch nie zuvor gesehen hatte, sagte zu ihm: »Kennen wir uns nicht von irgendwoher?«, und gab ihm ihre Telefonnummer.

Ich wachte früh auf. In meinem neuen Leben als Nachtmensch war zehn Uhr früh. »Ich bin so traurig, dass du gehst«, sagte Mariana, ehe sie zur Arbeit aufbrach. »Du bist mein neuer bester Freund«, fügte sie hinzu und umarmte mich fest. Genau darum geht es beim Couchsurfing (nein, nicht darum, von attraktiven brasilianischen Frauen umarmt zu werden). Mariana hatte mich an ihrem Leben teilhaben lassen und behandelte mich nach wenigen Tagen wie einen guten Freund. Mit ihrer Großzügigkeit und Gastfreundschaft gab sie mir die Möglichkeit, Dinge zu erleben und zu tun, die ich ohne Couchsurfing nie erlebt und getan hätte.

Da ich bis zu meinem Abflug in die Vereinigten Staaten noch ein paar Stunden Zeit hatte, legte ich mich nach dem Abschied von Mariana noch einmal auf die Couch. Ich hatte erst ein Viertel meiner Couchsurfing-Weltreise hinter mir, doch ich war bereits erschöpft. Ich brauchte dringend eine Party- und Trinkpause. Aber ich hatte wenig Hoffnung, dass Bob, mein Gastgeber in Chicago, ein Antialkoholiker war, der seine Abende geruhsam vor der Glotze verbrachte. Er lebte über einem Spirituosenladen und laut Profil waren seine Lieblingsbeschäftigungen »Biertrinken, Plündern und Brandschatzen«.

Vereinigte Staaten von Amerika

8

»KEINE REPUBLIKANER!
Tut mir leid, aber da bin ich eisern. Kann sein, dass es ein paar
Nette gibt, aber mir kommen sie nicht ins Haus.«

Bob Fields, 31, Chicago, Vereinigte Staaten
GlobalFreeloaders.com

»Wie heißt die Person, die Sie in den Vereinigten Staaten besuchen werden?«, fragte mich ein schlecht gelaunter amerikanischer Sicherheitsbeamter am Flughafen von Rio.

»Bob.«

»Und wie weiter?«

Ich zuckte mit den Schultern. »Äh ... keine Ahnung.«

»Wo haben Sie sich kennengelernt?«

»Na ja, eigentlich kennen wir uns noch gar nicht.«

»Aber woher haben Sie denn dann seine Adresse?«

»Ich habe ihn über GlobalFreeloaders kennengelernt und übernachte auf seiner Couch.« Ich versuchte, dem Sicherheitsbeamten das Konzept des Couchsurfings zu verklickern, aber das war zu viel für ihn und er winkte mich durch.

Wer heute die USA bereisen will, hat eine gewaltige Hürde zu nehmen: Es ist so verdammt schwer, reinzukommen. Am zweiten Kontrollpunkt stellte mir der Sicherheitsbeamte exakt dieselben Fragen und machte exakt dasselbe dumme Gesicht. Am dritten Kontrollpunkt überprüften die Beamten meine Havaianas auf Nuklearsprengköpfe. Am fünften Kontrollpunkt stellte der Sicherheitsheini bohrende Fragen zu meinem iPod.

»Wo haben Sie diesen iPod her?«

»Er war ein Weihnachtsgeschenk.«

»Von wem?«

»Von meiner Frau.«

Ich war noch 7000 Kilometer vom Land der unbegrenzten Möglichkeiten entfernt, aber ich bekam schon ein erste Ahnung von dem Sicherheitsterror, dem das Land nach dem 11. September 2001 zum Opfer gefallen war. Aber ich konnte schlecht eine Couchsurfing-Weltreise unternehmen, ohne einen Zwischenstopp in den Staaten zu machen. Schließlich sind sie der Mittelpunkt des Universums – zumindest aus Sicht vieler ihrer Bewohner.

»Planen Sie kriminelle oder unmoralische Aktivitäten?« Obwohl Bob »plündern und brandschatzen« wollte, kreuzte ich auf dem Einreisefragebogen im Flughafen von Chicago vorsichtshalber »Nein« an. Ich konnte mir ehrlich gesagt auch nicht vorstellen, dass allzu viele Kriminelle hier mit »Ja« antworteten. Die Anschläge des 11. September wären wohl kaum möglich gewesen, wenn die Flugzeugentführer die Frage: »Sind Sie Terrorist?« wahrheitsgemäß mit »Ja« beantwortet hätten.

Ich hatte eigentlich geplant, auf meiner Couchsurfing-Weltreise nur Länder zu besuchen, die ich noch nicht kannte. In den Vereinigten Staaten war ich schon mehrmals gewesen, doch ich kannte nur zehn der fünfzig Bundesstaaten. Aber auch in den vierzig übrigen Staaten hatte ich noch eine Menge Sofas zur Auswahl. Von den 217 Nationen, die auf den drei Websites vertreten sind, haben die Vereinigten Staaten mit Abstand die meisten Sofas, nämlich insgesamt mehr als 100 000. Und wo wir schon bei den Mitgliederzahlen sind: Die Länder mit den wenigsten Couchsurfern (nämlich jeweils nur einem) sind Antigua und Barbuda, Turkmenistan, Guinea, Palau, Burundi, Zentralafrika, São Tomé und Príncipe und der Vatikan (ich habe nachgesehen, die Couch gehört nicht dem Papst).

Wie kam ich ausgerechnet auf Chicago? Eigentlich ganz einfach: durch Jake und Ellwood. Ich hatte die Stadt in so vielen Filmen gesehen (spontan fallen mir *Die Blues Brothers*, *Auf der Flucht*, *Lockere Geschäfte*, *High Fidelity*, *Kevin – Allein zu Haus* und *Ferris macht blau* ein), dass ich sie endlich auch in Wirklichkeit sehen wollte. Aber es ist ja nicht nur das Zelluloid, das die Stadt berühmt macht. Chicago ist oder war Heimat von so ziemlich allem und jedem, der, die oder das in den Vereinigten Staaten einen Namen hat, von Jerry Springer bis Oprah, von *Playboy* bis Pullman, von McDonald's bis Kraft, von Frank Lloyd Wright bis Ernest Hemingway, von Al Capone bis Walt Disney, von Miles Davis bis Muddy Waters, von den Cubs bis zu den Bulls.

Auf meiner Suche nach einer Couch stellte ich fest, dass nicht nur die Stadt spannend war, sondern auch einige der Profile auf GlobalFreeloaders.com. Jonathans Profil war klar und unmissverständlich:

> *Du kannst bei mir im Hof pennen. Das ist okay, nicht besonders bequem, aber was soll's, du bist ein Schnorrer, dir kann's ja egal sein.*

Ich rätselte, an welche Form der Freizeitgestaltung Ron wohl gedacht hatte, als er schrieb:

> *Viel Platz für Backpacker. Werkzeuge in begrenztem Umfang vorhanden.*

Wer von Venus oder Saturn kommt, darf sich bei James melden:

> *Wir nehmen jeden auf, solange ihr euch rücksichtsvoll verhaltet (das heißt, solange ihr nicht massenhaft Drogen mitbringt, sturzbesoffen um vier Uhr morgens nach Hause kommt, auf den Teppich kotzt, schnarcht und bis nachmittags pennt). Ich habe keine besonderen Vorlieben, männlich, weiblich, bi, lesbisch, schwul ... solange ihr nicht von Mars oder Pluto kommt.*

Von welchem Planeten Daniel kommt, kann ich nur raten:

*Ich mag Lemure und Dreizehenfaultiere. Ich mag Wasserparks,
vor allem lange Rutschen mit vielen Kurven, aber nur solche
ohne geschlossene Röhren. Ich hoffe, ihr habt Verständnis dafür,
dass ich der Besitzer eines Kleinbusses bin. Es passt eine Menge
Zeug rein. Mein Lieblingsgetränk ist Blue Ice Wodka. Oder
Wasser, wenn ich schweres Gerät bedienen muss. Ich bin ein
zwanghafter Büroartikelshopper und habe einen Papagei, also
bitte keine Katzen mitbringen.*

Bobs Profil schien dagegen vergleichsweise normal:

*Unter der Woche sind wir ziemlich ruhig, aber am Wochenende
saufen und fluchen wir wie die Piraten. Wir fahren besoffen
Fahrrad und tragen Lampenschirme auf dem Kopf. Ich schlafe
gern auf der Ladefläche von Lastwagen und pinkele gern aus
möglichst großen Höhen.*

Bob lebte in einem Stadtteil namens Humboldt Park im Nord-
westen von Chicago. Der Zug, mit dem ich vom Flughafen ins
Zentrum fuhr, war der Filmstar, der hoch über den Straßen ver-
kehrt und in mehr Kinofilmen mitgespielt hat als Mel Gibson.

Es konnte kein Zweifel aufkommen: Ich war in Amerika. Auf
dem zehnminütigen Fußweg vom Bahnhof zu Bob kam ich an
zwei McDonald's, einem Dunkin' Donuts, einem Pizza Hut,
einem Kentucky Fried Chicken und einer Menge von Amerika-
nern mit eindrucksvollen Wohlstandskugeln an ihrem Körper
vorbei. Da Bob erst in einer Stunde nach Hause kommen sollte
(er war Grundschullehrer und hatte um drei Uhr Feierabend),
holte ich mir ein Bier im Spirituosenladen unter Bobs Wohnung
und setzte mich auf die Treppe vor dem Haus. Es war heißer und
schwüler als in Rio und ich zog Schuhe und Hemd aus. Als Passanten einen weiten Bogen um mich machten, dachte ich erst,

der Anblick meiner blassen Hühnerbrust würde sie verschrecken. Irgendwann fiel schließlich mir selbst auf, dass ich umringt von Plastiktüten auf einer Treppe saß, Bier aus einer braunen Papiertüte trank und dringend ein Bad und eine Rasur nötig hatte.

Zwanzig Minuten später bremste direkt vor mir ein Fahrrad und Greg Kinnear stieg aus dem Sattel. Aber es war dann doch nicht der Hollywoodschauspieler, sondern mein Gastgeber Bob, der genauso glatt rasiert, blauäugig und aus dem Ei gepellt war und dasselbe jungenhafte Lächeln im Gesicht trug wie der Hollywoodschauspieler. Auf der Seite der GlobalFreeloaders können die Mitglieder keine Fotos hochladen, weshalb ich keine Ahnung hatte, wie mein Gastgeber aussah. Ich hatte jedenfalls nicht erwartet, dass ein Mann, der gern auf der Ladefläche von Lastwagen schläft und aus möglichst großen Höhen pinkelt, Ähnlichkeit mit einem attraktiven Hollywoodstar haben würde.

Bobs Dreizimmerapartment war keineswegs »beschissen«, auch wenn er es in seinem Profil so beschrieben hatte. Er teilte die Wohnung mit Carl (»der macht irgend so'n Scheiß mit Computern«) und seinem Bruder Jason (»der macht irgend so'n Scheiß mit Holz«). »Wir haben einen geilen Deal gemacht«, strahlte Bob. »Wir zahlen jeder 260 Dollar Miete im Monat.« Der Grund war, dass Humboldt Park vor einem Jahrzehnt noch als Getto galt. Banden, Kriminalität und Gewalt beherrschten das Viertel. »Vor ein paar Jahren sind dann die ganzen Hipster hergezogen und plötzlich war es cool. Und jetzt kommen die ganzen *Sex and the City*-Möchtegerns.«

Meine Couch sah ziemlich bequem aus, auch wenn sie inmitten einer unwirtlichen Wüstenlandschaft stand. Die Wände des Wohnzimmers waren mit einer Fototapete tapeziert, auf der die roten Felsen des Monument Valley abgebildet waren. An der einzigen freien Wand hing eine überdimensionale amerikanische Fahne.

Bei einem Bier erfuhr ich, dass Bob pro Jahr 45 000 Dollar verdiente und in einer Grundschule puerto-ricanischen und mexikanischen Kindern Englisch beibrachte. Außerdem erfuhr ich, dass er die Tage bis zu seinem Vertragsende zählte (es waren noch 154). Danach wollte er sich einen Kleinbus kaufen und gegen Geld Backpacker durchs Land kutschieren. Und schließlich erfuhr ich, dass er aus seiner Begeisterung für Schwinn-Fahrräder aus den Siebzigerjahren ein lukratives Geschäft gemacht hatte.

»Ich kaufe alte Fahrräder, die in der Zeitung annonciert werden, repariere sie und verkaufe sie weiter«, erklärte mir Bob, als wir einen langen, zugigen Abstellraum neben dem Wohnzimmer betraten. Dort standen mindestens zwanzig mehr oder minder zerlegte Fahrräder der Marke Schwinn. »In dieser Qualität werden die heute einfach nicht mehr hergestellt«, meinte Bob und zeigte auf die dicken Rahmen der Black Phantoms, Sting-Rays und Scramblers. »Aber jetzt, da sie wieder cool sind, lässt sich eine Menge Geld damit verdienen. Damit finanziere ich meinen nächsten Trip.« Bob erzählte mir von einem seiner früheren Ausflüge ins Unternehmerdasein, mit dem er einen zwölfmonatigen Trip durch die Vereinigten Staaten bezahlt hatte. Im letzten Jahr an der High School hatte er mit dem Verkauf von Hasch an seine Mitschüler 20 000 Dollar verdient.

Während wir uns unterhielten, klingelte das Telefon. Es war ein potenzieller Kunde. Zehn Minuten später läutete ein Mann an der Tür, der seiner Frau ein Fahrrad zum Geburtstag schenken wollte. Er probierte das leuchtend grüne Scrambler aus und sagte: »Das nehme ich.« Bob hatte 35 Dollar für das Fahrrad bezahlt, und nachdem er es »ein wenig aufgemöbelt« hatte, verkaufte er es für 150 Dollar weiter.

»Ich habe die Anzeige erst heute Morgen in die Craigslist gesetzt.«

»Was ist die Craigslist?«

»Ich zeig's dir.« Bob öffnete die Website auf seinem Computer. Auf craigslist.org konnte man rund um den Globus nach Autos, Häusern, Jobs und Reisen suchen. Es gab sogar eine Kategorie »Kontakte«, darunter eine recht explizite Rubrik mit dem Titel »Treffen«. »Schau dir das mal an«, sagte Bob mit seinem jungenhaften Lächeln. Er klickte auf die Sektion »Frau sucht Mann«. Die Rubrik hätte besser »verzweifelte Frau sucht Mann jetzt und auf der Stelle« heißen sollen. Viele der Anzeigen klangen so, als wollten die Frauen sofort eine Antwort:

Süßes Mädchen will spielen
Kann dich nicht zu mir einladen, mein Freund schläft und ich
will raus. Er ist besoffen eingepennt. Ich will einen dicken
Schwanz lutschen. Antworte nur, wenn du gut bestückt bist.

»Lass uns ein bisschen cruisen!«, schnurrte Bob. Zuerst dachte ich, er wolle nach notgeilen Mädels in der Craigslist suchen. Doch Bob zeigte auf zwei seiner schönsten Fahrräder. Er nahm sich den extrem cool aussehenden Schwinn Chopper (der sogar noch eine intakte Gangschaltung hatte) und ich bekam ein gefährlich aussehendes Black Phantom. Wir radelten zu einem arabischen Restaurant, wo wir Falafel aßen und uns über die amerikanische Nahostpolitik unterhielten. »Die Verteidigungspolitik ist ein verdammter Witz«, schimpfte Bob mit dem Mund voller Hummus. »Dieses Land könnte ein Paradies sein. Das ganze Geld, das diese Idioten rausballern, um andere Länder zu besetzen, könnte man in Sozialleistungen und Bildung stecken.« Auch George W. Bush konnte er nicht ausstehen. »Der Wichser ist schuld, dass die ganze Welt Amerika hasst!«

Nach dem Essen brachen wir zu einer Zechtour auf. Unser erster Halt war eine Straßenkneipe an der West Division Street. Es war Dienstagabend, doch die Kneipe war voll. »Alle wollen raus, weil es um diese Jahreszeit normalerweise eisig kalt ist«, erklärte mir Bob.

Mit ihren dunklen Säulen und schweren, purpurfarbenen Vorhängen erinnerte mich die nächste Kneipe an ein Bordell. Gerade als ich Bob sagen wollte, dass ich allmählich Hunger bekam, kam ein ärmlich aussehender Mexikaner mit einem Korb voller *tamales* zur Tür herein. Obwohl Bobs Beschreibung der *tamales* nicht sonderlich appetitlich klang – in Maisblätter gehüllter und mit Schmalz vermischter Maisbrei –, schmeckten sie lecker. Wir griffen zu, ehe sie ausverkauft waren. »Er ist ziemlich beliebt«, erklärte mir Bob. »Aber nicht so beliebt wie die Muffinlady.« Die Muffinlady war mit einem Korb voller Backwaren von Kneipe zu Kneipe gegangen. Doch statt Blaubeeren hatte sie Schwarzen Afghanen in ihre Muffins gebacken. »Nach einem Muffin warst du voll high«, schwärmte Bob. »Aber die kommt nicht mehr. Die Bullen haben in ihrem Kofferraum Cannabis im Wert von 10 000 Dollar gefunden und jetzt sitzt sie im Knast.«

Während wir nach Hause strampelten, ließ sich Bob weiter über George W. Bush und die Republikaner aus. »Wenn die noch mal drankommen, dann schnall ich mir ne Bombe um, geh in die größte Kirche in South Dakota und spreng die Wichser in die Luft. Die wählen die nämlich.«

»Yo bro! Whassup?«

Nein, das klang zu sehr nach Getto.

»Ey, ow ya doin'?«

Auch nicht, zu sehr New York.

»Howdy partner.«

Wieder nichts. Zu Cowboy.

Ich musste mir einen amerikanischen Akzent zulegen, denn ich wollte mich als Bob ausgeben. Bob hatte mir nämlich seinen Lehrerausweis geliehen, mit dem er freien Eintritt in 54 Museen und Galerien in ganz Chicago bekam. Ich hatte zwar nicht die geringste Ähnlichkeit mit Greg Kinnear, aber Bob meinte, das würde niemandem auffallen.

Außerdem lieh mir Bob eines seiner Fahrräder, allerdings keinen seiner Schwinn-Klassiker. »Die Stadt ist voller Fahrraddiebe«, klagte er.

»Du brauchst ein paar von diesen Dingern«, sagte er dann und öffnete einen Schrank, in dem er unzählige Fahrradschlösser aufbewahrte. Er nahm zwei heraus und zeigte mir, wie ich sie anlegen musste. Es war reichlich kompliziert. Ich musste ein dickes Stahlseil erst durch die beiden Räder und dann durch ein Bügelschloss fädeln und dieses dann an einem Fahrradständer anketten. »Und nimm auf jeden Fall den Sattel mit, wenn du das Fahrrad abstellst«, wies er mich an. »Die Wichser klauen alles.«

Bob hatte mir gesagt, ich würde eine halbe Stunde brauchen, um in die Stadt zu kommen. Ich brauchte nur zehn Minuten. Zugegeben, ich schummelte ein wenig. Während ich frühstückte, begann es zu regnen. Und weil ich ein extremes Weichei bin, wenn es darum geht, nass zu werden, nahm ich das Fahrrad mit in den Zug.

Als ich in der Jackson Station aus dem Zug stieg, hastete die arbeitende Bevölkerung über die Bahnsteige des L-Train und strömte unter den Stahlpfeilern der Hochbahn in die regennasse State Street. Die Kulisse wirkte unheimlich vertraut, aber irgendetwas fehlte. Dann fiel es mir auf. Es waren die Hochgeschwindigkeits-Verfolgungsjagden und die Schießereien zwischen der Polizei und hinterhältigen Verbrecherbanden. Schade eigentlich.

Nach einer fünfminütigen Radtour begann ich meine kriminelle Karriere als Ausweisfälscher. Aber selbst die Aussicht auf eine Gefängnisstrafe konnte mir die Vorfreude auf den Besuch im Art Institute of Chicago nicht verleiden. Als begeisterter Besucher von Kunstmuseen und großer Bewunderer der französischen Impressionisten wusste ich, dass das Art Institute of Chicago nach dem Musée d'Orsay in Paris die größte Sammlung französischer Impressionisten besaß. Außerdem wurde ich drinnen nicht nass.

»Hey, Mann, ich bin Lehrer«, stammelte ich, als ich Bobs Ausweis zückte und dem jungen Hipster am Eingang reichte.

Was für einen Blödsinn gab ich da nur von mir. Kein normaler Mensch sagt »hey Mann«.

»Hier, Mann«, sagte er und gab mir die Eintrittskarte.

Wenn man vor den Originalen der Gemälde steht, die man nur aus Büchern kennt, dann ist das so, als würde man seinem Lieblingsfilmstar die Hand schütteln. Das Art Institute of Chicago hat eine Unmenge berühmter Gemälde, darunter Georges Seurats *Ein Sonntagnachmittag auf der Insel La Grande Jatte*, Van Goghs *Zimmer in Arles* und das *Selbstporträt* aus dem Jahr 1887, Grant Woods *American Gothic* und ganze dreißig Monets. Einigen Besuchern war das scheinbar noch nicht genug. Als ich ein Gemälde von Camille Pissarro bewunderte, humpelte eine alte Dame neben mich und fragte ihre Freundin: »Ist das berühmt?«

»Nein«, antwortete die Freundin.

Die alte Dame würdigte das Gemälde keines Blickes und wies ihre Freundin an: »Sag mir Bescheid, wenn wir zu einem berühmten Bild kommen.«

Ich streifte drei Stunden lang durch das Museum und wunderte mich ein wenig, dass sich niemand an dem Fahrradsattel störte, den ich unterm Arm trug. Als ich wieder nach draußen kam, sah ich allerdings, dass Bob keineswegs unter Verfolgungswahn litt und dass jemand eine böse Überraschung erleben würde, wenn er nach Hause radeln wollte. Von dem Fahrrad, das neben meinem im Ständer stand, war nur noch der Rahmen übrig, Räder und Sattel waren verschwunden.

Der nächste Halt auf meiner Besichtigungstour war das dritthöchste Gebäude der Welt. Mit seinen 110 Stockwerken war der Sears Tower bis 1998 der höchste Wolkenkratzer der Welt gewesen, dann war er überholt worden. Aber er war immer noch einfach zu finden: Er ist von fast jedem Punkt der Stadt aus zu sehen. Er erinnert ein bisschen an ein Teleskop, und dank der Stufen wirkt seine schwarze Fassade nicht ganz so monoton. Dieses eindrucksvolle Hightech-Gebäude ist erstaunlicherweise ein Denkmal für ein altmodisches Versandunternehmen, das Ambosse, Grabsteine, Perücken, Dampfmaschinen, Gürtel und Fertighäuser an Menschen im ganzen Land verkaufte.

Von der Aussichtsplattform im 103. Stock sah der Lake Michigan aus wie ein Ozean. Das riesige Gitter der rechtwinkligen Straßen war so flach wie eine Landkarte. Dazwischen blitzten silbrig Flüsse und Kanäle auf und kleine Spielzeugeisenbahnen schlängelten sich hinaus in die Prärie. Die übrigen Wolkenkratzer der Stadt wirkten dagegen klein, selbst das John Hancock Building, das mit 100 Stockwerken auch nicht gerade ein Winzling ist. An diesem Punkt wurde ich jäh aus meinen Betrachtungen der modernen Welt aus Stahl und Glas gerissen, weil ein Überbleibsel der vormodernen Welt aus Strohhüten und Spitzenhäubchen auftauchte. Mit weit aufgesperrten Augen und Mündern wanderte eine Amish-Familie über die Aussichtsplattform. Die Männer trugen Abraham-Lincoln-Bärte und Topfschnitte, während die Frauen durchweg Schürzen umgebunden hatten. Die Kleider der Familie wurden von Sicherheitsnadeln zusammengehalten. Aus dem Film *Der einzige Zeuge* wusste ich, dass die Amish keine Knöpfe verwenden, weil sie diese für eine »moderne Erfindung« halten. Auch Seife und Deo scheinen unter moderne Erfindungen zu fallen, denn mannomann, rochen die streng. Aber bei aller Abneigung gegen Knöpfe und Seife hatten sie eine moderne Erfindung offenbar nur allzu gern angenommen. Der Vater schlürfte einen Milkshake von McDonald's, während die Kinder sich um eine Tüte McNuggets und Pommes stritten.

Bob hatte mir gesagt, dass ich für den Rückweg mit dem Fahrrad eine halbe Stunde brauchen würde. Ich benötigte mehr als doppelt so lange. Es war so lächerlich einfach, sich in dem rechtwinkligen Straßennetz zurechtzufinden, dass ich mich verirrte. Als ich schließlich ankam, war Bob schon zu Hause und gerade dabei, in seiner »Werkstatt« ein Fahrrad zu zerlegen. »Ich repariere die Fahrräder am liebsten hier«, sagte er und nahm einen Schluck aus einer Bierdose. Seine Werkstatt war zumindest geräumig: Es war der Gehsteig vor dem Haus.

Ich ging kurz in die Wohnung, um zu pinkeln. Als ich wieder nach draußen kam, unterhielt sich Bob mit seinem »Freund«

Bruce, der jeden Tag zur selben Zeit in den Spirituosenladen ging, um seine zwei Dosen Bier zu kaufen. »Die ganzen Säufer der Gegend kennen mich, weil sie auf dem Weg in den Spritladen hier vorbeikommen«, sagte Bob. Seine »Freunde« waren überwiegend Schwarze.

»Sie mögen mich«, grinste Bob. »Ich unterhalte mich mit ihnen und gebe ihnen ab und zu ein Bier aus.«

»Hey Bob! Hast du mal 'n Dollar?«

Das war Robert, nach Auskunft von Bob »ein alter Scheißer« und »dumm wie Scheiße«. Robert sah ein bisschen mitgenommen aus. »Siehst du die Finger?«, fragte Bob grinsend und zeigte auf Roberts fingerlose Hand. »Die hat er an einem Laternenpfahl gelassen.« Robert war eines Nachts im bitterkalten Chicagoer Winter betrunken auf der Straße ausgerutscht und hatte versucht, sich an einer Straßenlaterne wieder hochzuziehen. Dabei war seine Hand festgefroren. Um ihn wieder loszueisen, mussten ihm drei Finger amputiert werden.

Ich fragte Bob, ob wir nicht in einem typischen Chicagoer Restaurant zu Abend essen könnten. Also stiegen wir in seinen Truck und fuhren zu Azteca Tacos in Little Mexico. Es war zumindest typisch mexikanisch. Drin war es heiß und stickig, das Mobiliar war billig und schäbig. Bob bestellte auf Spanisch. »Hier spricht niemand Englisch«, sagte er schulterzuckend. Was wir bekamen, hätte für vier gereicht – oder für die enorme Dame, die außer uns der einzige Gast war. Während wir uns mit Guacamole, Tortillachips, Bohnen, Reis, Fajitas und einem ganzen, in Limonensaft gekochten Fisch die Bäuche vollschlugen, fragte ich Bob nach der legendären Verbrechensrate von Chicago.

»Wir stehen momentan auf Platz drei der Mordrangliste«, erklärte Bob stolz. »Nach Miami und Orlando.«

Im Jahr 2001 hatte es Chicago sogar auf Platz eins geschafft, erzählte er weiter. Doch der Bürgermeister sei darüber überhaupt nicht froh gewesen und habe verlangt, die Zahlen zu korrigieren und die Opfer des 11. September zu den Zahlen von New York zu addieren.

»Gibt es hier in der Gegend viele Banden?«, fragte ich ihn.

»Ein paar. Aber die meisten von diesen bescheuerten Gettowichsern leben in Southside.«

Nach dem Abendessen fuhren wir zurück zu Bob, schnappten uns die Fahrräder und radelten los, um ein paar dieser bescheuerten Gettowichser zu besichtigen. Southside ist die »schwarze Hauptstadt« von Chicago. Bei einem Anteil von 90 Prozent Schwarzen fallen zwei Weiße auf Fahrrädern ein wenig auf. Außerdem war nicht zu übersehen, dass wir in einen etwas heiklen Stadtteil kamen. Monströse, über und über mit Graffiti besprühte Betonwohnblocks türmten sich rechts und links in die Höhe und in den Straßen lagen Autowracks, alte Kühlschränke und die Skelette von verbrannten Sofas.

Überall standen Männer auf der Straße herum. Kinder gingen mitten auf der stark befahrenen Straße, während die Autos um sie herumkurvten. »Das Leben hier ist so beschissen, dass das ihre Art ist, allen den Stinkefinger zu zeigen«, erklärte Bob. Die meisten Kids trugen die typischen Hip-Hop-Outfits und sahen aus, als hätten sie ihre Klamotten von ihren älteren (und sehr viel größeren) Brüdern ausgeliehen.

»Schau sie nicht an«, warnte mich Bob. »Und egal was passiert, halt nicht an.«

»Ist das hier sicher?«, fragte ich misstrauisch.

»Nicht so ganz. Meine Freunde meinen, ich spinne, weil ich hier durchradle«, antwortete Bob trocken. »Einmal haben sie mit einer Flasche nach mir geworfen.«

Ich starrte Bob entsetzt an.

»Die haben sie hier jetzt neu aufgestellt.« Bob zeigte auf einen Mast mit einem blauen Blinklicht, der an einer Straßenecke stand. Seit einigen Monaten standen diese Masten an fast jeder Ecke. Es handelte sich um Überwachungskameras, die in einem Radius von zwei Straßenzügen Pistolenschüsse erkennen, die

Geräuschquelle lokalisieren und ihre Kameras auf sie richten konnten. Wie schön, dachte ich. Dann bekommt die Polizei wenigstens eine schöne Nahaufnahme von mir, während mir eine Kugel in den Kopf fliegt.

Wieder zu Hause, lernte ich endlich Bobs Mitbewohner Carl kennen. Carl war Afroamerikaner, aber kein bescheuerter Gettowichser, wie Bob mir versicherte. Carl war allerdings schon wieder auf dem Weg nach draußen, weil er zu einem Junggesellenabschied eingeladen war.

Ich bekam Schuldgefühle, dass ich auf der Couch schlief, als Carl mir erzählte, dass sein guter Freund Chuck, der von auswärts kam, auch in der Wohnung übernachten würde. »Ist schon in Ordnung, der kann im Fernsehsessel pennen«, erwiderte Carl.

Gegen drei Uhr morgens schwankte Carl mit einem torkelnden Chuck im Schlepptau zur Tür herein. Ich bot Chuck die Couch an, denn Chuck war groß wie ein Bär und ungefähr doppelt so groß wie der Fernsehsessel. Er lehnte ab. Obwohl er in einem 45-Grad-Winkel lag und sich zusammenfalten musste, hatte ich den Eindruck, der Sessel war extrem bequem. Wenn sich Chuck an die Nacht erinnern könnte, dann würde er dem Sessel vermutlich eine gute Note bei Fernsehsesselsurfing.com geben. Sein Schnarchen wirkte sich allerdings negativ auf meine eigene Couchbewertung aus:

Couchnote: 7 $\frac{1}{2}$ von 10
Plus: Bobs lange und weiche Couch
Minus: Chucks langes und ätzendes Geschnarche

In Amerika ist alles groß. Den ganzen Tag über stieß ich auf große Dinge. Das ging schon morgens los, als ich einen kolossalen Waschsalon besuchte, in der riesige schwarze Frauen gigantische Waschmaschinen mit enormen Unterhosen füllten. Weil mir ein bisschen langweilig war, zählte ich die Maschinen: Es waren insgesamt 82 Waschmaschinen und 68 Trockner. Von der Decke hingen sechs Großbildfernseher, auf denen die übergroße und neuerdings superreiche Oprah Winfrey zu sehen war.

Nachdem ich meine Unterhöschen gewaschen hatte, fuhr ich ins Naturkundemuseum, das so riesig ist, dass ich allein drei Stunden in der Abteilung für ausgestopfte Vögel zubrachte. Auf knapp 8,5 Hektar Ausstellungsfläche zeigt das Museum rund 20 Millionen Exponate. Neben der 65 Millionen Jahre alten Sue im Foyer des Museums, »dem größten und am vollständigsten erhaltenen Tyrannosaurus Rex, der je gefunden wurde«, bewunderte ich nur Blaufußtölpel, Schnabeltiere und einen beeindruckenden Klunkerkranich.

Nach den Vögeln blieb mir kaum noch Zeit, mich durch die afrikanischen Urwälder zu hangeln und um die nordamerikanischen Totempfähle zu tanzen, denn ich hatte mich mit Bob am Ufer des Lake Michigan auf ein Bier verabredet. Wir trafen uns vor dem Adler Planetarium, das einfach zu finden war, denn es lag auf einer in den See ragenden Landzunge und sah mit seinem Kuppeldach aus wie eine Warze auf einem Finger.

Der Weg zum Ufer war allerdings alles andere als einfach zu bewältigen. Ein schneidender Wind, der vom See her blies, zwang uns immer wieder, in Deckung zu gehen. Die Böen waren so heftig, dass die Wellen auf dem See zwei Meter hoch schlugen. Wenn ich mit meinen tränenden Augen ab und zu etwas sehen konnte, dann war der Ausblick allerdings spektakulär. Reihen gewaltiger steinerner Wolkenkratzer ragten vor dem Lake Michigan in die Höhe, der selbst aussah wie ein flachgelegter, kaltgrauer Wolkenkratzer.

Ich musste alle Kräfte aufbieten, um mich gegen die Böen zu stemmen. »Das ist genial, oder?«, schrie Bob über den fauchenden Wind. Selbst das Bier in der Dose schlug Wellen.

»Ja, fantastisch«, schrie ich zurück.

Wir hielten es genau drei Minuten lang aus, dann gaben wir auf und schwangen uns wieder auf unsere Räder.

Bob flitzte wie ein Irrer durch den Finanzbezirk, der mich an Gotham City erinnerte. Er schlängelte sich durch den Verkehr, schnitt Busse und spielte Katz und Maus mit den Taxis. Wir düsten an dem blendend weißen Wrigley Building (genau, das Hauptquartier des Kaugummiherstellers) vorüber, zischten vor dem *Tribune*-Gebäude vorbei und rasten über die Magnificent Mile, die genauso glitzerte wie jeder Ort der Welt, an dem große Mengen Geld ausgegeben und zur Schau gestellt werden.

Als wir schließlich das John Hancock Center erreichten, hatte ich drei Dinge gelernt: Der Name »Chicago« kommt aus einem Indianerdialekt der Gegend und heißt ursprünglich »Stinktier«. In Chicago wurde der erste Flipperautomat gebaut. Und Rudolph, das Rentier mit der Schnapsnase, ist gebürtiger Chicagoer und wurde von einem Texter für die Werbekampagne eines Kaufhauses erfunden.

Mit dem Aufzug fuhren wir in die Observatory Bar im 94. Stock des Hancock Centers, doch wir hielten uns nicht lange auf. Bob klang wie Jake Ellwood, als er motzte: »Hier bleiben wir nicht. Für ihr beschissenes Bier wollen die zehn Dollar haben!«

Auf dem Nachhauseweg machten wir an einem überdimensionierten Supermarkt halt, wo ich die Zutaten für ein Risotto kaufen wollte. Ich wusste spätestens jetzt, dass ich in Amerika war, als ich sah, dass allein Jell-O-Wackelpuddinge eine eigene Regalreihe hatten.

»Soll ich für Carl und Jason mitkochen?«, fragte ich, während ich ein Päckchen Risottoreis suchte, der keine Instantmischung war.

»Jason isst nicht zu Abend«, antwortete Bob trocken.

Ich hatte Jason noch nicht kennengelernt. Ich hatte ihn nur gehört, als er spätnachts nach Hause kam, Türen schlug und in der Küche herumstolperte.

»Irgendwas stimmt nicht mit ihm«, sagte Bob. »Er besäuft sich fast jeden Abend. Ich weiß nicht, ob ich mir Sorgen machen oder sauer sein soll.«

Wie alle guten Amerikaner aßen Bob und Carl auf der Couch vor dem Fernseher zu Abend. Aber anders als alle anderen guten Amerikaner hatten sie kein Kabelfernsehen. »Wir sind wahrscheinlich die einzigen Menschen in Amerika ohne Kabel«, meinte Bob. »Sogar der weiße Abschaum hat Kabel.« Während Bob und Carl ein Politmagazin sahen, blätterte ich durch die *Chicago Tribune*. Versteckt auf Seite sieben, neben einer Geschichte über eine Katze in einem Baum, las ich die Überschrift: »Amerikas Bevölkerung bald bei 300 Millionen.« Ich zeigte Bob den Artikel. Der meinte, als die amerikanische Bevölkerung die 250 Millionen erreichte, habe das ganze Land gefeiert. Sämtliche Zeitungen hätten Fotos eines niedlichen weißen Babys aus einem Dorf in Idaho abgedruckt, das angeblich der 250-millionste Bürger des Landes war. Der Artikel in der *Chicago Tribune* wies darauf hin, dass der 300-millionste Bürger vermutlich das Kind einer mexikanischen Mutter in Los Angeles sein würde oder noch wahrscheinlicher ein Mexikaner, der illegal über die Grenze kam.

Mit einem Bevölkerungsanteil von zwölf Prozent sind die Mexikaner inzwischen die größte Einwanderergruppe. Die Volkszählungsbehörde geht davon aus, dass Mexikaner und andere Latinos bis zum Jahr 2050 ein Viertel der amerikanischen Bevölkerung stellen werden.

»Ich bin kein Rassist. Einer meiner besten Freunde ist Mexikaner«, antwortete Bob, als ich ihm die Zahlen vorlas. »Aber sie müssen was tun, damit nicht immer mehr Mexikaner kommen. Sonst platzt das Land irgendwann aus allen Nähten.«

»Vielleicht können wir ein paar nach Australien schicken«, meinte Carl. »Ihr habt doch genug Platz.«

Ein Nachteil des Couchsurfings ist, dass man warten muss, bis alle im Bett liegen, ehe man sich selbst schlafen legen kann. Außerdem läuft man Gefahr, jemanden zu Tode zu erschrecken, der nicht weiß, dass man da ist. Nach drei Tagen lernte ich endlich auch Bobs Bruder Jason kennen, als dieser in die Wohnung torkelte und fast über mich fiel. Ich war nicht weniger erschrocken als er, vor allem weil er mit seinen langen, ungekämmten Haaren und seinem wenig jungenhaften Gesichtsausdruck nicht die geringste Ähnlichkeit mit seinem aus dem Ei gepellten Bruder hatte.

»Wer bissss'n du?«, lallte er und schwankte gefährlich.

»Ich bin Brian aus Australien.«

Jason starrte mich eine gute Minute lang an. »Klar.«

Dann kippte er um.

»Warum machen wir nicht einen Kanu- und Trinkausflug!«, schlug Bob vor, da er einen Tag freihatte. Also stiegen wir in seinen Truck und fuhren nach Elgin, Bobs Geburtsort eine Stunde südlich von Chicago, um sein Kanu abzuholen. Auf diese Weise bekam ich die Chance, eine neue Couch auszuprobieren, denn wir wollten bei Bobs Mutter übernachten.

Kaum hatten wir die ausgedehnten Vororte von Chicago verlassen, fuhren wir durch eine Landschaft aus flachen, bewaldeten Hügeln, grünen Weiden, Maisfeldern, großen Bauernhäusern und noch größeren Scheunen, wie sie für den Mittleren Westen der Vereinigten Staaten typisch ist. Auf dem Weg nach Elgin luden wir 21 Buds zu: Eine Kiste mit 20 Flaschen Bud Light plus Bobs Freund Bud. »Bud ist arbeitslos«, informierte mich Bob. »Er ist weißer Abschaum und lebt bei seinem besoffenen Vater.«

Nachdem die Buds zugestiegen waren, fuhren wir bei Bobs Mutter vorbei und holten Bobs Aluminiumkanu und ein Klapprad ab. Bobs Mutter wohnte in einer Straße mit bombastischen Häusern, gepflegten Gärten und übergroßen Straßenkreuzern in den Einfahrten. Bobs Vater war gestorben, und seine Mutter war zu Besuch bei ihrer Schwester, sodass wir das Haus für uns allein hatten.

Kurz hinter Elgin bogen wir von der Landstraße ab und fuhren zwischen Ahornbäumen, Platanen und Weiden ans Ufer des gemächlich dahinfließenden Kishwaukee River. Es war ein perfekter Tag für einen Paddelausflug. Und zum Biertrinken, wie Bob und Bud mir versicherten. Es war kühl, doch die Sonne wärmte. Das einzige Geräusch war das leise Plätschern des Flusses und ein wiederkehrendes Klicken und Zischen, wenn Bob und Bud eine Flasche Bier öffneten. Während wir den Fluss hinuntertrieben, erinnerten sich Bob und Bud an alte Schulfreunde. »Hank hat fünftausend pro Woche mit Hasch verdient. Dann ist er zu Crack übergegangen und heute ist er am Arsch«, erzählte Bob.

Bud hatte einen weiteren gemeinsamen Schulfreund namens Ryan zu unserem Ausflug eingeladen, doch der war verhindert, weil er zu einem Treffen der Anonymen Alkoholiker gehen musste. »Der Typ ist so witzig, wenn er ein paar Bier getrunken hat«, erzählte Bud. »Aber nach dem siebten Bier hockt er nur noch da und glotzt vor sich hin. Und dann pisst er sich in die Hose. Er hat bei sämtlichen Freunden ins Sofa gepinkelt.«

»Erinnert mich daran, dass ich nicht bei ihm couchsurfe«, sagte ich.

»Wir hatten alle die Schnauze voll von den nassen und stinkenden Sofas«, erzählte Bud weiter. »Auf einer Party haben wir es ihm dann heimgezahlt. Als er besoffen im Hof gelegen hat, haben wir ihn zu sechst vollgepisst.«

Lange Zeit saßen wir einfach schweigend im Kanu und genossen die Aussicht. Hin und wieder zeigten mir Bob oder Bud die örtliche Fauna – Gänse, Biber, Reiher, Eisvögel und eine merkwürdig stille Kreischeule.

Bei ihrem Bierkonsum mussten Bob und Bud immer wieder aufstehen und aus dem Kanu pinkeln. Einmal, als Bob einen besonders eindrucksvollen Strahl ins Wasser setzte, kamen wir mit dem Kanu um eine Flussbiegung und direkt vor die Nase eines Pärchens, das am Ufer saß und angelte. »Versteck das Würmchen lieber, sonst nehm ichs an den Haken!«, rief die Frau fröhlich.

Dreieinhalb Stunden und 17 Flaschen Bier später legten wir an einem verlassenen Picknickplatz an. Ich hatte drei Bier getrunken, Bob und Bud jeder sieben. »Ich bin gleich wieder da«, sagte Bob, setzte das unhandliche Klapprad zusammen und radelte los, um das Auto zu holen. Ich nahm mir ein Bier und stellte mich auf eine lange Wartezeit ein, doch Bob war schon 20 Minuten später wieder da. Wir waren mit dem Kanu eine große Schleife gefahren und das Auto war nur drei Kilometer entfernt.

Nachdem wir Bud zu Hause abgeliefert hatten, nahmen wir bei Papa Saverio's Pizzeria eine Chicago Deep Dish Pizza mit, eine der berühmten Chicagoer Pfannenpizzen. Als wir mit einer Pizza mit dem ominös klingenden Namen Meat-Locker-Pizza im Haus von Bobs Mutter ankamen und die Schachtel öffneten, musste ich laut lachen. Das war keine Pizza. Das war ein zehn Zentimeter hoher Block mit dicken Schichten aus Käse, Tomaten, Hackfleisch, Speck, mehr Käse, Salami, Zwiebeln, Schinken und einem dicken, mit Käse gefüllten Teigmantel. »Das Ding sollte Cholesterin-Locker heißen«, grinste ich. Die Pizza war in acht Stücke geschnitten, aber ich hatte schon nach einem genug und musste mich zwingen, ein zweites hinunterzuwürgen. Ich war so vollgefressen, dass ich nicht mehr von der Couch hochkam. Es traf sich gut, dass die Couch gleichzeitig mein Bett war. Ich hätte allerdings auch auf einer anderen Couch schlafen können: In den drei Wohnzimmern standen insgesamt vier Sofas zur Auswahl. Ehe ich einschlief, musste ich Bob jedoch eine dringende Frage stellen: »Hat Ryan in eines dieser Sofas gepisst?«

Auf der Rückfahrt nach Chicago kauften wir 100 Liter Bier ein. Bob veranstaltete nämlich eine Party in seiner Wohnung und besorgte zwei Fässer. »Hat die Party einen bestimmten Anlass?«, fragte ich, als wir die Fässer ins Auto wuchteten.

»Eine Frau ins Bett zu bekommen!«, freute sich Bob. »Warum würde jemand sonst eine Party schmeißen?«

»Hat die Party auch ein Motto?«

»Na ja. Es ist eine Art Vor-Halloween-Party.«

Bis Halloween waren es noch drei Wochen.

Bob erwartete etwa achtzig Biertrinker zu seiner Party. »Es sind vor allem Lehrer um die dreißig, ein paar Hinterwäldler aus Elgin und ein paar Hipster.«

Den Nachmittag verbrachten wir damit, Wattespinnweben aufzuhängen, Monsterfratzen im Klo zu verstecken und schwarze Kerzen in dunklen Ecken aufzustellen. Bob verkleidete eines der Bierfässer als Skelett – aus dem Mund kam ein Schlauch und einer der Arme diente als Pumpe. Ich war zutiefst beeindruckt. Bob selbst zog sich einen extrem lässigen, schokobraunen Nadelstreifenanzug aus den Siebzigerjahren an, mit ausladendem Kragen und noch ausladenderen Schlaghosen. Dieses obercoole Outfit rundete er mit einem superbreiten, braun und beige gestreiften Schlips und einer riesigen Sonnenbrille ab.

Die meisten Gäste plus einige Vampire und Geister waren bis neun Uhr eingetroffen und um zehn war die Party in vollem Gange. Der DJ legte Underground Funk der Sechziger und Siebziger auf und das Wohnzimmer brodelte vor tanzenden Dämonen. Ich fühlte mich wie bei einem Treffen der Vereinten Nationen und unterhielt mich mit Leuten aus Frankreich, Deutschland, Bangladesch, Mexiko, Puerto Rico, Argentinien, Marokko und einem reichlich betrunkenen Typen, der selbst nicht so genau wusste, wo er herkam. Vier Mal setzte er an, um mir seine Story zu erzählen. »Ich war in Dubai und …« Mehr bekam ich nicht aus ihm heraus, dann schlief er auf der Couch ein. Wie eine Glucke hielt ich mich die ganze Zeit in der Nähe der Couch auf, um aufzupassen, dass niemand Bier auf mein Bett schüttete oder Löcher hineinbrannte.

Bob war die Seele der Party. Er tanzte, flirtete und stürzte sich in hitzige und tiefgründige politische Debatten. »Die Demokraten sind Wichser«, rülpste einer von Bobs Freunden.

»Stimmt. Aber wir müssen sie trotzdem wählen«, hielt Bob dagegen. »Die Republikaner sind noch viel größere Wichser.«

Bob war gerade in eine neue politische Diskussion vertieft, als sein bester Freund Marco ihn unterbrach:»Komm mal an die Tür. Da draußen stehen ein paar Hoodys und behaupten, du hättest sie eingeladen.«

Die»Hoodys« waren vier Puerto-Ricaner im Alter von 20 plus. Einer von ihnen erklärte, Bob müsse sie reinlassen, weil seine Mutter die Hauseigentümerin sei. Bob machte ihnen freundlich klar, dass sie sich verpissen sollten.

Fünf Minuten später hörten wir einen durchdringenden Schrei von der Straße und kurz darauf kam ein Pärchen die Treppe heraufgestolpert. Die Frau stand unter Schock und wimmerte, während ihr das Blut aus der Nase lief. Die beiden waren gerade vor dem Haus angekommen, als die Hoodys sich auch schon auf ihren Freund stürzten und auf ihn einschlugen. Sie hatte versucht, einen von ihnen wegzuzerren, doch der hatte sich umgedreht und ihr ins Gesicht geschlagen. Bob schrie etwas von »scheiß Gettowichsern«. Wild um sich blickend, schnappte er eine Bratpfanne und rannte nach draußen. Carl und Marco liefen hinter ihm her, allerdings ohne Kochgeschirr.

Die Partygäste (außer dem betrunkenen Typen aus Dubai) flitzten geschlossen ans Fenster und sahen zu, wie Bob laut brüllend auf die Hoodys zurannte, die gerade in ihren alten Chevy Caprice stiegen. Sie saßen schon alle im Auto, bis auf einen, der sich umdrehte und in seine Tasche griff.

»Der hat ne Knarre«, stöhnte jemand.

Die Partygäste warfen sich auf den Boden wie ein Mann. Ich wirbelte herum und sah, wie ein Dutzend Leute panisch auf ihren Mobiltelefonen die Notrufnummer wählte.

»Ist okay, er hat keine Knarre«, rief jemand anders. »Er steigt ins Auto.«

Aber dazu kam er nicht. Bob zerrte ihn durch das Seitenfenster an die frische Luft. Die Partygäste standen wieder am Fenster und verfolgten eine Szene, die aus der Reality-Show *Mob Squad* hätte stammen können. Begleitet von einem Soundtrack aus lauter Soulmusik schlug Bob in Nadelstreifenanzug und Sonnenbrille wie ein Verrückter mit der Bratpfanne in das Seitenfenster des Wagens. Der freundliche Immobilienmakler Marco hatte einen zweiten Hoody aus dem Wagen gezerrt, saß ihm auf der Brust und schlug ihm auf die Schläfe, während dieser laut quiekte.

Inzwischen war der Fahrer offenbar zu dem Schluss gekommen, dass er die Nase voll hatte und es besser war, abzuhauen. Er trat aufs Gas, rammte einen geparkten VW und krachte dann gegen einen Müllcontainer. Carl stand nun hinter dem Wagen, und dieser konnte weder vorwärts noch rückwärts. Dachten wir, bis der Wagen plötzlich nach hinten schoss und Carl ummähte, der auf der Straße zusammenbrach.

Mit einigen anderen rannte ich nach unten. Als wir zur Tür hinausliefen, hielt gerade ein Streifenwagen mit heulenden Sirenen und Blaulicht neben dem Chevy. Das Polizeidrama war komplett. Zwei Polizisten sprangen aus dem Wagen und hielten die Gang-Mitglieder schreiend und gestikulierend mit ihren Pistolen in Schach. Kurz darauf waren zwei weitere Streifenwagen und sechs Polizisten auf der Bildfläche erschienen und stießen die Hoodys in die Polizeiautos.

Carl lag noch immer auf der Straße und krümmte sich vor Schmerzen. Dann sah ich auch, warum. Aus seinem Hosenbein ragte ein gebrochener Unterschenkelknochen heraus. »Kein Rettungswagen«, stöhnte er. Doch die Sanitäter waren schon zur Stelle, denn das Krankenhaus war nur zwei Häuser entfernt. »Ich zahle doch keinen Rettungswagen. Ich kann gehen!«, stöhnte Carl und versuchte, aufzustehen. Der Notarzt hinderte ihn jedoch daran und wuchtete ihn in den Krankenwagen, um ihn die fünfzig Meter in die Notaufnahme zu fahren. Eines muss man sagen, die Amerikaner sind Motivationskünstler. Welches Land hat schon ein Gesundheitssystem, das Patienten mit gebrochenen Beinen dazu bringt, aufzustehen und zu gehen?

Bob saß auf der Ladefläche seines Truck und leckte einen

blutenden Finger. »Der Wichser hat versucht, ihn mir abzubeißen«, schniefte er und zeigte mir eine klaffende Wunde in seinem Finger.

Nach diesem dämonischen Zwischenspiel war die Vor-Halloween-Party ziemlich schnell zu Ende. Mir war's recht. Nachdem ich Mr. Dubai von meiner Couch geworfen hatte, war ich gegen halb drei im Bett.

»Danke für die Vorführung von gestern Abend«, sagte ich zu Bob, als er mich zum Flughafen fuhr.

»Du hattest doch gesagt, du wolltest die Einheimischen kennenlernen«, grinste Bob ein wenig verkniffen.

»Hast du oft Ärger mit Hoodys?«

»So was ist mir noch nie passiert. Die Banden lassen uns normalerweise in Ruhe und verprügeln sich nur gegenseitig.« Die Polizei hatte Bob informiert, die vier Hoodys gehörten zu den Young Latino Cobras (nicht zu verwechseln mit den Spanish Insane Cobras).

»Die haben alle so scheiß verrückte Namen«, sagte Bob. Andere hießen Looney Toon Crew, Krazy Getdown Boys oder Insane Popes.

Als ich mich ein paar Monate später noch einmal bei Bob meldete, hatte der sich gerade mit einem Freund unterhalten, den er seit dieser ereignisreichen Nacht nicht mehr gesehen hatte. Der Freund hatte zu ihm gesagt: »Das letzte Mal, als ich dich gesehen habe, bist du mit einer Bratpfanne in der Hand aus der Tür gerannt und hast geschrien wie am Spieß!« Erst in diesem Moment war Bob seine Waffe wieder eingefallen, die unter mysteriösen Umständen verschwunden war. Mir schrieb er: »Seit dem Abend haben mein Bruder und ich überlegt, welches Arschloch wohl auf einer Party eine Pfanne klaut.«

Kanada

9

An den Wochenenden lasse ich mir einen Bart stehen, repariere Autos, fälle Bäume, trinke Bier, treffe mich mit Freunden und gebe ordentlich Gas.

Jeremy Ribbinck, 27, Kitchener, Kanada
CouchSurfing.com

Die Frage ist berechtigt, warum ich auf meiner Couchsurfing-Tour in Kanada ausgerechnet nach Kitchener wollte. Ich hätte auch Toronto, die boomende Medien- und Kulturhauptstadt Kanadas, besuchen können. Oder das raue Calgary zu Füßen der Rocky Mountains. Oder das historische Quebec mit seinen beeindruckenden Gebäuden. Oder das charmante Montreal mit seinem europäischen Flair. Selbst die Couchsurfing-Gastgeber aus Kitchener zeigten wenig Begeisterung über ihre Heimatstadt:

»Zugegeben, Kitchener ist nichts Besonderes. Aber für die schrägen Vögel, die ausgerechnet hierher wollen, habe ich immer eine offene Tür.«

Natasha, 27

»Ich freue mich auf deinen Besuch, denn ich lerne gern Backpacker kennen. Aber ich sag's lieber gleich, hier kann man ABSOLUT GAR NICHTS unternehmen.«

Caroline, 23

Trotz dieses offensichtlichen Mangels an Lokalpatriotismus gab es zwei Dinge, die mich in diese eigenschaftslose Stadt im Nirgendwo lockten: Würste und Bier. Angeblich richtete Kitchener nach München das zweitgrößte Oktoberfest der Welt aus, und mein Besuch fiel genau in die einwöchigen Festivitäten. Wenn Caroline schrieb, dass man in Kitchener rein gar nichts unternehmen konnte, dann war sie offenbar kein Fan von Ententanz und Kartoffelpuffern.

Und so schlimm konnte Kitchener schließlich auch wieder nicht sein. Es ist übrigens nicht die einzige Stadt, die von ihren Bewohnern schlechtgemacht wird. Selbst meine geliebte Heimat Australien hat ihre Kritiker:

Ich lebe in Canberra, der Hauptstadt von Australien. Leider ist es eine superlangweilige Stadt, hier ist überhaupt gar nichts los.

Lynn, 22

Peter aus Telford im englischen County Shropshire wird ein bisschen deutlicher:

Dieser Ort ist ein Scheißloch. Aber vielleicht besuchst du ja gern Scheißlöcher.

Ich kann mir vorstellen, dass auch Hutchinson im US-Bundesstaat Kansas nicht gerade von Couchsurfern überschwemmt wird:

Ich habe mein ganzes Leben lang hier gelebt und es nervt. Hutch ist ein Dreckloch, in dem nur faule, arbeitsscheue Schnorrer und Kiffer leben.

Ben, 24

Einige der Kritiker liegen vielleicht gar nicht so weit daneben:

Willkommen in der Hölle

Firas, 38
Bagdad, Irak

Die meisten Couchsurfer beurteilten ihre Heimatstadt allerdings ein wenig wohlwollender. Trotzdem schien in Kitchener nicht allzu viel los zu sein, zumindest wenn man nach den Hobbys ihrer Bewohner urteilen kann. Susans Liste gab mir ein Rätsel auf:

Interessen: übermenschliche und zwischenmenschliche
psychische Phänomene

Der 32-jährige Ryan schien da schon eher bereit, den Laden gelegentlich etwas aufzumischen:

Interessen: spätnachts im Supermarkt tanzen (wenn sie die
richtig coole Musik auflegen), fernsehen und essen (vor allem
Plätzchen)

Niemand erwähnte unter seinen Interessen Würste und Bier, doch Jeremys wochenendliches Bartwachsen, Autoreparieren, Baumfällen und Biertrinken hatten auch etwas für sich.

Als ich Jeremy anfragte, schickte er mir eine detaillierte Wegbeschreibung und schrieb weiter:

Ich habe ein bisschen hochgestapelt, deswegen ist meine
Persönlichkeit vielleicht weniger interessant, als es aussieht. Ich
weiß auch nicht, ob ich der Richtige bin, um Kanada zu
repräsentieren. Ich bin gerade halb besoffen und rieche nach
Stripperinnen. Tut mir leid, wenn das keinen Sinn ergibt, ich
versuch's später noch mal.

Jeremy hatte freundlicherweise angeboten, mich vom Flughafen in Toronto abzuholen, der zwei Stunden östlich von Kitchener liegt. Als ich ihn endlich in der überfüllten Ankunftshalle fand, sagte ich:»Tut mir leid, ich habe dich mit Hemd nicht erkannt.« Bei CouchSurfing.com sah er aus wie Adonis am Strand. Wir schleppten meinen Rucksack in die hinterste Ecke des Parkplatzes, vorbei an Hunderten freien Plätzen. Schließlich kamen wir zu einem roten VW Golf.»Ich hab den Anlasser ausgebaut«, erklärte mir Jeremy.»Ich musste ein bisschen suchen, bis ich einen abschüssigen Parkplatz gefunden habe, damit ich ihn anschieben kann.«

Jeremy wirkte still und ein bisschen schüchtern, vor allem im Vergleich zu Bob und seinen lautstarken Freunden. Ich habe auf meinen Reisen eine Menge Kanadier kennengelernt – sie sind superfreundlich, aber wirken oft ein wenig gedämpft. Ich nehme an, wenn man sein ganzes Leben lang neben einem derart lauten und egozentrischen Nachbarn lebt, sieht man daneben leicht ein bisschen blass aus. Wir saßen noch keine fünf Minuten im Auto, als Jeremy mir gestand, dass Kanadier die Amerikaner nicht ausstehen können:»Die amerikanische Kultur beherrscht hier alles. Wir interessieren uns oft mehr für die als für unser eigenes Land. In den Nachrichten hört man mehr von der amerikanischen Politik als von unserer eigenen.«

»Könnte das daran liegen, dass die Amis große Kriege anfangen und große Reden schwingen, wie sie die Welt vom Terrorismus befreien?«, schlug ich vor.

»Wir wissen alles von den Staaten, aber die haben keine Ahnung von uns«, fuhr Jeremy fort.»Letzte Woche ist ein kanadischer Fernsehkomiker in einer amerikanischen Stadt durch die Straßen gegangen und hat Spenden gesammelt. Er hat den Leuten erzählt, wegen der Erderwärmung würden die Iglus des kanadischen Parlaments schmelzen und wir bräuchten Geld, um sie wieder aufzubauen. Fast alle haben gesagt, wie schlimm sie das finden, und haben ihm Geld gegeben.«

Kurz hinter dem Flughafen kamen wir in eine Landschaft aus saftig grünen Weiden und Maisfeldern. Es sah genauso aus wie in den Staaten. Jeremy war auf einer Rinderfarm eine Stunde außerhalb von Kitchener groß geworden. Seine Eltern lebten immer noch dort, hatten aber das Land an einen anderen Bauern verpachtet. Von den Tieren, die sie früher gehalten hatten, war nur ein Pferd übrig geblieben.

Hier legten wir eine Pause ein, weil Jeremy einen Anlasser suchen wollte. Das zweistöckige Backsteinhaus der Eltern lag auf dem höchsten Hügel der ganzen Gegend und riesige Eichen und Ulmen umgaben es. Jeremy erzählte mir, dass im Winter bis zu fünfzig Autos entlang der Zufahrt parkten, um auf dem Hügel zu rodeln. Wir fuhren am Haus vorbei und hielten vor der Scheune. Zwischen rostigen Ackergeräten und einigen Heuballen standen fünf mehr oder minder abgewrackte Autos. »Ich habe meine ganzen alten Autos noch«, erklärte mir Jeremy. »Ich hatte sieben VWs und habe sie alle zum Ausschlachten behalten.«

Nachdem er einen ziemlich verrosteten Anlasser aus einem ziemlich verrosteten Wrack montiert hatte, kroch er unter seinen Golf und begann zu hämmern. Ich ging in Deckung, als Funken aus dem Motor zu fliegen begannen. »Keine Angst!«, rief Jeremy über das laute Knistern hinweg »Ich bin dauernd am Reparieren.« Ich ging noch ein paar Schritte zurück, als er mir erzählte, er habe in der Woche zuvor versucht, einen Dimmer im Wohnzimmer zu installieren, und dabei einen Schlag bekommen und fast die Wohnung in Brand gesteckt.

Nachdem Jeremy drei Anlasser aus drei verschiedenen Autos ausprobiert hatte, fuhren wir zwei Stunden später ohne Anlasser weiter. Nach etwa 20 Minuten Fahrt hörten wir ein lautes Klicken aus dem Motor und hielten auf dem Parkplatz eines Ladens mit dem Namen »The Beer Store« (an der Straße stand ein riesiges Schild mit dem Foto eines Glas Biers, um auch den letzten Zweifel auszuräumen).

»Bekommt man im Beer Store auch Wodka oder Rum?«, fragte ich, während wir darauf warteten, dass Jeremys Freund Jeff uns abholte.

»Nein. Spirituosen gibt's nur im Liquor Store«, erklärte mir Jeremy.

Ungelogen. Die Regierung betreibt sowohl den Beer als auch den Liqour Store, und anderswo bekommt man keinen Alkohol. Wenig später rollte Jeff in einem neuen, schicken Pontiac auf den Parkplatz. »Kauf dir endlich ein vernünftiges Auto«, sagte er kopfschüttelnd. »Jeremy bleibt zweimal die Woche mit dem Wagen liegen«, erklärte er mit selbstzufriedener Miene, als er meinen Rucksack in den Kofferraum warf.

Jeff war sogar noch glatter rasiert und aus dem Ei gepellter als Jeremy, und er brauchte nur zwei Minuten, um auf die südlichen Nachbarn zu sprechen zu kommen. »Hasst ihr Australier die Amis genauso wie wir?«, fragte er, als wir die Vororte von Kitchener erreichten.

Jeremy brauchte ebenfalls nur zwei Minuten, um alles zu sagen, was es über Kitchener zu sagen gab. Der Ort liegt zwischen Lake Erie und Lake Ontario, hat rund 200 000 Einwohner und ist Heimat des Lebensmittelherstellers Schneider Foods, der in ganz Kanada für seine Würste berühmt ist.

Kitchener sah einer amerikanischen Stadt zum Verwechseln ähnlich, mit dem Unterschied, dass alles ein bisschen netter aussah. Aus dem Autofenster sah ich nette, konservative Häuser, nette, konservative Geschäfte, nette, konservative Menschen und die nettesten Vorgärten, die ich je gesehen habe. Jeder Grashalm schien einzeln geschnitten worden zu sein. Viele Veranden waren für Halloween dekoriert, in den Vorgärten lagen Kürbisköpfe.

»Ist Halloween nicht amerikanisch?«, fragte ich.

»Deswegen lieben wir es ja so sehr«, erwiderte Jeremy trocken.

Jeremy lebte in der Nähe der Innenstadt und arbeitete in einem Gebäude, das mit seinen acht Stockwerken das höchste der Stadt war. Er erklärte mir, womit er seinen Lebensunterhalt verdiente, und ich nickte. »Klar.« Ich hatte ihn wohl gehört, aber ich hatte nichts davon verstanden. Er arbeitete in der IT-Abteilung von MCAP, der größten unabhängigen Hypothekenbank Kanadas, wo er »den Upgrade der Softwarekompatibilität der Versicherer« übernahm. Samstags betätigte er sich nebenbei als Holzfäller.

Jeremy wohnte in einer netten (ich sollte nicht immerzu »nett« sagen, aber ich kann nicht anders) Einzimmerwohnung mit seiner Katze Bentley und einer eindrucksvollen Couch, die sich aufklappen und in ein Doppelbett verwandeln ließ. Als wir ankamen, sprang Jeremy kurz unter die Dusche. Wenig später fuhr eine Horde von Freunden, darunter Jeremys Freundin Danika, in einem Taxikonvoi vor, um uns abzuholen und zum Oktoberfest zu fahren.

Kitchener hat durchaus eine entfernte Berechtigung, »Kanadas großes bayerisches Bierfest« auszurichten. Bis 1916 hieß Kitchener Berlin, doch während des Ersten Weltkrieges wollte der Ort nicht mehr mit den bösen Deutschen in Verbindung gebracht werden und nannte sich um. Doch bis heute hat ein Viertel der Einwohner deutsche Wurzeln. Das Fest wurde erstmals 1969 ausgerichtet und lockt heute jährlich rund 700 000 Besucher in Bierzelte mit so urdeutschen Namen wie Heidelberg Haus, Altes Muenchen Haus, Hubertushaus, Oberkrainer Haus, Ruedesheimer Garten und Schwaben Club. Unser Ziel war das Eishockeystadion Queensmount, wo das »Rocktoberfest« stattfand. Daneben gab es auch ein Hip-Hoptoberfest mit kanadischen Rappern, ein Pridetoberfest der Schwulenszene von Kitchener sowie ein Dogtoberfest mit Spielen und Wettbewerben für Hundefreunde.

»In Kanada gibt es jede Menge Eishockeystadien«, erzählte mir Jeremy, während wir auf den Eingang zugingen. »Ungefähr dreimal so viele wie Krankenhäuser.«

Es konnte kein Zweifel aufkommen, dass die Kanadier ihre Eishockeyarenen sehr ernst nahmen. Ehe ich die Halle betreten durfte, unterzogen zwei grimmig dreinblickende Wachleute am Eingang den Inhalt meiner Tasche einer gewissenhaften Untersuchung. Als ich die Arena schließlich betrat, war ich allerdings beeindruckt. Das Eis war verschwunden und die Halle hatte sich in ein authentisches bayerisches Bierzelt verwandelt. An langen Bierzelttischen saßen Männer in Lederhosen und Frauleins in Dirndls. Auf der Bühne sprang Walter Ostanek, der 70-jährige Polkakönig (und laut Jeremy Gewinner von fünf kanadischen Grammys für den besten Polkaspieler), auf und ab und gab den Ententanz. Das war haargenau wie ein original bayerisches Bierfest, und ich konnte es gar nicht abwarten, an die Theke zu gehen und mir einen Maßkrug mit original bayerischem Bier abzuholen.

Leider musste ich warten und leider gab es kein bayerisches Bier. Die Leute standen sogar Schlange, um sich in die ordentliche Schlange an der Theke einzureihen, die von zwei Sicherheitsgorillas in gelben T-Shirts überwacht wurde. Ich schätzte, dass auf jeden Trinker zwei Wachleute kamen.

Als ich endlich an die Theke kam, gab es nur Molson in lächerlichen weißen Plastikbecherchen.

»Haben Sie auch deutsches Bier?«, fragte ich.

»Ja, wir haben Heineken«, sagte der Mann hinterm Tresen fröhlich.

»Mh. Heineken ist doch holländisch, oder?«

»Ist doch dasselbe«, zwitscherte er.

Ich schnappte meinen bayerischen Plastikbecher mit kanadischem Molson und suchte den Rest unserer Gruppe, die einen Tisch in der Nähe der Thekenschlange ergattert hatte. Ich blickte mich um, sah eine Menge großer Schilder, neben denen sich Sicherheitsheinis in gelben Hemden aufgepflanzt hatten.

Auf den Tischen und Bänken stehen verboten
Beachten Sie den Dresscode – nur ordentliche Bekleidung
Kein Alkohol jenseits dieser Linie
Rauchen verboten
Rennen verboten

Wenn ich ein Schild mit der Aufschrift *Spaß verboten* gesehen hätte, dann hätte mich das auch nicht weiter überrascht. Mit Danikas Kusine Karen ging ich auf die Tanzfläche, um ein bisschen Polka zu tanzen. Als wir an einer Gruppe Jugendlicher vorbeikamen, warf sich einer der Jungs zum Wurmtanz auf den Boden. Zwanzig Sekunden später hatten ihn drei Sicherheitsleute umringt und forderten ihn auf, »sich zu beruhigen«.

»Kanadier sind ein bisschen verklemmt«, meinte Karen.

Wieder am Tisch unterhielten wir uns über Couchsurfing. Ich fragte Jeremy, ob er vor mir schon andere Gäste gehabt hätte.

»Zwei deutsche Mädels, aber das war alles«, erzählte Jeremy. »Kitchener ist nicht gerade ein touristisches Highlight.«

»Die hatten sich wahrscheinlich verirrt«, meinte Jeff.

Jeremy selbst war als Couchsurfer bis nach Florida gekommen: »Ich war bei zwei Mädels in Florida. Als ich ankam, war schon ein Couchsurfer aus New York da. Er sollte eigentlich nur fünf Tage bleiben, aber die hatten ihn inzwischen seit drei Monaten auf der Couch. Die Frauen waren zu nett, um ihm zu sagen, dass er sich verpissen soll.«

Später am Abend waren die meisten Besucher betrunken und laut. Jeff hatte ordentlich einen in der Krone. Er stand auf der Tanzfläche und hielt ein süßes Mädel in den Armen, als ein Hüne auf ihn zuging. Jeff stellte sich vor und fragte: »Und wer bist du?«

»Ich bin ihr Freund«, brummte der Hüne.

Jeff hatte sich vermutlich nur an das Mädchen gelehnt, um nicht umzufallen, denn als wir gingen, mussten wir ihn fast hinaustragen. Zu sechst quetschten wir uns in Karens winziges Auto. Nachdem unterwegs ein extrem langes Mädel ausgestiegen war, das hinten quer über unseren Beinen gelegen hatte, hielten wir vor einem netten (Schluss jetzt!) Haus in einem Ort namens Hagersville. Karen hatte drei kleine Kinder, doch die waren übers Wochenende bei ihrem Vater. Das war auch gut so, denn wir machten einen Riesenradau. Während wir ein pappsüßes Wodka-Pop-Gemisch tranken, schrammelte ich auf Karens Gitarre und grölte einige Lieder. Jeff hing währenddessen laut grölend über der Kloschüssel.

Nachdem Jeff seine Jodeleinlage beendet hatte, schleppte ihn Jeremy nach oben ins Bett. Wobei Bett zu viel gesagt ist, denn es war das Kinderbettchen von Karens kleiner Tochter. Jeffs Beine hingen unten heraus, sein Kopf lag auf einem Schneewittchen-kissen und Jeremy deckte ihn mit einer Prinzessin-Jasmin-Decke zu. Aber das passte, denn auch Jeff erinnerte mich irgendwie an ein Baby: Er blubberte vor sich hin, hatte Kotze im Haar und konnte weder gehen noch sprechen.

Als ich schließlich unter meine Aschenputteldecke kroch, gab mir Karen einen Gute-Nacht-Kuss und sagte: »Ich lass das Lichtchen an, damit du dich nicht fürchtest.«

Spät am nächsten Morgen hatten wir ein fettiges Kopfwehfrüh-stück im Fireside Family Restaurant & Grill. Während ich den Berg auf meinem Teller abarbeitete, fragte ich: »Gibt es eigent-lich so was wie eine kanadische Spezialität?«

Peinliches Schweigen.

»Hamburger?«, fragte Jeff.

»Mh. Ich bin mir ziemlich sicher, dass die nicht aus Kanada kommen«, meinte Danika.

»Ich weiß! Rührei mit Schinken!«, strahlte Jeff.

Nach langem Nachdenken einigten sie sich darauf, dass es vermutlich nur eine wirklich kanadische Spezialität gab.

»Ahornsirup«, sagte Jeremy. »Ich glaube, der ist wirklich ka-nadisch.«

Nachdem wir Jeremys Wagen vor dem Beer Store aufgesam-melt hatten und Jeremy ein wenig am Motor herumgeschraubt hatte, fuhren wir weiter, um Indianer auf dem Kriegspfad zu besichtigen. In der Nähe des Bauernhofs von Jeremys Eltern lag ein Reservat mit dem Namen »Six Nations of the Grand River«. Alle sechs Nationen – Mohawk, Cayuga, Oneida, Onondaga, Se-neca und Tuscarora – hatten wegen Streitigkeiten um Landbesitz wieder das Kriegsbeil ausgegraben. Die Stämme hatten im

Amerikanischen Unabhängigkeitskrieg aufseiten der Engländer gekämpft und deshalb von den Kolonialherren 1784 einen zehn Kilometer breiten Streifen rechts und links des Grand River als Ersatz für ihr in den Staaten verlorenes Land erhalten. Damals lebten am Grand River nur einige Hundert Ureinwohner, denen das zu viel Land war, weshalb sie es an die Kolonialverwaltung zurückgaben. Zweieinhalb Jahrhunderte später war die Zahl der Indianer auf 20 000 angestiegen, die beschlossen, dieses erstklassige Bauland zurückzuverlangen. In den vergangenen Monaten hatten sie in sämtlichen Häusern entlang des Flussufers Räumungsaufforderungen verteilt. Außerdem besetzten sie eine Neubausiedlung, blockierten Zufahrtsstraßen und bewarfen Autos und Passanten mit Flaschen.

»Mir ist es egal, wenn sie mit Flaschen nach meinem Auto werfen«, sagte Jeremy schulterzuckend, als wir in die Neubausiedlung einbogen. Von Kriegsbeilen war allerdings nicht viel zu sehen. Neben den Plakaten der Immobilienfirma hatten die Aufständischen ihre Protestflaggen aufgehängt, und eine Gruppe nicht-Flaschen-werfender Ureinwohner stand an der Zufahrt, aber das war auch schon alles.

Das Reservat selbst war unschwer zu erkennen. An der Straße stand ein Red Indian Mini Mart und ein Werbeplakat für »Mohawk Bodenbeläge – Besuchen Sie unsere Laminatausstellung«. Das beste Zeichen dafür, dass wir uns in einem Reservat befanden, war jedoch die blinkende Neonreklame für Billigzigaretten. Da Indianer keine Steuern bezahlen müssen, ist der Verkauf von steuerfreien Zigaretten ihre wichtigste Einnahmequelle. Wir fuhren durch den »Hauptort« des Reservats mit seinen zwei Totempfählen, einem Tipi und einem Drive-Thru-Zigarettenladen mit dem Namen Red Indian Cigarette Heaven. Der Rest der Ortschaft bestand aus modernen Häusern, in deren Einfahrten große amerikanische Trucks standen.

»Die verdienen vor allem am Autoklau«, antwortete Jeremy, als ich anmerkte, dass es den Einwohnern mit dem Zigarettenverkauf gar nicht so schlecht zu gehen schien. »Die Leute finden ihre Autos eine Woche später in einem Feld wieder, ausgebrannt und völlig ausgeschlachtet.«

An der Ausfahrt kamen wir an einem Truck vorbei, der im Straßengraben lag. Auf die Seite hatte jemand in großen Buchstaben gepinselt: »Ihr stehlt unser Land, wie stehlen eure Autos.«

Stellen Sie sich vor, Sie würden jemanden, den sie am Tag zuvor kennengelernt haben, zum Weihnachtsessen ihrer Familie mitbringen. Etwas Ähnliches tat Jeremy, als er mich zum Thanksgiving-Essen seiner Familie einlud. Wie schon bei Juans Grillparty in Chile war ich überrascht, dass es Couchsurfern offenbar nichts ausmachte, wildfremde Menschen zu intimen familiären Anlässen mitzunehmen.

Es war mir ein wenig peinlich, ihr Thanksgiving-Essen zu stören, obwohl mich bei meiner Ankunft alle aufs Wärmste willkommen hießen. Alle, außer Jeremys älterem Bruder Rob. Als ich ihm die Hand gab, grunzte er nur. Die ganze Familie saß im Wohnzimmer. Die Familie, das waren Jeremys Eltern Janey und Albert, sein Bruder Steve mit Frau und drei Kindern (die von drei verschiedenen Vätern stammten, wie Jeremy erklärte, als ich anmerkte, wie wenig sich die drei ähnelten) und schließlich Rob, der Grunzer.

Nachdem wir einige Minuten zusammengesessen hatten, wurden wir ins Esszimmer gerufen, von dessen großen Fenstern aus man einen spektakulären Ausblick auf die umliegenden Hügel hatte. Auf dem Tisch standen große Schüsseln mit Steckrübenpüree, grünen Bohnen, Rotkohl, Kartoffelbrei, Süßkartoffeln, Apfelbrei, Preiselbeeren und Soße. Wir applaudierten, als Janey einen riesigen Truthahn hereintrug. Wie es sich gehörte, schnitt Albert den Vogel auf. Nachdem mein Teller einmal um den Tisch gewandert war, stand ein riesiger Berg Essen vor mir.

Ich saß neben Albert, der mir bereitwillig erzählte, dass das kanadische Thanksgiving vierzig Jahre älter sei als das amerikanische (in Kanada wurde vermutlich im Jahr 1578 zum ersten

Mal Thanksgiving gefeiert). »Es ist ein Fest, mit dem wir für alles danken, was wir haben, vor allem für die Ernte des vergangenen Jahres«, erklärte Albert. Rob wirkte allerdings nicht allzu dankbar. Er sah nicht einmal von seinem Teller auf, als Albert sein Glas hob und einen Toast ausbrachte.

Nach einem üppigen Essen, das schon fast an Völlerei grenzte, unterhielt sich die Familie. Ich gab mir größte Mühe, nicht einzuschlafen. Ich war nicht einfach nur müde. Ich hatte mir eine heftige Dosis des Couchsurfing-Ermüdungssyndroms eingefangen. Immer wieder fielen mir die Augen zu und mein Kopf kippte nach vorn. Nachdem ich mich eine ganze Weile lang tapfer gewehrt hatte, döste ich schließlich ein.

Ich schreckte hoch, als jemand einen Teller mit einem riesigen Stück Kürbistorte vor mich hinstellte. Wie lange hatte ich geschlafen? Dreißig Sekunden? Zehn Minuten? Rob schien als Einziger bemerkt zu haben, dass ich weggeduselt war. Doch da der mit niemandem sprach, konnte er es auch niemandem verraten.

Kaum hatte Rob den Nachtisch gelöffelt, stand er mit den Worten »ich muss los« auf und ging. Er hatte während des gesamten Essens kein einziges Wort gesagt. Wir saßen noch eine Weile am Tisch, doch das lag vermutlich vor allem daran, dass wir zu vollgefressen waren, um den Hintern hochzubekommen.

»Rob spricht nicht sonderlich viel«, meinte ich auf dem Rückweg zu Jeremy.

»Eine Unterhaltung mit ihm ist wie Zähneziehen«, antwortete Jeremy. »Und das, obwohl ich ihn seit Monaten nicht gesehen habe.«

»Hat er eine Freundin oder Frau?«, fragte ich.

»Nein, er ist schwul. Das finden alle in der Familie vollkommen okay, nur er nicht.«

»Wann hatte er sein Coming-out?«

»Meinen Eltern hat er es gesagt, als er neunzehn war, aber Steve und ich haben es erst später erfahren. Das ist nur rausgekommen, weil Steve sich mit meiner Mutter gestritten hat, als er ausgezogen ist. Meine Mutter wollte wissen, ob er mit der Frau schläft, mit der er zusammenziehen wollte. Steve hat gesagt: ›Sie ist nur eine Freundin! Aber was ist denn mit Rob? Der wohnt gleich mit zwei Frauen zusammen und dem machst du nie Stress!?‹ ›Aber die zwei Frauen sind ja auch Lesben und Rob ist schwul?‹, hat meine Mutter gesagt.«

Als ich Jeff erzählte, dass ich die Niagarafälle besuchen wollte, sagte er, ich solle »die ganzen amerikanischen Touristen reinschubsen«. Es war mir leider nicht möglich, seine Bitte zu erfüllen, weil ich keine amerikanischen Touristen entdecken konnte. Die Touristen machten sich überhaupt rar. Etwa 18 Millionen Menschen besuchen Jahr für Jahr die Niagarafälle, aber ich nehme an, dass die wenigsten per Linienbus aus dem drei Stunden entfernten Kitchener anreisen.

Der Busbahnhof von North Niagara befand sich in einem heruntergekommenen Industriegebiet am Stadtrand, und auf dem Weg zu den Wasserfällen musste ich einige Kilometer weit durch schäbige Vororte gehen. Immerhin waren sie leicht zu finden: Ich musste nur in die immer dichteren Nebelschwaden gehen, die träge über dem Ort lagen.

Oscar Wilde beschrieb die Wasserfälle als »eine Menge Wasser, das in die falsche Richtung über einige überflüssige Felsen fließt«. Ich kann mir aber kaum vorstellen, dass er so gar nicht beeindruckt war. Nachdem ich meinen unerklärlichen Drang überwunden hatte, mich über das Geländer in die Fluten zu stürzen, starrte ich eine halbe Ewigkeit wie hypnotisiert in die Kaskaden. Erst als der Anblick der Wassermassen ein unwiderstehliches Bedürfnis in meiner Blase auslöste, riss ich mich los.

Schließlich stieß ich doch noch auf einige Touristen. Wie ich trugen sie die leuchtend blauen Rettungswesten der »Maid of the Mist«-Bootstour. Als sich das Boot dem Hufeisenfall näherte, die Gebäude am Ufer hinter den Gischtschwaden verschwanden, das Donnern ohrenbetäubend laut wurde und sich ein perfekter Regenbogen in den Vorhang aus Wassertröpfchen malte, hatte ich erneut das Gefühl, mir müsste gleich die Blase platzen.

Vielleicht hätte der Ortskern Oscar Wilde ja mehr beeindruckt. Oder geblendet. Wenige Hundert Meter von den Wasserfällen entfernt war ein Mini-Las-Vegas aufgebaut worden, nur noch kitschiger. Die Hauptstraße, die von Zuckerwatte naschenden Kindern bevölkert war, säumte ein Wirrwarr von grellen Neonschildern, die eine ganze Galaxie von Welten anpriesen, darunter eine Lego-Welt, eine Super-Hero-Welt, eine Hot-Dog-Welt, eine Spaß-Welt, eine Dinosaurier-Welt (plus Dinosaurier-Minigolf), eine Verbrecher-Welt, eine Frankenstein-Welt und eine WWF-Welt. Auf jeder der Welten thronten Monster, Superhelden oder eklige Hotdogs. Ich war geplättet. Die Kanadier hatten es doch tatsächlich geschafft, noch schriller zu sein als die Amerikaner. Beim näheren Hinsehen stellte ich fest, dass die Frankenstein-Welt nichts anderes war als ein verkleideter Burger-King mit einem Monster auf dem Dach, das einen riesigen Burger futterte.

Auf dem Rückweg nach Kitchener hatte ich den Bus für mich allein. Das hinderte den Fahrer allerdings nicht daran, an verlassenen Haltepunkten entlang der Strecke lange Pausen einzulegen. Es war halb zehn, als wir in das nasskalte Kitchener rollten. Ich stülpte meinen kreischend blauen Maid-of-the-Mist-Poncho über und machte mich auf den Weg zu Jeremys Wohnung. Während ich durch den Regen trottete, hupte mich jemand an. »Ja, ja, sehr lustig«, murmelte ich. »Ich weiß, ich sehe aus wie ein blaues Gummibärchen.« Es hupte wieder. Ich drehte mich um und wollte schon mit einer rüden Geste antworten, als ich sah, dass es Jeremy war. Was für ein netter Typ. Er hatte im Internet den Fahrplan gecheckt und war an den Bahnhof gekommen, um mich abzuholen.

»Ich wollte, dass du auch ein bisschen Kultur mitbekommst«, sagte er, als ich einstieg.

Wir fuhren in einen Vorort und hielten vor einem großen und unspektakulären Gebäude mit dem Namen RoXXanes.

»Was ist das?«, fragte ich. »Ein Stripperlokal?«

»Ja«, antwortete Jeremy sachlich. »Und heute ist Amateurabend.«

Das Lokal kochte. Vor der Bühne saßen die Männer, darunter auch zwei Typen in Lederhosen, und aßen, während ihnen die Mädels ihre blanken Hintern ins Gesicht streckten.

»Die Gewinnerin bekommt fünfzehnhundert Dollar«, erklärte mir Jeremy. »Es kann teilnehmen, wer will, aber es sind vor allem Studentinnen und ein paar Bankangestellte.«

Als wir uns mit unseren lächerlich teuren Bieren an einen der Tische setzten, sprang gerade eine Frau mit hautengen Jeans auf die Bühne und begann ihren Strip. Es dauerte eine halbe Ewigkeit, bis sie sich mit ungelenken Verrenkungen aus ihrer engen Hose geschält und gewunden hatte. Als sie endlich nackt über die Bühne hüpfte, sagte Jeremy wie nebenbei: »Ich hatte mal eine Freundin, die war Stripperin.«

»Wie war das denn?«, fragte ich und starrte auf die wippenden Brüste.

»Sie war ganz nett, aber meine Freunde sind immer in ihren Club gegangen und haben ihr dabei zugesehen, wie sie die Beine breitgemacht und mit ihrer Möse gespielt hat. Damit bin ich irgendwie nicht klargekommen.«

Während sich die Frau auf der Bühne abmühte, um wieder in ihre Jeans zu kommen, sagte ich: »Wahrscheinlich wachen morgen ein paar betrunkene Mädels auf und sagen: ›Au wei, ich hatte diesen komischen Traum, ich hätte nackt vor hundert Männern getanzt.‹«

Wir blieben nicht, bis die Siegerin ermittelt wurde. Ich konnte mir kein Bier mehr leisten.

Mitten in der Nacht verlor ich ein Jahr meines Lebens. Während ich friedlich schlummerte, sprang Bentley (die Hauskatze) vom

Bücherregal auf meine Brust. Ich sprang so hoch aus dem Bett,
dass Bentley an die Decke und dann auf den Fernseher flog. Und
das gerade, als ich Jeremy die bis dahin beste Bewertung geben
wollte:

Couchnote: 8 von 10
Plus: Bequeme und kuschelige Couch
Minus: Verrückte und verwirrte Katze

Beim Frühstück machte Bentley einen weiten Bogen um mich.
Als ich Jeremy fragte, was ich an meinem letzten Tag in Kitche-
ner unternehmen könnte, schlug er vor, ich könne doch fromme
Mennoniten gaffen gehen, die er mir als Amish ohne Spitzbärte
beschrieb. Im acht Kilometer entfernten St. Jacobs lebt nämlich
Kanadas größte Mennonitengemeinde.

Ich begann den Tag auf dem Bauernmarkt von Kitchener, der
im Jahr 1839 eröffnet wurde und vor Kurzem in eine moderne
Halle in der Stadtmitte umgezogen war. Jeremy meinte, dort
könnte ich ein paar Mennoniten sehen, die auf dem Markt Brot,
Marmelade, Käse, Wurst und Gemüse aus eigener Produktion
verkauften. Ich nehme nicht an, dass die Mennoniten seit neues-
tem Billigschmuck, Seifen, Schuhe und Emuöl anbauen. Sonst
wurde allerdings wenig angeboten. Der einzige Mennonit, den
ich entdecken konnte, war ein schlaksiger Junge an einem Steck-
rübenstand.

Gerade als ich auf dem Markt ankam, öffnete der Himmel
seine Schleusen. Der Regen trommelte derart auf das Dach, dass
man meinen konnte, es seien die Niagarafälle. An einem der
Essensstände trank ich eine Tasse Tee und blätterte in der regionalen Wochenzeitung *The Echo*. Die Schlagzeile lautete: »Willkommen in Trandorf«, und darunter stand: »War das die langwei-
ligste Woche in der Geschichte von Kitchener?« Die Neuigkeiten
waren offenbar so spärlich, dass die Redaktion auf der zweiten
Seite eine Geschichte aus dem Vorjahr aufwärmte. Die war aller-

dings gut, wenn auch ein bisschen gruselig. Ein Mann aus der Region hatte Selbstmord begangen und sich an einem Baum in seinem Vorgarten erhängt. Dort baumelte er vier Tage lang, weil die Passanten meinten, die Leiche sei eine Halloween-Dekoration.

Als der Regen nachließ, schlenderte ich durch den Ort zum Busbahnhof. Die Leute von Kitchener liebten ihr Oktoberfest, das musste man ihnen lassen. Sie gingen sogar in Lederhosen und Dirndl zur Bank oder zur Wäscherei. Der Hans Haus Oktoberfest Shop bot eine schwindelerregende Vielfalt an Trachten und Loden – der Laden war übrigens das ganze Jahr über geöffnet, wahrscheinlich für den Fall, dass man dringend einen Maßkrug brauchte. Auch andere Läden feierten das Oktoberfest: Metzger, Kleidergeschäfte und Banken waren mit weiß-blauen Fähnchen dekoriert. Am gelungensten fand ich das Schaufenster des S&M-Ledergeschäfts Stag: Die Puppen hatten riesige Brüste und trugen Mini-Lederdirndl. Darunter stand: »Wem richtest du dieses Oktoberfest in deinem Lieblingsdirndl die Brezel?«

Nach St. Jacobs fuhren keine Busse. Wozu auch. Wenn doch jeder mit seiner eigenen Pferdekutsche durch die Gegend fährt. Ich fuhr mit dem Bus zu einem Einkaufszentrum am Stadtrand und nahm mir dort ein Taxi.

Ich nehme an, die Mennoniten lebten alle außerhalb, denn vor den meisten Häusern in St. Jacobs standen Trucks und keine Kutschen. Die Hauptstraße war überwiegend von Kunsthandwerksläden gesäumt, die Steppdecken und Ahornsirup verkauften. In der Ortsmitte befanden sich das Mennonitenmuseum und das Informationszentrum. Der Museumsleiter schien überrascht, als ich zur Tür hereinspazierte. Vermutlich kamen nicht allzu viele Touristen hierher, denn er musste erst die Lichter anknipsen und den Projektor in dem Minikino einschalten, damit ich »die Geschichte der Mennoniten« sehen konnte.

Den Anfang des Films machten einige Touristen, die Mennoniten in ihren altertümlichen Trachten begafften und fotografierten. Ich dachte mir, die Mennoniten hätten umgekehrt mindestens ebenso gute Gründe, zurückzugaffen. Der Film war in den Siebzigerjahren gedreht worden und die Hobbyfotografen trugen ausgestellte Hosen, Plateauschuhe und enge, geblümte Hemden. Neben ihren Fönwellen nahmen sich die Topfschnitte der Mennoniten noch richtig cool aus.

Der Film zeigte das Leben der orthodoxen Mennoniten. Sie gehen nicht aus und begegnen Angehörigen des jeweils anderen Geschlechts nur während der sonntäglichen Messe. Hochzeiten finden immer dienstags statt, und das Hochzeitsessen wird von der Braut ganz allein zubereitet. Telefone müssen schwarz sein. Sie gehen nicht zum Friseur, und die jungen Männer treffen sich zu »Haarschnittpartys«.

Das Ahornsirupmuseum hatte leider geschlossen. Also ging ich in eine mennonitische Bäckerei, wo Frauen in traditionell handgeschneiderten Kleidern und Hauben in geflochtenen Körben traditionell selbst gebackenes Brot anboten. Die Bäckerei hatte außerdem eine Bar und einen Großbildfernseher, auf dem MTV-Clips liefen.

Da es keine Taxis gab, trampte ich zurück nach Kitchener. Ich hatte wenig Glück, die Autos düsten vorüber, ohne auch nur abzubremsen. Als ein junger Typ mit einer Pferdekutsche vorbeitrabte, grinste ich ihn an und streckte zum Spaß den Daumen in die Luft. Er hielt an.

Mein neuer mennonitischer Freund hieß Matthias Brubacher und war auf dem Weg zum Einkaufszentrum. Er erzählte mir, für Lowtech-Shopper wie ihn gebe es dort einen überirdischen Parkplatz für Pferdekutschen. Mit anderen Worten: eine Scheune. Matthias war Anfang zwanzig und lebte mit seinen Eltern und sieben Geschwistern auf einem Bauernhof, wo sie Butter, Apfelmus und Ahornsirup herstellten und verkauften.

»Wir gehen um acht ins Bett und stehen um halb sechs auf«, berichtete er mir stolz.

Ich hätte ihn fast gefragt, ob er nicht eine Couch frei hätte. Es hätte mir gutgetan, mal wieder früh ins Bett zu kommen.

»Gibt es hier nicht so was wie ein traditionelles kanadisches Restaurant?«, fragte ich Jeremy, als wir später auf der Suche nach etwas Essbarem durch die Straßen fuhren. Es war mein letzter Abend in Kanada und ich hätte gern ein typisch kanadisches Restaurant kennengelernt.

»Ketten«, antwortete Jeremy. »In Kanada sind Restaurantketten beliebter als irgendwo sonst auf der Welt.«

»Wirklich?«

»Die Kanadier freuen sich, wenn sie in einer fremden Stadt dieselbe Speisekarte bekommen und dasselbe Essen bestellen können.«

»Ist das auch eine Kette?«, fragte ich und zeigte auf das Swiss Chalet Restaurant.

»Ja, die gibt's in ganz Kanada«, erwiderte Jeremy. »Egal welche Cuisine, es gibt davon hier eine Restaurantkette.«

Die größte Kette in Kanada ist wirklich kanadisch, doch fürs Abendessen hatte ich mir etwas anderes vorgestellt. Als der Eishockeystar Tim Horton 1964 die Schlittschuhe an den Nagel hängte, eröffnete er eine Donut- und Kaffeekette mit dem originellen Namen Tim Hortons. Heute hat die Kette in ganz Kanada mehr als 2800 Filialen.

»Magst du indonesisches Essen?«, fragte mich Jeremy, als wir an einem Restaurant mit dem Namen Bhima vorbeifuhren.

»Gehören die zu einer Kette?«

»Ich nehme es an.«

Es war indonesisch mit einem kanadischen Touch. Ich bestellte Bison gado gado.

Auf dem Heimweg schauten wir im Concordia Club, dem größten Oktoberfestzelt, vorbei, doch ich war nicht mit dem Herzen dabei. Ich spürte, dass sich eine Erkältung anbahnte. Und als wäre das noch nicht schlimm genug, war Country- und Westernabend. Die Männer trugen Lederhosen und Cowboyhüte, während Kanadas (nach Shania Twain) zweitbeliebteste Countrysängerin »jiiihaaate« und auf ihrer Gitarre schrammelte.

Im Concordia Club, der größer war als ein reguläres Zirkuszelt, war für einen Mittwochabend erstaunlich viel los. Vielleicht wirkte das aber auch nur so, weil so viele Sicherheitskräfte herumstanden.

»Meine Mama ist heute Abend hier«, verriet die Sängerin am Ende ihres Auftritts. »Aber Achtung! Sie liebt Countrymusik und sie tanzt wie eine Wilde.«

Sofort spähten die Sicherheitsleute in die Menge, um eine verrückte alte Dame mit Cowboyhut zu entdecken.

Der Morgen war frisch und klar, als ich mich auf den Weg zum Bahnhof machte. Während ich an aufgeräumten Häusern vorbei über einen Teppich goldener Ahornblätter stapfte, dachte ich, was für ein netter Ort Kitchener doch war. Ruhig, aber nett. Eine adrett gekleidete Frau wartete neben mir an einer Fußgängerampel. »Oh, wo wollen Sie denn hin mit Ihrem großen Rucksack?«, fragte sie mich höflich.

»Zum Flughafen«, erwiderte ich.

»Verdammt, ich wünschte, ich könnte auch hier weg«, murmelte sie und ging davon.

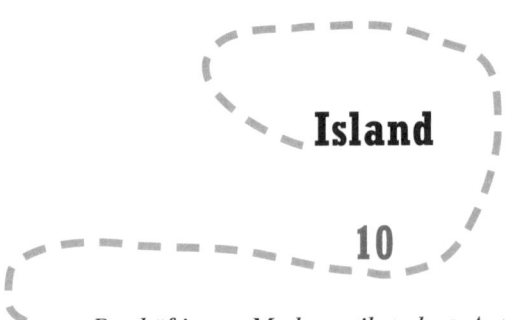

Island

10

»Beschäftigung: Mathematikstudent, Autor spekulativer
Erzählungen, professioneller Enzyklopädiebearbeiter,
Programmierer, Projektleiter und Bierkenner.«

Smári McCarthy, 22, Reykjavík, Island
CouchSurfing.com

Ich hatte das Gefühl, als würde mir gleich der Kopf platzen. Wahrscheinlich hätte ich mir mit meiner verschnupften Nase kein ungeeigneteres Land aussuchen können als Island. Hätte ich mich nur für das warme Zypern entschieden. Das hatte nämlich auch noch auf meiner Liste potenzieller Reiseziele gestanden. Da ich schon in 32 europäischen Ländern gewesen war und auf meiner Couchsurfing-Reise nur Länder besuchen wollte, die ich noch nicht kannte, war die Auswahl nicht allzu groß gewesen. Ich hatte mich schließlich für Island entschieden, weil hier der Couchsurfing-Gründer Casey Fenton seine erste Couch gesurft hatte.

Wenn man bedenkt, wie klein Island ist (genau in dem Monat, in dem der 300-millionste Amerikaner zur Welt kam, durchbrach Island die 300 000er-Schallmauer), standen mir jede Menge Sofas zur Auswahl. Ich verschickte Anfragen an eine ganze Reihe von Leuten. Einer der Kandidaten war ein gewisser Gudmundur Thor Palsson, der von sich schrieb: »Ich war ein fettes Schwein. Jetzt bin ich ein bisschen dünner, aber immer noch ein Schwein«, und der als Interessen »Militaria, Porno und Trinken« angab. Ich meldete mich bei Geiri, der verkündete: »Wenn es jemanden interessiert, ich bin schwul und meine Couch ist beige.« Eine weitere Anfrage schickte ich an Lluks Jón Gunnarsson, aus dem ganz einfachen Grund, dass er in einer Ortschaft namens Hofudhborgarsvaedhi lebte. Da ich kein als Clown verkleideter Zahnarzt bin, versuchte ich mein Glück auch bei Theodóra Þorsteinsdóttir, die schrieb:»Ich habe zwei Phobien. Ich habe Angst vorm Zahnarzt und mache mir in die Hosen, wenn ich einen Clown sehe. Ich will also weder Zahnärzte noch Clowns bei mir aufnehmen und schon gar keine als Clown verkleideten Zahnärzte.« Ich probierte es auch beim »Programmierer und Hippiedrummer« Johann Fridriksson, der mit seinem Roboter Benjamin zusammenwohnte. Als Erster antwortete mir der »halb isländische, halb irische« Smári McCarthy und bot mir seine Couch an:

Du kannst gern auf meiner Couch übernachten.
Ich sollte vielleicht dazu sagen, dass ich zurzeit Vollzeitstudent
bin und den ganzen Tag an der Uni verbringe, weshalb ich
nicht viel Zeit habe. Und wenn, dann habe ich vermutlich das
Bedürfnis, mich heftigst zu betrinken. Ich hoffe, du hast
Verständnis für meine Situation. Ich will nicht mit der
Alkoholresistenz meiner Leber prahlen, doch ich denke, es hat
seine Vorteile, dass ich isländische und irische Gene mitbringe.
Daher habe ich eine Bedingung: Du musst mithalten.

Als ich Smári zusagte, gefiel mir die Vorstellung, mich mit ihm zu betrinken. Doch jetzt hatte ich das Bedürfnis, mich ins Bett zu legen, ein Video einzulegen und mir von Mutti eine Hühnersuppe ans Bett bringen zu lassen. Danach sah es allerdings nicht aus. Vor allem nicht nach einem Video, denn Smári hatte nicht einmal einen Fernseher.

Flüge haben den wunderbaren Nebeneffekt, Erkältungen noch zu verschlimmern. Als ich mich in dem kleinen, auf Hochglanz polierten Flughafen Keflavík durch den Zoll schleppte, drehte sich alles in meinem Kopf. Auf dem Parkplatz wartete ein Bus, doch ich war kaum zwei Schritte ins Freie gegangen, als ich auch schon bibbernd zurück in die Halle rannte. »Scheiße, ist das kalt!« Das sollte ich in den nächsten Tagen ungelogen noch mindestens hundert Mal sagen. Es war die Art von Kälte, die man bis auf die Knochen spürt.

Bis ich alles angezogen hatte, was ich in meinem Rucksack finden konnte, war der Bus natürlich längst abgefahren. Gut, dachte ich, es kommt bestimmt gleich wieder einer. Falsch gedacht, Watson. Der nächste Bus ließ noch drei Stunden auf sich warten. Der Fahrplan richtete sich nach der Ankunft der eher seltenen internationalen Flüge.

Nachdem ich festgestellt hatte, dass die Bank, die Touristeninformation und der Fahrkartenschalter für die Busse geschlossen waren, machte ich mich auf die Suche nach etwas Essbarem. Bei Erkältung essen, bei Fieber trinken, hatte mir meine Mutter immer eingeschärft. Leider konnte ich mir das Essen kaum leisten. »Scheiße, ist das teuer!« Auch das sollte ich in den nächsten Tagen ungelogen mindestens noch hundert Mal sagen. Das einfachste (sprich billigste) Sandwich kostete umgerechnet acht Euro. Das war allerdings in dem etwas vornehmeren Café in der oberen Etage. Vielleicht war der Laden im Untergeschoss ja billiger. Das war er in der Tat. Dasselbe Sandwich kostete dort nur umgerechnet sieben Euro. Zumindest glaube ich, dass es ein Sandwich war, das ich mir da ansah. Es sah aus wie ein mit Ei belegtes Brötchen, doch es nannte sich *sómasamloka rækjusalat*. Als ich mir das Etikett genauer ansah, verstand ich auch, warum es so teuer war. Es enthielt so exquisite Zutaten wie *smjörliki* und *mjölmeðhöndlunarefni* (Wie das wohl klingt, wenn man das mit vollem Mund ausspricht?).

Island selbst sah auch ziemlich lecker aus. Kaum hatte der Bus den Parkplatz verlassen, fuhren wir durch ein surreales Lavafeld, das mich an dicke Brocken geschmolzener Schokolade erinnerte. Weit und breit war kein Baum und kein Grashalm in Sicht.

Zwanzig Minuten später sah es aus wie in Legoland: Mitten in dieser unwirtlichen Landschaft lag Reykjavík. Die nördlichste Hauptstadt der Welt ist ein Gewirr aus alten Holzhäuschen mit Blechdächern in kräftigen Primärfarben und futuristischen Gebäuden aus Beton, Stahl, Glas und Lava. Die Szenerie erinnerte mich an ein dramatisches Bühnenbild: Vor den dunklen, schroffen und schneebedeckten Bergen im Hintergrund und dem blauesten Himmel, den man sich vorstellen kann, wirkten die Häuser umso bunter.

Der Busbahnhof lag am Stadtrand zwischen zwei stark befahrenen Straßen und einem Feld. Als wollte mich jemand daran erinnern, dass es draußen nicht so kuschelig warm war wie im Bus, lagen große Eisschollen auf dem Boden. Draußen vor dem Bahnhof wartete nur eine einzige, verlassene Person auf den Bus. Es war Smári. Das Erste, was ich zu ihm sagte, als ich ausstieg, war: »Ist dir nicht kalt?« Smári hatte nur ein dünnes Jäckchen und ein langärmeliges T-Shirt an (und natürlich eine Hose). »Nein, ich find's ganz angenehm«, antwortete er, während ich zu schnattern begann. Smári hatte lange, blonde Locken, die zu einem Pferdeschwanz zusammengebunden waren. Außerdem trug er eine schwarze Melone. Obwohl Smári nie in Irland gelebt hatte, sprach er Englisch mit einer irritierenden Mischung aus isländischem Akzent und irischem Singsang. Er klang wie der verschollene Sohn von Bono und Björk. Sein irischer Vater hatte sich bei einem Urlaub auf Island in ein isländisches Mädel verliebt und war geblieben.

Auf einem strammen zehnminütigen Marsch zu Smáris Wohnung kamen wir an einem großen, modernen Gebäude mit Glasfassade vorüber. »Hier arbeite ich«, freute er sich. Auf einer Tafel am Eingang stand »deCODE Genetics Corporation«.

»Ich war allerdings schon eine ganze Weile nicht mehr da«, fügte er hinzu. Smári hatte sich seit drei Wochen nicht mehr bei seiner Arbeit blicken lassen. »Ich arbeite, wann's grade passt. Sie wissen, dass ich lernen muss«, sagte er achselzuckend.

»Und, äh, was machen die da?«

»Es ist ein biopharmazeutisches Unternehmen, das mithilfe seiner Entdeckungen aus der menschlichen Genforschung sowie DNA-basierter Diagnostik, Bioinformatik, Genotypologie und struktureller Biologie Medikamente entwickelt.« Ich hatte nur Bahnhof verstanden, aber es kam noch dicker: »Island ist die führende Nation in der Genforschung, weil wir mit unserer nationalen Gendatenbank erfolgreich Genstämme identifizieren können. In dieser Datenbank werden die medizinischen Befunde, Verwandtschaftsverhältnisse und genetischen Daten jedes einzelnen Isländers registriert. Island ist ein ideales Testgebiet für Genforschung, weil der Genpool weitgehend unverfälscht ist.« Mit anderen Worten, das ganze Land ist eine einzige große und möglicherweise ein bisschen inzüchtige Familie.

»Kein Isländer ist von einem anderen weiter als acht Verwandtschaftsgrade entfernt«, behauptete Smári. »Wir haben eine Website mit Familienstammbäumen, auf der sämtliche Isländer verzeichnet sind. Du kannst zwei beliebige Namen eingeben und der Computer spuckt dir einen gemeinsamen Verwandten aus.«

Während wir die zugefrorenen Pfützen umgingen, forderte mich Smári auf, ihm zwei berühmte Isländer zu nennen.

»Ich kenne zwei!«, rief ich stolz. »Björk und Eiður Guðjohnsen.« Guðjohnsen spielte früher bei Chelsea und ist vermutlich der berühmteste Sportler der Insel.

»Björk und ich haben dieselbe Urururgroßmutter«, antwortete er. »Und Eiður Guðjohnsen ist mein Onkel.«

»Wow! Dein Onkel!«

»Okay, das ist gelogen. Ich habe noch nicht nachgesehen, aber er ist wahrscheinlich ein Cousin oder so.«

Smári machte allerdings einige überraschende Entdeckungen, als die Seite online ging. Der Urgroßvater seines besten Freundes war beispielsweise der Bruder seines Urgroßvaters.

Smári lebte in einem »Studentenwohnheim«, einer Reihe von

Wohnblocks in der Nähe der Universität. Vor dem Eingang stand ein Fahrradständer voller nicht angeketteter Fahrräder. Auch Smáris Wohnungstür war nicht abgeschlossen, und er konnte sich nicht einmal daran erinnern, wann er seinen Haustürschlüssel zum letzten Mal gesehen hatte. Ich nehme an, der Diebstahl hält sich in Grenzen, wenn der Bestohlene ein Cousin zweiten Grades sein könnte.

Als ich Smáris Studentenbude betrat, zuckte ich zusammen. Es stank nach einer hochgiftigen Mischung aus vergammelten Socken und verfaulten Eiern. Während unserer Tour durch sein Apartment würgte es mich ein paarmal. Die Führung fiel recht kurz aus, da die Wohnung lediglich aus zwei Räumen bestand. Das kleine Wohn-Schlaf-Arbeitszimmer war hoffnungslos mit Möbeln vollgestopft. Auf engstem Raum drängten sich ein Doppelbett, Küchenschränke, eine Spüle, ein Kühlschrank, ein Herd, ein kleiner Schreibtisch mit Computer, ein Bücherregal und ein Sofa, das sogar noch kleiner war als Josés Minicouch in Santiago. Nicht dass man allzu viel von Sofa, Bett oder Schreibtisch gesehen hätte, denn sämtliche Oberflächen waren unter leeren Plastikflaschen, Chipstüten und Verpackungen von Fertigsuppen verschwunden. Auf der Couch lagen einige offene Pizzaschachteln mit angebissenen Pizzastücken. Eine typische Studentenbude eben, wie ich sie selber auch bewohnt habe.

»Das ist mein Bett?«, fragte ich mit ernster Miene.

»Nein. Für dich habe ich das hier«, sagte Smári und zerrte eine Luftmatratze unter seinem Bett hervor. Das war mal etwas Neues.

Noch etwas irritierte mich an diesem Zimmer. Eine große Tafel an der Wand und die Glastür zum Balkon waren über und über mit den Kritzeleien eines Irren vollgeschmiert. So sah es zumindest aus. In Wirklichkeit handelte es sich um komplizierte mathematische Formeln, die Smári für einen seiner Kurse bearbeitete. »Ich arbeite schon seit einer Woche an dieser Berechnung und ich bin immer noch nicht dahintergekommen«, sagte er und schrieb ein $x^2=y^2$ unter das Gewirr von Symbolen und Zahlen.

Ich konnte ihm leider auch nicht weiterhelfen, denn ich kann Pi nicht von Pipi unterscheiden. Ich verstand nicht mal die Titel der Kurse, die Smári belegte, darunter Anwendungen des Linearen Modells der Statistik, Algorithmenanalyse, Numerische Analyse und Leben im Universum.

»An einer besonders heftigen Formel habe ich mal stundenlang gearbeitet und habe es einfach nicht rausgekriegt«, erinnerte sich Smári. »Dann bin ich in eine Kneipe und habe mich besoffen. Als ich am nächsten Morgen aufgewacht bin, habe ich gesehen, dass ich im Suff die ganze Tafel vollgeschmiert hatte.«

»Und, hat es einen Sinn ergeben?«

»Ja, es war die richtige Lösung.«

Unser kurzer Rundgang endete im Bad, wo es noch fieser stank. Und da sah ich sie auch: Die übel riechenden Schuldigen waren Smáris Socken, die über der Stange des Duschvorhangs hingen. Smári muss wohl gesehen haben, wie ich mich wand, denn er sagte: »Wir sind so an den Gestank gewöhnt, dass wir vergessen, dass es für die anderen ungewohnt ist.«

»Ja, es muffelt ein bisschen«, presste ich zwischen den Zähnen hervor.

»Gewöhn dich dran, hier riechen alle Wohnungen so.«

Daraus musste ich schließen, dass Island unter einer Fußpilzepidemie litt.

»Es ist der Schwefel im Wasser«, fügte er hinzu.

Aha, also nicht die Socken. Smári erklärte mir, die gesamte Insel sei wie ein einziger riesiger Vulkan, der auf einer dünnen Erdschicht über einem brodelnden Kessel aus geschmolzenem Gestein schwimme. Daher gibt es in Island eine Menge schwefelhaltiger Thermalquellen, die leider etwas streng riechen. Dafür haben die Isländer aber grenzenlos heißes Wasser zur Verfügung, mit dem sie ihre Häuser heizen und im Winter sogar die Straßen und Gehsteige eisfrei halten.

Wenn sie nur ein bisschen die Heizung auf dem Gehsteig aufgedreht hätten! Wir waren kaum wieder aus dem Haus, um in die Innenstadt zu gehen, als ich wieder zu frieren anfing (sehr zu meinem Bedauern hatte Smári kein Auto). Als wir an einem zugefrorenen See mit dem Namen Tjörn vorbeikamen (*tjörn* ist das isländische Wort für Teich), sah ich, dass eine Seite eisfrei war und sich hier Enten und Schwäne drängten.

»Ich frage mich, warum diese Seite nicht zugefroren ist«, sagte ich beiläufig.

Während der nächsten zehn Minuten erklärte mir Smári das Phänomen mithilfe komplexer mathematischer Formeln. Irgendwas mit Dichte des Wassers mal Volumen mal die Fluggeschwindigkeit einer nicht beladenen Schwalbe. Oder so ähnlich.

Wir gingen durch die gepflasterten Straßen mit ihren farbenfrohen, spitzgiebeligen Häusern. Die untergehende Sonne warf lange Schatten und verlieh der Stadt einen goldenen Glanz. »Um diese Jahreszeit geht die Sonne um halb sechs unter«, sagte Smári.

»Und zur Wintersonnenwende?«

»An Weihnachten geht die Sonne gegen Mittag auf und zwei Stunden später wieder unter.«

Oh, das muss aber deprimierend sein, dachte ich mir.

»Im Winter leiden viele Leute unter Depressionen«, fuhr er fort. »Und im Sommer leiden sie unter Schlaflosigkeit. Das ist genauso deprimierend.« Im Hochsommer geht die Sonne um Mitternacht unter und weniger als drei Stunden später schon wieder auf.

Im Zentrum angekommen gingen wir in ein Café und genehmigten uns ein Bier. Die Mehrzahl der hippen, cool aussehenden Gäste tippte eifrig in ihre Laptops. »Fast jede Kneipe und jedes Café hat Internetzugang«, erklärte mir Smári, während wir bestellten. »Wir haben weltweit die meisten Internetanschlüsse pro Kopf.«

Und vermutlich auch weltweit die meisten Cafés, in denen keiner ein Wort redet. Selbst Freunde, die zusammen an einem Tisch saßen, vergruben sich in ihre eigenen virtuellen Welten.

Nachdem ich schließlich meine Kinnlade wieder eingerenkt hatte, die mir heruntergefallen war, als ich hörte, dass das Bier umgerechnet acht Euro kostete, nahm ich meinen ersten Schluck. Es schmeckte widerlich. Vielleicht war es ja gar nicht schlecht, doch mit meiner Erkältung schmeckte es wie Spülwasser. Ehe ich zweimal nippen konnte, hatte Smári sein Bier schon ausgetrunken. Wenn ich mit ihm mithalten wollte, würde ich meine Hypothek aufstocken müssen. Ich hatte eigentlich keinen Appetit auf Bier, aber da es acht Euro kostete, leckte ich auch noch das letzte Schaumflöckchen (im Wert von einem Euro) aus dem Glas.

Auf dem kurzen Weg vom Café in die Innenstadt zeigte mir Smári das Hofdi-Haus, wo Ronny Reagan und Michail Gorbatschow 1986 zu dem Schluss gekommen waren, dass es vielleicht doch keine so gute Idee war, mit Nuklearwaffen aufeinander zu zielen. Smári zeigte mir auch noch alle möglichen anderen Sehenswürdigkeiten, aber mit meinem von der Erkältung vernebelten Hirn hatte ich Probleme, alles aufzunehmen.

Die Innenstadt wirkte mehr wie ein Dorfkern. In der Hauptstraße Laugavegur reihten sich zwar Modeboutiquen, Kneipen, Discos, Theater und Restaurants aneinander, doch irgendwie wirkte alles winzig. Wir kamen am Büro des Premierministers vorbei, einem bescheidenen zweistöckigen Gebäude ohne Absperrungen und Wachleute. »Island ist wahrscheinlich das einzige Land der Welt, in dem der Premierminister im Telefonbuch steht«, bemerkte Smári.

Wenn ich ihn im Telefonbuch suchen wollte, erklärte er mir, müsste ich allerdings unter dem Vornamen nachschlagen, da sich alle Isländer mit Vornamen anreden. Nachnamen sind nichts anderes als der Vorname des Vaters mit dem Anhängsel »dóttir« für Frauen oder »son« für Männer.

»Hier kannst du ein schönes Beispiel für den Sarkasmus der Isländer bewundern«, sagte Smári, als wir an einem kleinen Gebäude aus blauem Naturstein vorüberkamen. »Das war mal das Gefängnis und ist heute das Finanzministerium.«

Obwohl Reykjavík nur so groß ist wie eine mittlere Provinzstadt, ist es eine richtige Landeshauptstadt mit allem Drum und Dran: Regierungsgebäuden, Medien, Künsten, Museen, Unternehmenszentralen und allem, was sonst so nötig ist, um ein Land zu verwalten. Laut Smári ist die Bevölkerung intelligent, attraktiv und müffelt ein bisschen. Island hat mehr Nobelpreisträger und Schönheitsköniginnen pro Kopf hervorgebracht als jedes andere Land der Welt, und 60 Prozent des Volkseinkommens stammen aus der Fischerei.

Im Zentrum trafen wir Smáris Freund Johann, um »in einem der billigsten Läden in der Stadt« einen Happen zu uns zu nehmen. Ich hatte nichts gegen den Vorschlag einzuwenden, genauso wenig wie mein Konto.

»Ich habe dir auch meine Couch angeboten«, sagte Johann, als wir uns trafen. »Aber du hast mir geantwortet, du hättest schon eine.«

»Ah, du bist der mit dem Roboter Benjamin!«

»Genau.«

»Und wie geht's dem?«

»Gut. Aber er hat heute Abend zu tun.«

Was für ein Zufall. Johann war Smáris bester Freund. Und sein Cousin dritten Grades.

Das Restaurant sah billig aus, aber das Billigste auf der Speisekarte waren Crêpes für umgerechnet elf Euro. Die bestellte dann auch jeder. Genau wie Smári hatte Johann einen Job, der irgendwas mit Logarithmen und pythagoräischen Theoremen zu tun hatte. Und wie sein Freund trug er ein dünnes Jäckchen und darunter ein T-Shirt. Als ich sie fragte, ob sie beide nicht ein bisschen leichtsinnig wären, klärte mich Johann auf, der Polarkreis sei zwar nur 300 Kilometer entfernt, doch der Golfstrom sorge dafür, dass es in Reykjavík auch im Winter nicht allzu kalt würde.

»Aber es ist eisig«, schlotterte ich.

»Wir sind's gewöhnt«, erwiderte Johann. »Selbst im Sommer haben wir hier nur Durchschnittstemperaturen von um die 13 Grad.«

»Vor ein paar Jahren hatten wir im Sommer mal 23 Grad«, erinnerte sich Smári strahlend.

»Das ist mir viel zu heiß«, stöhnte Johann. »Für mich ist null Grad die Idealtemperatur.«

Nachdem wir unsere Crêpes gefuttert hatten, rief Smári: »Lasst uns was essen gehen!«

Die Crêpes waren offenbar nur die Vorspeise gewesen.

Als wir die Straße hinuntergingen, sagte Smári: »Wir gehen in das berühmteste Restaurant Islands.«

Oh Schreck. Wenn einfache Crêpes schon elf Euro kosteten, wie teuer war dann das berühmteste Restaurant der Insel?

»Hier essen Staatsgäste, Stars und Politiker«, erklärte er weiter. »Präsident Clinton hat zwei Mal hier gegessen.«

Oh je. Vermutlich kostete die Suppe 50 Euro.

Ich wollte gerade anmerken, dass ich eigentlich nach den Crêpes gar keinen Hunger mehr hatte, als wir um eine Ecke bogen und Smári ausrief: »Hier sind wir!« Wir standen vor einem Hotdog-Stand.

»Das ist das berühmteste Restaurant in ganz Island«, sagte Smári stolz. Der Hotdog-Stand hieß *bæjarins bestu pylsur*, was so viel heißt wie »die besten Hotdogs der Stadt«. Aber es waren nicht nur die besten Hotdogs der Stadt. An der Wand hing ein Artikel der britischen Tageszeitung *The Guardian*, die *bæjarins bestu pylsur* zum besten Hotdog-Stand in ganz Europa gekürt hatte.

»Es gibt sogar einen Bill-Clinton-Hotdog«, sagte Smári.

Wir bestellten *pylsa* mit allem. Und das Beste war: Weil einer von Smáris Kumpels von der Universität hinterm Tresen stand, bekamen wir die Hotdogs umsonst.

Johann musste nach Hause. »Meine Wohnung ist ein Saustall, und um Mitternacht kriege ich Besuch von einer Couchsurferin aus Australien«, sagte er, ehe er losdüste. Inzwischen war es dunkel geworden und die Sternbilder am Himmel funkelten so hell, dass man fast die Hand nach ihnen ausstrecken wollte. Einige waren so hell, dass sie aussahen wie Flugzeuge im Landeanflug.

»Meinst du, dass Couchsurfer und ihre Gastgeber es manchmal, äh, machen?«, fragte ich, während wir zu Smáris Apartment zurückstapften. »Keine Sorge«, fügte ich eilig hinzu. »Das ist keine Anmache, ich hab nur grade an Johann und das Mädel aus Australien gedacht.«

»Johann hat eine Freundin. Aber ich denke auch so nicht, dass es allzu oft passiert.«

»Kann sein. Das ist ganz schön schleimig, wenn du als Gastgeber ein Mädel anmachst, das du zu dir nach Hause eingeladen hast. Und umgekehrt ist es noch schlimmer, wenn ein Mädel dich einlädt und du zu ihr ins Bett kriechen willst.«

Ein paar Minuten später kamen wir an einem Buchladen vorbei. Smári fragte mich: »Hast du was dagegen, wenn wir kurz reingehen?«

»Im Gegenteil«, freute ich mich. Um ein paar Minuten ins Warme zu kommen, wäre ich sogar in einen Staubsaugerladen gegangen. Der Buchladen hieß Mals & Menningar und hatte eine große Auswahl an isländischen und englischsprachigen Büchern.

»Island hat eine der höchsten Alphabetisierungsraten der Welt. Hier werden pro Kopf mehr Bücher veröffentlicht als irgendwo sonst«, informierte mich Smári, während ich durch einen isländischen Harry Potter (*Harry Potter og eldbikarinn*) blätterte.

Wieder in Smáris Wohnung entdeckte ich auch, warum er so viele Fakten und Trivia über Island und den Rest der Welt parat hatte. Smári war einer der eifrigsten Autoren der isländischen

Wikipedia und hatte einige Tausend Artikel beigesteuert. Es ist schon erstaunlich, zu was man so kommt, wenn man keinen Fernseher hat. Außerdem arbeitete Smári an einem Roman. Auf Englisch. Es handelte sich um einen historischen Fantasyroman, der auf Island spielte. Wenn Smári auch noch einen Verleger für sein Buch fand, dann gehörte er zu den zehn Prozent der isländischen Bevölkerung, die im Laufe ihres Lebens mindestens ein Buch oder einen Gedichtband veröffentlichen.

Smári erzählte mir, er verbringe viel Zeit am Computer, entweder mit Schreiben, Recherchieren, Programmieren oder – hin und wieder – mit einem heruntergeladenen Kinofilm. Im Laufe meiner Reise konnte ich aus erster Hand miterleben, wie sich die Welt dank des Internets in eine große Wohngemeinschaft verwandelt. Auf YouTube zeigte mir Smári ein Video, das mir Bob in Chicago und Pedro in Rio auch schon gezeigt hatten. Die Internetnutzer in jedem Winkel der Erde sehen dieselben YouTube-Videos, lesen gegenseitig ihre Blogs, verkaufen sich über eBay gegenseitig ihren Trödel, suchen Information bei Wikipedia, chatten in MySpace und Facebook und googeln wie verrückt.

Dann wollte ich Smári auch etwas im Internet zeigen. Als ich unter Google nach der Seite suchte, fragte er mich: »Weißt du, wie eine Suchmaschine funktioniert?«

»Äh, du gibst da oben in der Suchzeile was ein und das Programm findet Seiten, auf denen das Wort vorkommt, oder?«

»Google weist jeder Internetseite einen Wert von 0 bis 10 zu. Das ist die Bedeutung, die diese Seite laut Google hat«, erklärte Smári, wischte die Berechnungen von der Glastür und fing an, scheinbar willkürlich Kästchen mit Zahlen und Buchstaben zu kritzeln. »Das nennt sich Seitenrang und ... blablabla ... logarithmische Links ... blabla ... Algorithmen ... blablabla ... Hyperlinks ...«

Smári malte noch immer Kästchen und Zahlen, als ich schon die Luftmatratze aufgepumpt und mich auf sie gekuschelt hatte.

Als ich um vier Uhr morgens aufwachte, lag ich auf dem harten Boden. Meiner Matratze war die Puste ausgegangen. Ich versuchte, sie wieder aufzublasen, doch das Ventil war viel zu groß für meinen Mund. Dann erinnerte ich mich an eine elektrische Pumpe, die ich unter Smáris Bett gesehen hatte. Auf Zehenspitzen schlich ich mich an Smári vorbei und stöpselte die Pumpe ein. Leise knipste ich den Schalter an, um Smári nicht mit einem lauten Klicken zu wecken. Und dann ...

»BRRRRRRUUUUUUUUUUUUUMMMMMMMMMM!«

Die Pumpe machte mehr Lärm als ein Kleinflugzeug beim Start. Smári schoss aus dem Bett und klatschte mit einem lauten Plumps auf den Boden. »Was? Scheiße! Wer?«, schrie er wild um sich blickend.

Später, als ich wieder aufwachte, saß Smári bereits in seinen Boxershorts am Computer und sah eine Folge der Science-Fiction-Serie *Babylon 5*. »Sieht so aus, als würde es schön heute«, sagte ich. Die Morgensonne schien hell durchs Fenster.

»Ja, es wird heiß«, erwiderte Smári, ohne vom Bildschirm aufzusehen. »Es soll bis zu null Grad geben.«

Wenn man sich erst mal an den Gestank von faulen Eiern gewöhnt hat, ist Duschen auf Island ein Genuss. Weil es grenzenlos heißes Wasser gibt, kann man duschen, so lange man will. Ich stieg erst nach einer halben Stunde aus der Dusche, nachdem Smári gefragt hatte, ob ich in den Abfluss gefallen sei.

Da Smári seinen Kurs zur Algorithmenanalyse besuchen musste, machte ich mich allein auf die Suche nach isländischen Göttinnen. Seit ich ein Foto von fünfzig umwerfend schönen Isländerinnen gesehen hatte, die in der Blauen Lagune planschten, wollte ich diesen Ort unbedingt besuchen. Nebenbei hoffte ich, dass die wohltuenden und belebenden Thermalquellen mir helfen würden, meine Erkältung loszuwerden.

Als ich die Wohnung verließ, saß Smári noch immer in Unterhosen vor dem Computer und sah *Babylon 5*.

Meine Therapie begann mit einem Dampfbad. Ich hatte keine andere Wahl. Im Bus war es so heiß und stickig, dass ich bald nur noch im T-Shirt dasaß. Ich hatte kurzzeitig Angst, ich würde wie Smári nur noch meine Unterhosen anhaben, wenn wir zur Blauen Lagune kamen.

Die Ausfallstraße sah aus, als hätte jemand eine nagelneue Autobahn auf den Mond gebaut. Mindestens ebenso fehl am Platz wirkten die bunten Häuschen, ein Tupfer Rot hier, ein Tropfen Gelb da, die mitten in der Felslandschaft saßen.

Bei der Ankunft an der Blauen Lagune fielen mir als Erstes die dichten Dampfwolken auf, die aus dem Geothermalkraftwerk nebenan aufstiegen. Inmitten der gewaltigen monochromen Vulkanlandschaft lag die Lagune selbst, die allerdings eher milchig weiß als blau war.

»Die Blaue Lagune fasst sechs Millionen Liter geothermales Salzwasser (zu zwei Dritteln Salz- und zu einem Drittel Süßwasser), die aus einer Tiefe von 2000 Metern unter der Erdoberfläche nach oben strömen. Das Wasser der Lagune erneuert sich alle vierzig Stunden einmal vollständig.« Das stand auf einer Tafel in dem sehr schicken und modernen Informationszentrum bzw. Kartenschalter bzw. Umkleidekabine bzw. Souvenirladen.

Es war ein merkwürdiges Gefühl, barfuß und in Badehosen durch ein Lavafeld mit gefrorenen Pfützen zu rennen. Der Dampf stieg in dichten Schwaden aus der Lagune in den strahlend blauen Himmel auf. Durch den Nebel erschienen die übrigen Besucher wie geisterhafte Schemen. Die meisten ließen sich einfach im Wasser treiben, einige standen am Rand und schlürften Cocktails.

Die Wassertemperatur war optimal. Ich ließ mich in die Lagune gleiten und planschte in der größten Badewanne, die ich je gesehen habe. Es war ein wenig surreal, im Freien zu schwimmen, während die Rettungsschwimmer in Skijacken, Wollmützen und Fausthandschuhen am Rand standen. Durch den Nebel hätten sie die Ertrinkenden sowieso nicht sehen können. Die aufsteigenden Dampfwolken verdeckten mal die Sonne, mal gaben sie den Blick auf die Rohre und Kuppeln des Kraftwerks frei.

Es waren einige Besucher in der Lagune, aber hübsche isländische Frauen konnte ich keine entdecken. Vielleicht war Seniorentag, denn die Besucher waren hauptsächlich von der faltigen Fraktion. Obwohl ich nach einer halben Stunde im Wasser auch ganz gut verschrumpelt war.

Während ich mich im Wasser aalte, tauchten schließlich doch noch zwei Mädels wie Engel aus dem Nebel auf. Sie waren groß und schlank, ihre Augen waren blau wie der arktische Himmel, ihr Haar gülden wie die Sonne, ihre Haut so milchig-zart wie Vanilleeis und ihr Lächeln so warm, dass sie das kälteste Nordlicht erwärmt hätten. Ich hatte meine erträumten isländischen Schönheiten gefunden. Da drehte sich eine zur anderen und sagte: »This place is fuckin' wicked, innit?« Meine isländischen Sirenen kamen aus dem Londoner East End.

Nach etwa drei Stunden im Wasser waren selbst meine Schrumpel so verschrumpelt, dass ich aus dem Wasser stieg und mich eine Viertelstunde unter die Dusche stellte. Die Blaue Lagune hatte mir den Atem geraubt, aber mir blieb vollends die Luft weg, als ich sah, was in der Cafeteria ein Hamburger kostete. 22 Euro. Ohne Ketchup. Ich zahlte den astronomischen Preis jedoch gern, denn ich hatte einen fantastischen Vormittag genossen. Das Beste war aber, dass meine Nase und mein Kopf wieder frei waren.

In meiner Anfrage hatte ich mich Smári als ausgezeichneten Tellerwäscher angepriesen. Darauf hatte er geantwortet:

Ich wasche grundsätzlich nicht ab. Das Geschirr spült schließlich ein übellauniger Typ, der gewisse Ähnlichkeit mit mir hat. Ich überlasse es dir gern.

Jedes einzelne Trinkgefäß in Smáris Apartment war schmutzig. Smári war dazu übergegangen, aus der Flasche zu trinken, nur um kein Glas spülen zu müssen. Nachdem ich das schmutzige Geschirr beseitigt hatte, sammelte ich die leeren Plastikflaschen ein. Der Abfall füllte schließlich zwei große, schwarze Müllsäcke.

»So sieht meine Wohnung also aus!« rief Smári, als er von seinem Kurs Anwendungen des Linearen Modells der Statistik zurückkkam.

Wir gingen in den kleinen Supermarkt nebenan, um uns ein Abendessen zu besorgen. Wir kauften Tütensuppen und einige leckere, donutähnliche Gebäckstücke. Ich habe keine Ahnung, um was es sich genau handelte, aber es war das Billigste, was wir im ganzen Supermarkt auftreiben konnten. »Dann lass uns mal ein paar billige Biere trinken gehen«, sagte Smári nach dem Essen.

Das billige Bier gab es im Mathematikerclub, der in einem eigenen »Clubraum« in der Nähe der Universität untergebracht war. Als wir vor die Tür traten, sah ich in den Himmel und erstarrte.

»Mein Gott! Unglaublich!«

»Ach, das ist nur das Nordlicht«, sagte Smári gelangweilt.

Wie hypnotisiert starrte ich auf das schimmernde und glitzernde Lichtwunder, das wie ein smaragdgrün leuchtender Vorhang über den Nachthimmel schwebte.

»Das ist nur Durchschnitt.« Smári marschierte los. Er hatte Wichtigeres im Sinn. »Wenn wir zu spät kommen, haben sie uns das ganze Bier weggetrunken«, drängte er.

Der Clubraum der Mathematiker war ein Container, wie ihn Arbeiter auf dem Bau als Umkleideraum verwenden, und platzte vor sturzbetrunkenen Mathematikern fast aus den Nähten. Nachdem wir den Raum betreten hatten, brauchten meine Augen eine Weile, um sich an das grelle Neonlicht zu gewöhnen. Eine der Wände war zu einer Tafel umfunktioniert und von oben bis

unten mit unverständlichen Formeln und Symbolen vollgeschmiert. Ein gutes Dutzend Studenten lungerte auf Sofas rund
um einen großen, mit leeren Bierflaschen vollgestellten Kaffee-
tisch und sah zwei pickeligen Jungs beim Schachspielen zu. Die
Jungs waren entweder rund und pickelig oder dürr und pickelig.
Es waren auch drei Mädels da, eine hübscher als die andere. Aus
einem Lautsprecher, in den ein iPod eingestöpselt war, dröhnte
eine Highschool-Rockband, während ein Student mit langen, fettigen Haaren auf und ab sprang und Luftgitarre spielte.

Smári stellte mir einige seiner Kommilitonen vor, doch ich
hatte keine Chance, mir ihre Namen zu merken. Ich war nicht
einmal in der Lage, sie auszusprechen. Einer hieß Gunnlaugur, ein
anderer Örlygur, ein dritter Þóroddur und wieder ein anderer
Loðmundarfir. So sah zumindest das aus, was sie mir auf einen
Zettel kritzelten, als ich sie bat, mir ihr Namen aufzuschreiben.
Vielleicht waren sie einfach zu betrunken, um ihre in Wirklichkeit kurzen und einfachen Namen in leserlicher Form zu schreiben. Einer der Jungs war so voll, dass er kaum noch gerade stehen konnte, während er einige komplizierte Formeln an die Tafel
kritzelte. Er schwankte vorwärts und rückwärts, um seine wir-
ren Berechnungen im Blick zu behalten.

Wir blieben gut zwei Stunden. Alle waren supernett. Mit Ausnahme des schwankenden Studenten, der zwanzig Minuten lang
auf mich einredete, um mir zu erklären, warum Mathematik besser sei als Physik. »Hab ich recht?«, lallte er und stieß mir seinen spitzen Zeigefinger in die Brust.

Meiner Matratze ging mitten in der Nacht wieder die Luft aus,
weshalb Smári das Pech hatte, die bislang schlechteste Couchnote zu bekommen:

Couchnote: 4 von 10
Plus: Das Bett war weich und platt
Minus: Das Bett wurde sehr weich und sehr platt

Smári musste eine Vorlesung über spitze Winkel oder etwas Ähnliches besuchen und schlug vor, ich solle doch eine Führung zu den Naturwundern Islands mitmachen. Im Internet fand ich unter anderem eine Trollsafari in den Lavahöhlen von Hafnarfjörður (offenbar glauben viele Isländer an die Existenz von Elfen, Feen, Zwergen und Trollen). Schließlich entschied ich mich für eine Tour mit dem Namen Golden Circle.

Ich schaffte es gerade noch rechtzeitig zum Busbahnhof. Als ich wieder einigermaßen bei Puste war, hatten wir Reykjavík bereits hinter uns gelassen. Nach einer vierzigminütigen Fahrt verließen wir die Mondlandschaft und kamen in die mongolische Steppe, in deren blassbraunen Hügeln die berühmten isländischen Pferdchen weideten. Seltsam, je mehr ich reise, umso mehr erinnert mich jeder Ort an irgendeinen anderen.

Als wir an einer kleinen Baumgruppe vorüberkamen, informierte uns der Reiseführer, es handele sich um den größten Wald Islands. Der »Wald« war kaum größer als ein Fußballfeld.

»Was machst du, wenn du dich in einem isländischen Wald verirrst?«, fragte der Reiseführer. »Aufstehen!«

Ein heulender Wind drückte die Bäume des »Waldes« beinahe bis hinunter auf den Boden. Auch der Bus wurde hin- und hergeschleudert wie ein Spielzeugauto, doch der Reiseführer nannte diesen mittleren Orkan »eine leichte Brise«.

Unsere erste Station war ein Dörfchen mit dem Namen Hveragerði. »Die Gebäude sind ein herausragendes Beispiel für den isländischen Barock«, informierte uns der Reiseführer grinsend. Ein japanischer Tourist hinter mir schoss ein Foto nach dem anderen. »Ah, isländischer Barock!«, wiederholte er begeistert. Das Dorf bestand aus schlichten Holzhäuschen.

Unser Besuch in Hveragerði galt einem der vielen Gewächshäuser des Ortes, die mit heißen Quellen beheizt werden und in denen das Obst und Gemüse wächst, das auf der Insel verkauft wird. Das größte davon hieß Eden. Der Weg in das eigentliche Gewächshaus führte durch einen Souvenirladen, vorbei an

Adam-und-Eva-Toiletten. Drinnen befand sich ein saftig grüner, tropischer Garten mit gewundenen Pfaden, Parkbänken und Käfigen mit tschilpenden Wellensittichen. Wenn der Winter die Insel fest in seinem deprimierenden Griff hat, besuchen die Isländer den Garten Eden, um unter der künstlichen Beleuchtung zu promenieren, Picknicks zu veranstalten und so zu tun, als verbrächten sie einen Sommertag im Park (obwohl es natürlich kein isländischer Sommertag sein kann, denn der käme ja nur auf 13 Grad).

Wieder im Bus saß ich neben einem Kanadier. Ich war etwas überrascht, als sich herausstellte, dass auch Nick ein Mitglied der Couchsurfing-Gemeinde war. Diesen Teil der Reise verbrachte er allerdings nicht auf einem Sofa. Da er sich nur ein paar Tage auf Island aufhielt, hatte er sich für ein komfortables Hotel entschieden (wo er vermutlich nicht mitten in der Nacht Matratzen aufpumpen musste). Für jeden Tag seines Aufenthalts hatte Nick eine andere Tour gebucht. Neben der Golden Circle-Tour standen eine Bootsfahrt zu den Walen, ein Reitausflug und ein Schneemobiltrip auf einem Gletscher im Norden Islands auf dem Programm.

»In anderen Ländern war ich aber ganz gut als Couchsurfer unterwegs«, erzählte Nick.

»Hast du ein paar gute Storys?«, fragte ich.

»Klar. Die meisten Leute, bei denen ich untergekommen bin, waren supernett.«

»Nein, ich meine, warst du mal bei Verrückten oder ist dir mal was Komisches passiert?«

»Ja, schon. Ich war mal bei einem Typen in Petersburg, der allein in einer leeren Wohnung gewohnt hat. Er hatte eine Couch und einen Schrank, aber die Wände waren völlig kahl, er hatte kein einziges Buch im Regal, und es hat absolut nichts herumgelegen. Ich bin spätnachts angekommen und er hat einfach in seiner düsteren, leeren Wohnung herumgesessen. Am nächsten Tag bin ich los, um die Stadt kennenzulernen. Unterwegs bin ich in ein Internetcafé, um meinen Blog zu aktualisieren. Als ich wieder in die Wohnung zurückkam, sagte er zu mir: ›So, du denkst also, ich bin ein unheimlicher Typ und hast Angst, ich könnte dich im Schlaf mit der Axt erschlagen?‹ Ich hatte ganz vergessen, dass er von meinem Blog wusste, und er hatte ihn gelesen.«

»Scheiße. Und was hat er dann gemacht?«

»Er war sogar ganz nett und hat nicht einziges Mal versucht, mich mit der Axt zu erschlagen.«

»Mich hat auch noch niemand mit der Axt bedroht«, sagte ich. »Im Gegenteil, die Leute, bei denen ich bis jetzt war, waren alle auch supernett. Ich finde es unglaublich, was die Leute alles für einen tun.«

»Ich war mal bei einem Ehepaar in San Diego, die waren nicht so nett«, erzählte Nick. »Zumindest nicht zueinander. Kurz bevor ich ankam, hatten sie sich getrennt und waren in eigene Schlafzimmer gezogen. Beim ersten Frühstück haben sich die beiden richtig gezofft. Als ich den Typen gefragt habe, ob er mir die Milch geben könnte, hat er gesagt: ›Frag doch die Scheißschlampe!‹ Sie hat ihm dann ihre Müslischüssel an den Kopf geschmissen.«

Gullfoss ist ein majestätischer Wasserfall, der tosend in eine tiefe, zerklüftete Felsschlucht stürzt. So beschrieb ihn uns jedenfalls der Reiseführer. Durch meine tränenden Augen sah nicht allzu viel davon. Der Wind blies mit mindestens Windstärke 12, die eisigen Tropfen des Wasserfalls pieksten mir ins Gesicht wie Nadeln und raubten mir den Atem. Es war der heftigste Wind, den ich je erlebt habe. Ich kämpfte mich gegen die Böen in Richtung der Aussichtsplattform, doch ich gab auf, als eine zierliche japanische Touristin an mir vorübersegelte.

Unsere nächste Station war der Große Geysir, nach dem alle anderen Geysire benannt sind. Mitten in einer neuen weiten Öde und neben einem riesigen Souvenirladen mit Cafeteria befand sich ein glucksendes Loch im Boden. Wie alle anderen stand ich mit vors Gesicht gehaltener Kamera und halb gedrücktem Auslöser da und wartete, dass der Geysir ausbrach. Wie alle anderen hatte ich die Kamera gerade sinken lassen, als er mit einem spektakulären Rülpser heißes Wasser spuckte. Und wieder wie alle anderen riss ich die Kamera hoch und fotografierte das Dampfwölkchen, das noch über dem Loch schwebte.

Unsere letzte Station war schließlich Þingvellir, wo das erste isländische Parlament im Jahr 930 getagt hatte. Der Weg dorthin führte auf einem Bohlenweg über Bäche, die zwischen der welligen, moosüberwucherten Lava dahinplätscherten, und schließlich hinauf zu Felsen, die aufragten wie Wikingerkrieger. Der Ort selbst war kaum mehr als eine Geröllhalde, doch die Aussicht auf Þingvallavatn, den größten See Islands, war wunderschön (und umso schöner, weil ich hier nicht vom Wind weggeblasen wurde).

Nachdem die anderen Tourteilnehmer vor ihren Hotels ausgestiegen waren, fragte mich der Reiseführer, wo er mich absetzen sollte. Das war eine gute Frage. Wo sollte ich aussteigen? Ich hatte Smáris Adresse vergessen.

Ich dachte kurz nach, dann antwortete ich: »Äh, vor der deCODE Genetics Corporation.«

Fahrer und Führer sahen mir misstrauisch nach, als ich vor dem Eingang ausstieg.

Ich hätte fast einen Freudenschrei ausgestoßen, als ich in Smáris Wohnung kam. Auf dem Boden lag eine richtige Schaumstoffmatratze. »Die hat Johann vorbeigebracht, weil seine Australierin heute hier übernachtet«, teilte er mir mit, als er sah, wie ich sie mit einem sehnsüchtigen Leuchten in den Augen anstarrte. »Johanns Freundin kommt fürs Wochenende vom Land und er will seine Wohnung für sich.«

»Oh«, seufzte ich enttäuscht.

»Aber weißt du was, wir geben die Luftmatratze einfach ihr.«

Johann lud uns zu einem interessanten Essen ein. Interessant vor allem deshalb, weil man nicht allzu oft einen Teller voller

Pferdefleisch und Kartoffeln bekommt. Leider saß Benjamin nicht mit am Tisch – seine Batterien waren leer. Außerdem sollten wir meine Mitsurferin Anna abholen, ein quirliges 21-jähriges Mädel aus Perth. Anna studierte Literatur und Geschichte, doch sie hatte ihr Studium ein Jahr lang ausgesetzt, um durch die Welt zu reisen.

Nach dem Essen fuhr uns Johann ins Zentrum, wo wir genau rechtzeitig zur *rúntur* eintrafen. *Rúntur* bedeutet wörtlich »Rundtour«, doch Smári übersetzte es als »Sauftour, bei der sich sämtliche Einwohner der Stadt hemmungslos betrinken«. Jeden Freitag- und Samstagabend strömt die Jugend Reykjavíks in die Bars, Discos und Cafés und torkelt im Morgengrauen wieder heraus.

Es war schon nach zehn, als wir die Laugavegur hinuntergingen, wo das Nachtleben tobte. Wir mussten uns einen Weg durch die Menschenmengen auf dem Gehsteig bahnen, wo Trauben von Isländern und Touristen, viele schon mehr oder minder angeheitert, heftigst rúnturten.

Im Pravda Club nahmen wir unser erstes Getränk zu uns und ich hatte meinen ersten Herzinfarkt. Ein Glas Bier kostete umgerechnet zehn Euro. Ich bestellte ein Bier und bezahlte mit Kreditkarte – das ist ein guter Maßstab dafür, wie teuer die Getränke waren. Auch die meisten Einheimischen zahlten mit Plastik. Ich stellte mir vor, dass einige ganz schön dumme Gesichter machten, wenn sie am Monatsende die Abrechnung bekamen. Die Karten wurden einfach durch eine Maschine gezogen, man musste nichts unterschreiben und bekam nicht einmal einen Beleg.

Nach der ersten Runde wechselten wir in eine funkige, holzgetäfelte Kneipe (eher eine kleine Bar). Dort trafen wir Smáris Freund Alli, einen lustigen, wohlgenährten Knaben. Alli bestand darauf, eine Runde eines Getränks mit dem ominösen Namen »Schwarzer Tod« zu ordern. Dieses Regionalgebräu, das auf Isländisch *brennivín* heißt, ist nichts anderes als ein Kartoffel-Kümmel-Schnaps, und der Name bedeutet wörtlich Brennwein.

»Das Zeug heißt so, weil es dir den Hals und die Eingeweide ausbrennt«, erklärte mir Alli, kurz nachdem es mir den Hals und die Eingeweide ausgebrannt hatte.

Nebenan war ein irischer Pub mit dem Namen Celtic Cross, der genauso aussah wie jeder irische Pub in jeder Stadt der Welt. Smári begoss seine irischen Wurzeln mit einem Guinness. Mein Gastgeber war ein echter Bierkenner. Er hatte eine eigene Website, auf der er sämtliche Biere, die er je getrunken hatte, auflistete und bewertete. Bisher kam er auf 317 Biersorten. Und das mit 22 Jahren. In seinem Alter hatte ich vermutlich gerade mal drei Biersorten probiert, und das auch nur deshalb, weil ich während eines Streiks der Brauer auf das westaustralische Swan Lager ausweichen musste. Dass Smári überhaupt die Gelegenheit hatte, so viele Biersorten kennenzulernen, ist umso beeindruckender, als auf Island erst seit 1989 Alkohol getrunken werden darf.

Ich bestellte die nächste Runde und war einen Moment lang in Sorge, der Wirt könnte sagen: »Tut mir leid, aber das reicht nicht. Dein Kreditkartenlimit beträgt nur 5000 Dollar.«

Wir saßen in einem kleinen Nebenraum, unser Tisch war ein schwarzer Sarg. Es dauerte nicht lange und wir standen auf der Kiste und sangen isländische Volkslieder. Nach dem vielen Bier und dem Schwarzen Tod sang ich vermutlich auch in fließendem Isländisch. Wir trafen immer mehr von Smáris Freunden, obwohl es schwer zu sagen war, ob es sich wirklich um Freunde handelte oder ob er sie eben erst kennengelernt hatte. Alle lagen sich in den Armen.

Nach dem Celtic Cross wurde ich so schnell von einem Club in den nächsten geschleppt, dass ich den Überblick verlor. Aus jeder Tür dröhnte Rock und Tanzmusik, während schlanke Blondinen in dürftigen Cocktailkleidchen mit ihren Freunden draußen Schlange standen, um in die szenigsten Discos der Stadt zu kommen. Um ehrlich zu sein, ich erinnere mich nicht mehr daran, welche Clubs und Pubs wir besuchten. Ich erinnere mich nur noch, dass ich viel getanzt und meine Kreditkarte so großzügig über den Tresen gereicht habe, als wäre ich Eiður Guðjohnsen.

Irgendwann verlor ich den Anschluss an die Gruppe und irrte ziellos durch die Straßen, weil ich den Weg zu Smáris Wohnung vergessen hatte. Ich muss wohl ein wenig betrunken gewesen sein, denn ich setzte das Erbe meiner Tochter aufs Spiel und hielt ein Taxi an. »Egal was passiert, nimm dir auf keinen Fall ein Taxi«, hatte Smári mich gewarnt.

»Wohin?«, fragte der Fahrer und rieb sich die Hände.

»Ich wohne in der deCODE Genetics Corporation.«

Ich hatte einige Probleme, den Stand des Taxameters zu erkennen. Das lag allerdings weniger an meinem Alkoholisierungsgrad als an der Geschwindigkeit, mit der die Zahlen umsprangen.

Ich bekam einen weiteren Schock, als ich Smáris Apartment betrat und auf dem Bett vier ineinander verschlungene Beine sah, über denen Smáris kleiner, weißer Hintern auf und ab hüpfte. Wir hatten beide unrecht gehabt. Es sah ganz danach aus, als würden es Couchsurfing-Gastgeber und ihre Couchsurfing-Gäste doch miteinander treiben. Ich stammelte eine Entschuldigung, stolperte nach draußen und setzte mich auf den gefrorenen Rasen.

Ich dachte, ich hätte ihnen genug Zeit gegeben, um, äh, zum Abschluss zu kommen, doch als ich die Wohnung wieder betrat, waren sie noch immer am Poppen, Pimpern und Pütern. Ich schnappte mir die Schaumgummimatratze und quetschte sie in die Abstellkammer. Sie passte zwar genauso wenig hinein wie ich selbst, aber es gelang mir schließlich, die Matratze und mich in eine Ecke zu falten. Immerhin brauchte ich mich nicht schuldig zu fühlen. Anna musste nicht auf der schwächelnden Luftmatratze schlafen.

Ich wachte um halb zwölf mit einem vulkanischen Kater auf. Die beißende arktische Kälte hatte immerhin ein Gutes. Es ist erstaunlich, wie schnell man seinen Kater vergisst, wenn einem das Gesicht vollkommen taub wird. Anna war bereits gegangen, Smári lag noch im Bett, also brach ich allein zu einem strammen Spaziergang ins Zentrum auf. Es war mein letzter Tag in Island und ich hatte die imponierende, schneeweiße Hallgrímskirkja-Kathedrale noch nicht besichtigt, die über Reykjavík thront wie eine Kreuzung aus einer gothischen Kirche und einem futuristischen Raumschiff.

Ich nahm den Aufzug in den Turm (die Treppen hätte ich beim besten Willen nicht gepackt). Hinter den Uhrzeigern stehend hatte man einen wunderbaren Blick auf die marzipanfarbenen Häuser und das Hinterland, eine bedrohlich wirkende Landschaft mit eisigen Bergen und einem hungrigen Meer, das aussah, als wolle es das ganze Land verschlingen. Ich genoss die friedliche Aussicht, als plötzlich … »DONG! DONG! DONG!« … direkt neben meinem noch immer benebelten Kopf die Kirchenglocken läuteten. Ich schrie: »Die Glocken! Die Glocken!«, hielt mir die schmerzenden Ohren zu und rannte die Treppen hinunter. Den Rest des Nachmittags verbrachte ich mit einem ziellosen Katerspaziergang, auf dem ich beispielsweise in Souvenirläden stolperte, einen Trollmagneten in die Hand nahm, ihn fünf Minuten lang anstarrte, wieder hinlegte und nach draußen ging.

Smári hatte eigentlich ein Puffin-Essen geplant, doch die Puffins hatten ihren Flug verpasst. Er hatte vorgehabt, uns einige Puffins in die Pfanne zu hauen – genau, die niedlichen kleinen Papageientaucher mit ihren regenbogenfarbenen Schnäbeln – und Alli sollte dazu seine Spezial-Puffin-Soße machen. Smáris Schwager wollte uns einige Puffins von Vestmannaeyjar, einer kleinen Inselgruppe südlich von Island, schicken, doch er hatte die Post verpasst.

»Das ist okay«, sagte ich zu Smári. »Ich lade dich zum Essen ein.«

Als Dankeschön hatte ich bisher alle meine Gastgeber zum Essen eingeladen. Allerdings machte ich mir Sorgen, ob ein Restaurantbesuch in Island nicht mein Konto sprengen würde.

Wir streiften durch die Straßen des Zentrums und studierten die Speisekarten im Fenster, doch nirgends gab es ein Hauptgericht für weniger als umgerechnet 35 Euro. Wir entschieden uns schließlich für das Þrír Frakkar, weil es Puffin anbot.

Das Restaurant war klein und gemütlich. Auf der Theke standen ein paar niedliche ausgestopfte Puffins und an der Wand hingen *National Geographic*-Poster von Walen. Neben den Puffins standen auch die politisch nicht ganz korrekten Minkwalsteaks auf der Speisekarte. Außerdem gab es Spezialitäten wie frische Fischkinne und Rentier in einer kubanischen Gewürzmischung. Was fehlte, waren laut Smári regionale Delikatessen wie saure Widderhoden, gerösteter Schafskopf, Lammdarm und ranziger Hai.

Smári tat sein Bestes, um mir mit seinen Beschreibungen dieser ausgesuchten Leckereien den Appetit zu verderben. *Hrutspungar* sind Widderhoden, die erst sauer eingelegt, dann durch den Wolf gedreht und schließlich zu einer Pastete oder einer Art Marmelade verarbeitet werden (der perfekte Aufstrich für Ihren Frühstückstoast). *Lundabaggar* wird aus Lammdarm zubereitet, der dazu aufgerollt, gekocht, sauer eingelegt und dann in leckere Häppchen aufgeschnitten wird. Am besten klang jedoch der *hakarl*, der ranzige Hai. Dazu gräbt man nach dem traditionellen Rezept ein Loch, legt den Hai hinein, pinkelt auf den Fisch, schüttet das Loch zu und wartet sechs Monate, bis der Hai gründlich vergammelt ist. Serviert wird er dann kalt à la Sashimi. »Heute pinkeln sie allerdings nicht mehr auf den Hai«, informierte mich Smári. Ach, wenn das so ist, dann hätte ich gern zwei Portionen.

Als Vorspeise wählten wir den vergleichsweise harmlosen geräucherten Papageientaucher. Das dunkelbraune Fleisch wurde in lange Streifen geschnitten und mit einer Senfsoße serviert. Die Textur war ein bisschen wie Schleim und der Geschmack erinnerte mich nicht im Entferntesten an Hähnchen, sondern ebenfalls an Schleim.

Puffins sind einfach zu fangen. Im Sommer zuvor war Smári auf einer unbewohnten Insel in der Nähe von Vestmannaeyjar zum ersten Mal auf Puffinjagd gegangen. Die eigentliche Jagd klang ziemlich einfach: Die Insel ist weniger als einen Quadratkilometer groß und wird von rund zwei Millionen Puffins bewohnt. Aber die Anfahrt klang nach einem Albtraum. »Es gibt nur eine Möglichkeit, auf die Insel zu kommen. Bei hohem Wellengang wirst du unten an einer 80 Meter hohen Klippe rausgelassen. Wir mussten aus dem Boot auf die klitschigen Felsen springen und dann die steile Wand hochklettern. Dazu haben wir Puffinlöcher als Leiter verwendet.« Smári hatte den Ausflug mit zwei Freunden unternommen. Einer war Örn, nach Auskunft von Smári »der einzige einarmige Puffinjäger der Welt«. Sie campierten zwei Nächte lang in der einzigen Holzhütte der Insel.

Smári beschrieb mir im Detail, wie man einen Puffin jagt. Im Grunde ist es nicht weiter schwer. Man nimmt eine Art Schmetterlingsnetz, legt sich ins Gras und wenn ein Puffin vorbeifliegt, fängt man ihn. Was dann kommt, klang jedoch völlig undurchführbar. »Du musst ihm den Hals umdrehen, ehe er anfängt, unangenehme Fragen zu stellen«, erklärte mir Smári.

»Beim ersten Versuch habe ich keinen einzigen Puffin gefangen. Es war anscheinend zu windig für die Puffins. Örn hat zwei gefangen, das war's. Am nächsten Tag ist der Wind dann immer stärker geworden und hat sich in einen Sturm verwandelt. Dazu ist dann ein dichter Nebel aufgekommen, sodass wir nicht mehr von der Insel runter konnten. Wir haben vier Nächte festgesessen. Am letzten Morgen, als das Wetter wieder besser geworden ist, haben die anderen zwei je vierzig Puffins gefangen. Ich hab's grade mal geschafft, einen Puffin k. o. zu schlagen, weil ich ihn mit der Stange und nicht mit dem Netz erwischt habe.«

»Vierzig Puffins? Das ist eine ganz schöne Menge, oder?«, fragte ich.

»Eigentlich nicht. Die meisten Puffinjäger kommen am Tag auf 300«, antwortete Smári achselzuckend.

Dann habe ich etwas gegessen, das die Isländer ebenfalls gern jagen, auch wenn sie jede Menge Ärger bekommen, weil sie pro Jahr zwanzig Stück davon erlegen. Und jetzt wird mir Greenpeace meine Mitgliedschaft kündigen. Als Hauptgericht habe ich Wal gegessen. Ja, ich weiß, rettet die Wale und so. Aber nach dem ersten Bissen würde ich fast sagen: »Fangt Willy und verarbeitet ihn zu Steaks.« Das Walfleisch war wunderbar saftig, leicht salzig und so mager und zart wie die beste Kalbslende. Filmstar Keiko, der die Rolle von Willy spielte, hatte übrigens Glück, dass er nicht in der Pfanne landete. Nach dem Ende seiner Hollywoodkarriere übernahmen die Isländer seine Betreuung und hielten ihn von 1998 bis 2003 in einem großen Gehege vor Vestmannaeyjar.

»Nach mehr als zwanzig Jahren haben die Isländer erst vor vier Tagen wieder offiziell mit dem Walfang begonnen«, sagte Smári mit dem Mund voller Walsteak. »Der Rest der Welt will verhindern, dass wir Wale jagen, aber wir töten nur zwanzig Minkwale pro Jahr, das sind null komma null null zwei Prozent der gesamten Population.«

Smári hatte vor ein paar Tagen einen Kommentar zu dem Thema in einem »grünen« Blog verfasst und ihn mit »Na und?« überschrieben.

»Ich habe tonnenweise Hassmails bekommen«, sagte er schulterzuckend.

Alli holte uns mit einem Minibus vor dem Restaurant ab. An den Wochenenden leistete er Freiwilligenarbeit als Fahrer der isländischen Frauen-Handball-Nationalmannschaft. Ein kluger Junge. Alli hatte noch nicht zu Abend gegessen, und als wir ihm berichteten, was wir gerade gegessen hatten, sagte er: »Ich zeige euch was Besonderes.«

Wir fuhren zur Cafeteria am Busbahnhof.

»Das musst du jetzt probieren«, sagte er, als er von der Theke zurückkam. Von seinem Teller blickte mich ein halber Schafskopf an. Das Gericht ist übrigens leicht zu Hause nachzukochen. Man nehme einen Schafskopf, senge die Wolle herunter, schneide ihn in zwei Teile, entferne das Gehirn und koche den Rest. Als Beilage eignet sich Steckrübenpüree. Am besten warm auftragen.

»Das ist mein Lieblingsessen!«, rief Alli, während er auf einem Stück Schafslippe herumkaute. »Und hier gibt's den besten Schafskopf in der ganzen Stadt.«

Alli war so nett (oder so sadistisch), mir eine halbe Schafszunge, ein Stück Ohr und ein Auge zu überlassen.

»Du solltest mal dein Gesicht sehen«, lachte Alli, als ich den Augapfel aß.

»Mann, ich esse ein Gesicht!«, winselte ich.

Nach diesem zweiten Abendessen schauten wir auf einen Absacker bei Johann vorbei. Ich bemerkte nicht, dass Alli zwischendurch verschwand (was gar nicht so einfach ist, weil er ein ziemlich großer Kerl ist). Als er eine Viertelstunde später zurückkam, hatte er eine Überraschung für mich. »Brian hat heute fast die ganze Palette an isländischen Spezialitäten probiert«, erklärte er Johann. »Er hat Puffin, Wal und Schafskopf gegessen. Fehlen Widderhoden und, äh ...«

»Ranziger Hai!«, schrie ich und wand mich.

»Na dann!«, sagte Alli und warf mir ein Plastikbeutelchen zu. Es war vergammeltes Haifischfleisch.

»Wo hast du das denn so schnell her?«, fragte ich.

»Aus dem Kühlschrank zu Hause!«

Ich konnte es nicht fassen. Alli hatte ranzigen Hai zu Hause, um ihn zum Bier zu futtern.

Er war zwar gut verpackt, doch der Geruch nach fauligem Fleisch war unverkennbar.

»Hat da jemand draufgepinkelt?«, fragte ich erschaudernd.

»Was meinst du, warum ich so lange weg war?«, grinste Alli.

Ich legte die Tüte weg, doch wenig später verkündete Alli: »Es ist so weit! Lass uns rausgehen!«

»Wozu?«, fragte ich.

»Zur Haifischverfütterung!«

Offenbar stank das Zeug so furchtbar, dass ich es draußen essen musste, damit es nicht die ganze Wohnung vollstank.

»Halt dir die Nase zu«, wies mich Alli an, als er den Beutel öffnete. »Nur essen, nicht riechen.«

Ich nahm ein kleines Fleischstückchen heraus und steckte es vorsichtig in den Mund. Es schmeckte wie eine Mischung aus abgelaufenem Sushi und französischem Schimmelkäse mit einem Hauch Urin. Während ich kaute, warnte mich Alli, ich dürfe nicht zu viel davon essen, weil ich sonst Durchfall bekäme.

»Und jetzt riechen«, sagte er grinsend.

»Scheiße!«, schrie ich und spuckte.

Es stank derart widerlich, dass ich einen Moment lang befürchtete, das Schafsauge und Willys Steak würden mir wieder hochkommen.

Ich scheuerte mir die Hände sechs Mal mit reichlich Seife, aber ich bekam den Gestank einfach nicht von den Fingern. »Es wird dir nicht leichtfallen, heute Abend ein Mädel aufzureißen«, sagte Alli. »Dein Mund stinkt auch nach ranzigem Hai.«

Kurz vor Mitternacht brachen Smári und ich zu einer letzten *rúntur* auf. Wir ließen es ein bisschen ruhiger angehen als am Abend zuvor. Wir waren beide müde und ich musste am nächsten Morgen früh aufstehen und zum Flughafen fahren.

Über einem Bier im Celtic Club unterhielten wir uns über das Leben in Island. »Das Wetter ist scheiße, und die Politik ist auch scheiße«, sagte Smári. »Ich liebe dieses Land, aber ich würde sofort gehen, wenn ich die Möglichkeit dazu hätte.«

Das war ein interessanter Kontrast zu dem, was Bob aus Chicago über die Vereinigten Staaten gesagt hatte: »Ich hasse dieses Land oft, aber ich bin Amerikaner, und ich bin stolz darauf, Amerikaner zu sein, und deshalb werde ich immer hier leben.«

Wir gingen um halb zwei (früh für Smáris Verhältnisse). Da ich nüchtern war, bemerkte ich nicht nur, wie besoffen die anderen waren, sondern ich sah auch die Unmengen von Scherben und Erbrochenem überall auf der Straße. Wir nahmen eine Abkürzung durch eine Seitengasse, und da war sie. Mein perfekter, isländischer Engel. Sie hatte langes, schneeweißes Haar, schneeweiße Haut und einen schneeweißen Hintern, den sie mir entgegenstreckte, als sie sich auf den Boden hockte, um mitten auf die Straße zu pinkeln.

Belgien und Luxemburg

11

»Gib einem Belgier ein Bier und er ist glücklich.«
Joris Willem, 29, Antwerpen, Belgien
CouchSurfing.com

Insgesamt war ich 19-mal in Belgien gewesen, aber ich hatte nie etwas vom Land gesehen. Okay, abgesehen von einer Menge Autobahnen und Pommesbuden am Hafen und einer Stippvisite in Brügge. Aber das war's. Mit den Reisegruppen, die ich durch Europa geführt habe, bin ich immer nur durch Belgien durchgefahren, entweder um nach Holland zu kommen oder um von Ostende mit der Fähre nach England zurückzufahren. Dabei blieb mir gerade genug Zeit, um am Straßenrand ein paar Fritten zu essen. Mein einziger Besuch in Brügge war eine totale Katastrophe. Nicht nur dass ich mich mit meiner Reisegruppe hoffnungslos verlief; während meiner chaotischen Stadtführung habe ich auch sämtliche berühmten Gebäude der Stadt umgetauft und ihre Geschichten durcheinandergebracht.

Deshalb wollte ich diesmal mehr von Belgien sehen als eine Pommesbude. Aber welche Stadt sollte ich besuchen? Brüssel? Gent? Lüttich? Ich hatte eine Idee. Es war eine Stadt, die ich auf meiner ersten Europareise angesteuert, aber nie erreicht hatte. Eigentlich wollte ich damals von Holland aus nach Antwerpen trampen, doch ich war von einem Franzosen mitgenommen worden und schließlich bei ihm zu Hause in Versailles ausgestiegen. Fast zwanzig Jahre später sollte ich es endlich schaffen, Antwerpen zu besuchen.

Ich zog in Erwägung, mich bei einer gewissen Indra zu melden, die sich für Reisen durch die Dimensionen, Naturzeit, positive Energie und Trancetanz interessierte. Oder bei Juriaan, der mit fünfzig Mitbewohnern in einem besetzten Haus lebte. Oder bei Tom, Leadsänger einer »alternative Goth Industrial Band« mit dem Namen Foetal Void. Doch dann stolperte ich über das Profil eines Bekannten. Vielleicht erinnern Sie sich, dass ich in meinem letzten Buch *Where's Wallis?* (das Sie natürlich alle gelesen haben) die Begegnung mit einem Belgier namens Joris beschrieb, den ich in Togo kennengelernt habe. Er hatte sich eines Morgens in Antwerpen auf sein Fahrrad geschwungen und war 6000 Kilometer durch Frankreich, Spanien, Marokko, Mauretanien, Mali, Burkina Faso, Senegal und Ghana nach Togo geradelt. Als ich das letzte Mal von ihm hörte, war er gerade in Ghana untergetaucht, nachdem er in Togo vom Ausbruch des Bürgerkriegs überrascht worden war. Ich hatte keine Ahnung, ob er sich noch in Afrika aufhielt, doch als ich ihm eine Email schickte, antwortete er mir postwendend:

Hi Brian,

schön, von Dir zu hören. Nach meinem mysteriösen Verschwinden im togolesischen Bürgerkrieg bin ich von afrikanischen Seeleuten verschleppt und zusammen mit anderen weißen Sklaven auf einem Sklavenschiff nach Antwerpen gebracht worden, um dort auf dem Sklavenmarkt verkauft zu werden. Ein Freund hat mich für eine lächerliche Summe gekauft (welche Beleidigung), und nachdem ich mehr als ein Jahr beim Bau seines Hauses geschuftet habe und nur mit Fritten und Bier bezahlt worden bin, hat er mich freigelassen (er war schließlich ein Freund). Das heißt, ja, ich bin wieder zurück, erhole ich mich von meinem Abenteuer und genieße meine Freiheit.

Joris war jetzt also ein arbeitsloser Sklave und lebte in Hove, einem Vorort von Antwerpen. Es war leicht zu finden. Es gab eine direkte Zugverbindung von Brüssel, und vom Bahnhof aus war es eine Viertelstunde zu Fuß. Ich hoffte nur, dass ich in Hove niemanden nach dem Weg fragen musste, denn ich wäre unmöglich in der Lage gewesen, »Wolschaerderveldenstraat« auszusprechen. In Antwerpen spricht man Flämisch, was ungefähr so klingt, als würde jemand mit chronischem Keuchhusten und einem Mund voller Pommes sprechen.

Hove war ein vornehmer Vorort mit großen Häusern, in deren Gärten ausladende Bäume standen. Die belgische Arbeitslosenversicherung schien gut zu zahlen. Mit ihren hohen Backsteinhäusern war Joris' Straße genauso elegant wie der Rest.

Joris begrüßte mich mit einer herzlichen Umarmung. Wir hatten in Togo zwar nur ein paar Tage miteinander verbracht, doch es war so, als würde ich einen guten Freund wiedersehen. Mit seiner runden Nickelbrille, seinen langen Zotteln und seinem Ziegenbärtchen hatte Joris damals ausgesehen wie ein langer und schlaksiger John Lennon. Seine Haare und sein Ziegenbart waren inzwischen etwas kürzer und weniger zottelig und seine Kleidung war nicht mehr ganz so schmutzig.

Das Haus, in dem Joris lebte, gehörte seinem Vater. Joris wohnte in der obersten von vier Etagen, die zu einer abgeschlossenen Wohnung ausgebaut worden war. Dort hatte er eine kleine Küche, ein kleines Bad und ein kleines Wohn-, Schlaf- und Arbeitszimmer. Sein Bett war eine Hälfte einer eingebauten, L-förmigen Couch. Mein Bett war die andere Hälfte.

Joris lebte seit der Scheidung seiner Eltern in diesem Haus, also seit seinem zweiten Lebensjahr (damals hatte er allerdings noch keine eigene Wohnung gehabt). Er hatte die meiste Zeit bei seinem Vater gelebt, nur als Jugendlicher war er einmal für drei Jahre zu seiner Mutter gezogen. Vor seiner Radtour durch die Sahara hatte er Philosophie studiert und danach als Lehrer gearbeitet. Seine Arbeitslosenhilfe betrug 800 Euro im Monat, doch er saß nicht einfach zu Hause herum und legte die Hände in den Schoß. Joris wollte Radiojournalist werden und produzierte Reportagen für verschiedene Sender. Er hatte unter anderem eine fünfstündige Sendung an Radio France verkauft, zusammengestellt aus den Aufnahmen von seiner Afrikareise (er hatte ein Tonbandgerät dabeigehabt und Interviews und Kommentare in Flämisch, Französisch und Englisch aufgenommen). Im Moment versuchte Joris, einen Radiosender als Sponsor zu gewinnen, um seine Radtour von Togo nach Südafrika fortsetzen zu können.

»Du kannst dir das Fahrrad von meinem Vater nehmen«, sagte Joris, als er vorschlug, in die Stadt zu radeln. Das Fahrrad war ein alter, klappriger Drahtesel, mit dem sein 62-jähriger Vater ins Zentrum fuhr, wo er als Stadtplaner arbeitete. Joris versicherte mir, es sei nicht weit in die Stadt, doch ich war misstrauisch, was er mit »nicht weit« meinen könnte. Immerhin war Joris jemand, dem es nichts ausmachte, hundert Kilometer am Tag durch die Gluthitze der Wüste zu fahren.

Joris besaß kein Auto. »Ich erledige alles mit dem Fahrrad«, sagte er. Und das war durchaus wörtlich zu verstehen. Er erzählte mir, er hätte mit dem Fahrrad schon einen Fernseher, einen Bürostuhl, ein Dutzend Bretter und einige Tüten Haschisch transportiert. Nicht gleichzeitig, versteht sich. »Mit meinem Bruder bin ich dauernd nach Holland geradelt. Es sind nur dreißig Kilometer bis zur Grenze und wir sind rübergefahren, um Hasch zu besorgen. Einen Teil haben wir gleich dort geraucht und sind dann heimgeschwebt.«

Antwerpen hat ein gut ausgebautes Netz von Radwegen, die noch dichter befahren sind als die Straßen. Nach zwanzig Minuten im Sattel waren wir im Zentrum. »Das ist Joods Antwerpen«, rief er mir über den Verkehrslärm zu. Wir befanden uns im jüdischen Viertel, in dem sich ein Diamantengeschäft an das andere reihte. »Antwerpen ist das Zentrum des internationalen Diamantenhandels. Vier von fünf Rohdiamanten kommen hier durch«, erklärte er mir, während wir an einer ultraorthodoxen Familie mit Ringellöckchen, Hüten und zehn Kindern im Schlepptau vorüberradelten.

Als wir in die Gässchen der *Oude Staat*, der Altstadt, mit den spitzgiebeligen Stadthäusern mit ihren Bleiglasfenstern kamen, hatte ich meine liebe Mühe, auf dem Kopfsteinpflaster das Gleichgewicht zu halten. Was mir die Konzentration noch erschwerte, war der Duft aus den Pralinengeschäften und Waffelbäckereien. Außerdem mussten wir aufpassen, nicht unter die Räder der vorbeidüsenden blau-roten Straßenbahnen zu geraten, die aussahen wie Raupen aus dem Traum eines japanischen Spielzeugherstellers.

»Das hier ist mein Lieblingsort in Antwerpen«, sagte Joris, als er am Straßenrand hielt. Es war eine *frituur*, eine Pommesbude. Es gab eine *frituur* an jeder Ecke, aber diese war etwas Besonderes und hieß Frituur No. 1.

»Pommes frites sind eine belgische Erfindung«, klärte mich Joris auf, während wir auf unsere Bestellung warteten. »In Holland heißen sie deswegen auch *Vlaamse frieten*, also flämische Fritten.«

Ich bekam eine Riesenportion mit Mayo und Ketchup, nachdem ich kurz überlegt hatte, ob ich nicht eine der zehn Soßen probieren sollte, zum Beispiel die »Muttermilch«, ein Gemisch aus Chili, Barbecuesoße, Hackfleisch, Knoblauch und Zigeunersoße.

Wir setzten unsere holprige Radtour über den gepflasterten *Grote Markt* fort, der von den stattlichen Häusern aus dem 17. Jahrhundert gesäumt wird. Dort hatten einst die mächtigen Zünfte Antwerpens ihren Sitz gehabt, heute befinden sich hier Touristenrestaurants, die gedünstete Muscheln servieren. Wir hielten am *Handschoenmarkt* (dem Handschuhmarkt) vor der *Onze-Lieve-Vrouwekathedraal* (der Liebfrauenkathedrale) aus dem 16. Jahrhundert, deren spitzer Turm über die Skyline von Antwerpen ragt wie ein mit kunstvollen Schnitzereien verzierter Stalagmit. »Die Kirche ist bekannt für ihre beeindruckende Sammlung von Rubensgemälden«, sagte Joris, während wir die Räder abstellten. »Willst du sie dir ansehen?« Ich mag den üppigen Barockstil von Rubens, in dem Bewegung, Farbe und Sinnlichkeit in beeindruckender Weise miteinander verschmelzen.

»Oder möchtest du lieber ein Bier?«, fragte Joris und zeigte auf eine Kneipe mit dem Namen Paters Vaetje neben der Kirche. Ich entschied mich für die beeindruckende Sammlung in edelster Handarbeit gebrauter Gerstensäfte.

Diese kleine Schänke hatte 280 Biersorten zur Auswahl. Wir setzten uns an einen Tisch direkt neben der Kirchenmauer in der Sonne. Der verkehrsberuhigte Platz war voller Menschen, die in den Straßencafés und -restaurants aßen und tranken.

Einige der hochtourigeren Biere auf der Karte hatten 12 Prozent Alkohol. Nach zwei Gläsern wäre ich vermutlich nicht mehr in der Lage, ihre komplizierten Namen auszusprechen, wie Corsendonck Pater, Dikke Matile, Flierefluiter, Gouden Carolus Tripel, Couckelaerschen Doedel, Troubadour Obscura oder Witkap Pater Stimulo.

»Das Bierhuis Kulminator auf der anderen Seite der Innenstadt hat 700 Biersorten zur Auswahl«, informierte mich Joris, während wir die Karte studierten. Ich hatte schon genug Probleme mit den lächerlichen 280.

»Such du mir eins aus«, sagte ich schließlich.

Joris bestellte mir ein Kwak. »Es heißt Kwak, weil es beim letzten Schluck ›kwak‹ macht«, erklärte er mir, als mir der Kellner ein halbmeterhohes Glas in einem Holzgestell brachte, das aussah wie der Kolben eines verrückten Wissenschaftlers. Fast jedes der 280 Biere hatte sein eigenes Glas mit seinem eigenen Wappen und seiner ganz speziellen Form, die Geschmack und Duft verstärken sollte. Das Kwak war ein dunkles oder *dubbel* Bier und mit gerade mal 8 Prozent ein schwaches Tröpfchen. Als ich die Kugel am unteren Ende des Kolbens erreichte, spritzte das Bier mit lautem »kwak« auf mein Hemd.

»Noch eins?«, fragte Joris und trank sein Tripel Karmeliet aus. »Das ist das Mittagessen, denn in Belgien nennen wir das Bier auch ›Brot im Glas‹.«

Als Nächstes probierte ich ein Couckelaerschen Doedel, aus dem einfachen Grund, dass es den längsten Namen hatte.

Ich fragte Joris, was die Flamen von den Wallonen, ihren Nachbarn und Mitbelgiern, halten. Er antwortete: »Es ist wie eine schlechte Ehe. Wir sind zwei verschiedene Nationen, wir leben zwar zusammen, aber wir können uns nicht ausstehen. Die Flamen sind sauer, weil sie mit ihrer stärkeren Wirtschaft die Wallonie unterstützen, wo die Arbeitslosigkeit doppelt so hoch ist. Außerdem müssen wir in der Schule Französisch lernen, aber die Wallonen lernen kein Flämisch.«

Joris geriet in Fahrt, wenn es um Politik ging, und erzählte mir von den anstehenden Wahlen in Antwerpen. »Die extreme Rechte hat in Antwerpen ziemlichen Zulauf. Ein Drittel der Antwerper wollen eine Loslösung von Flandern.«

Nach unsere Bierpause legten wir eine Schokopause ein. Für das, was ich jetzt sage, fliege ich bei CouchSurfing.com wahrscheinlich aus der Gruppe der Schokoladenliebhaber – ich muss gestehen, dass ich kein großer Freund der berühmten belgischen Pralinen bin. Ich bin einfach gestrickt und kein Liebhaber dieser exquisiten Füllungen. Aber im Dienste der Forschung zwang ich mich, eine gute Handvoll davon zu essen.

Es ist kein Wunder, dass die Belgier überallhin mit dem Fahrrad fahren. Sie müssen schließlich die ganzen Pommes, Biere und Pralinen wieder abspecken. Wir fuhren am Flussufer entlang hinunter zur Schelde und dem nach Rotterdam zweitgrößten Hafen Europas. Unser Ziel war ein Restaurant, in dem wir zu Abend essen wollten. »Es hat keinen Namen«, sagte Joris. Das klang doch vielversprechend. »Es ist ein bisschen weiter weg, aber die Fahrt lohnt sich.« Ein bisschen weiter war gut. Als wir ankamen, war es bereits dunkel. Unsere schier endlose Tour führte uns durch eine Industriebrache, in der weder Menschen noch Autos unterwegs zu sein schienen. Ich glaube zumindest, dass wir an keinem Menschen vorbeikamen – es war ein bisschen schwer festzustellen, weil es obendrein keine Straßenbeleuchtung gab.

Die Bar unseres namenlosen Restaurants war ein halb zerfallenes und mit weihnachtlichen Lichterketten erleuchtetes Backsteingebäude zwischen zwei heruntergekommenen und anscheinend verlassenen Lagerhallen. Das eigentliche Restaurant befand sich im Hof auf der Rückseite und bestand aus einem großen, offenen Armeezelt mit langen Brauereitischen und alten Kinositzen.

Es schien ziemlich beliebt zu sein. Während im Zelt eine Menge Leute saßen und aßen, standen dahinter kleine Gruppen um große Ölfässer, aus denen die Flammen emporschlugen.

Als wir uns in die lange Schlange vor der Essensausgabe einreihten, bemerkte ich, dass die meisten Leute um uns herum Joints rauchten. Sie kamen überwiegend aus der Rastalocken- und Schlabberhosen-Szene. »Für dein Essen bezahlst du so viel oder so wenig, wie du magst«, erklärte mir Joris, während wir uns der Ausgabe näherten. »Die meisten bezahlen so um die drei Euro.«

»Dafür bekommst du in Island nicht mal eine Scheibe Brot«, bemerkte ich.

Die Bedienung schöpfte mir einen riesigen Berg Essen auf. Angesichts der Joints und Rastalocken erstaunte es mich nicht weiter, dass es vegetarisch war. Wir schnappten uns zwei Kinositze neben einem Grüppchen freundlicher und glücklich bekiffter Einheimischer (die Freundlichkeit war vermutlich eine Folge der Bekifftheit). Das Essen war köstlich. Wohlgemerkt, das sagt jemand, für den ein Essen ohne Fleisch kein Essen ist. Ich konnte allerdings auch nicht so genau sehen, was ich da eigentlich aß, weil es im Zelt so dunkel war.

Beim Gehen sah ich an der Wand hinter der Theke ein Plakat, das ein *Slutfest* ankündigte. Ein Fest für leichte Mädchen, dachte ich. Wie interessant.

»*Slut* heißt Schluss«, klärte mich Joris auf. »Die machen in zwei Wochen dicht.«

Für einen Radiosender sollte Joris über das KLAP!DORP!-Filmfestival berichten. An diesem Abend fand die Eröffnung statt und Joris hatte VIP-Ausweise für uns beide organisiert.

»Ist das in Ordnung, wenn ich in diesen Klamotten da auflaufe?«, fragte ich. Ich hatte meine Cargohosen und meine weitgereiste, etwas abgewetzte Fließjacke an. Joris meinte, das wäre vollkommen in Ordnung, aber ich hoffte, dass ich nicht zu abgerissen aussah, um über den roten Teppich zu flanieren.

Die Radtour zum Haupthafen dauerte drei Stunden (so fühlte es sich zumindest an, vor allem, als meine Hände von der Kälte steif wurden, weil ein eisiger Wind vom Wasser her blies). Nachdem wir an einigen riesigen Containerschiffen und Lagerhäusern vorbeigekommen waren, hielten wir an einem Zelt, das am Eingang zu einigen kleineren Gebäuden stand. Ich dachte, wir könnten unmöglich richtig sein, doch am Zelt hing ein großes Plakat mit der Aufschrift »KLAP!DORP!-Filmfestival«. Statt eines roten Teppichs lag auf dem Boden ein Pappkarton mit einem handgemalten Pfeil, der in Richtung Theke zeigte.

Niemand trug Smoking und es gab keinen Champagner. Stattdessen trugen die Gäste schäbige Grunge-Outfits und es gab Bier aus Plastikbechern. Die Besucher waren vor allem von der coolen Post-Punk-Fraktion, die überall verspiegelte Sonnenbrillen tragen, um ihr Inkognito zu wahren, obwohl sie gar keiner kennt. Ich sah eine Menge Dreadlocks, Glatzen und originelle Brillen. »Es ist ein alternatives Filmfestival«, informierte mich Joris.

»Ein paar Häppchen wären trotzdem nicht schlecht gewesen«, schmollte ich.

Wir griffen uns jeder ein Bier und gingen raus auf den Parkplatz hinter der Theke, der als Drive-in-Kino fungierte. Die Leinwand hing an der Rückseite einer Lagerhalle und der Projektor stand auf der Ladefläche eines Lastwagens. Es waren ganze neun Autos gekommen und auf der Tribüne hatte ein Grüppchen kerngesunder Zuschauer Platz genommen. Es muss so um die fünf Grad plus gehabt haben.

Wir bekamen dann aber immerhin VIP-Plätze und setzten uns ins Auto des Organisators in der ersten Reihe. »Der hat so viel zu tun, dass der sowieso nur am Rumrennen ist«, meinte Joris. Kaum hatten wir uns gesetzt, öffnete er das Schiebedach und zündete sich einen Joint an. Der Film war ein Horrorschinken mit dem Titel *Cat People* aus dem Jahr 1942. Er war in Englisch mit französischen und niederländischen Untertiteln, aber er hätte genauso gut auch in Niederländisch sein können, denn ich hatte keine Ahnung, worum es ging. Ich glaube, die Hauptfigur war eine Frau, die mit Oliver Reed verheiratet war und Angst hatte, wenn sie sexuell erregt würde, dann würde sie sich in einen Panther verwandeln und jemanden töten. Während wir den Film sahen, sprangen immer wieder Freunde von Joris auf den Rücksitz, ließen einen Joint kreisen und unterhielten sich mit ihm auf Flämisch. Ich spreche zwar kein Flämisch, aber ich stelle mir vor, die Gespräche verliefen ungefähr wie folgt:

Freund: »Scheiße, Mann, worum geht's denn in dem Film?«

Joris: »Keine Ahnung.«

Freund: »Ah so. Na dann bis dann. Ich such mir'n andern Joint.«

Der Film endete damit, dass sich die *femme fatale* in einen Panther verwandelte und Oliver Reeds Sekretär um den Swimmingpool jagte.

In den Gebäuden um den Hof befanden sich zwei weitere Kinosäle. Im ersten lief ein flämischer Film. Wir konnten allerdings kaum die Leinwand sehen, weil die Raucher im Publikum den Raum derart vernebelten. Draußen war die Sicht inzwischen kaum besser, weil dichte Nebelschwaden vom Wasser her durch den Hafen trieben und ihn in eine perfekte Kulisse für einen klassischen Horrorfilm verwandelten.

Dann gingen wir in den größten und am besten besuchten Saal und stellten uns an die Rückwand. Gezeigt wurde ein englischsprachiger Dokumentarfilm über eine Death Metal Band aus Südafrika. Als wir kamen, lief ein Videoclip der Band, in dem einer der Musiker durch einen Wald rannte. Begleitet wurde er dabei von dem vermutlich schlechtesten Song, den ich je gehört habe. Plötzlich legten die Musiker ihre Instrumente weg und begannen, sich gegenseitig mit roter Farbe vollzusprit- zen. Als sie einem Mädchen die Kleider vom Leib rissen und ihr rote Farbe über die Brüste kippten, fiel ich fast um. »Was ist das denn für ein Scheiß!?«, stieß ich hervor, vielleicht ein bisschen zu laut.

Als Joris meinen schockierten Ausruf hörte, musste er la- chen. Dabei prustete er einen halben Hamburger auf den Typen, der vor ihm saß.

Betreten schlichen wir uns weg und fanden schließlich zwei Sitzplätze. Die Bandmitglieder waren inzwischen dazu über- gegangen, das Mädchen auszupeitschen. Es war allerdings weni- ger die Gewalt auf der Leinwand, die mich schockierte, als die blasierte Gleichgültigkeit des Publikums. Der Typ neben mir nickte ein und schreckte erst wieder hoch, als das Mädchen auf der Leinwand einen Schrei ausstieß, der einem das Blut in den Adern gefrieren lassen konnte (wie man eben so schreit, wenn man ausgepeitscht wird).

Als die Band einen Song anstimmte, der klang, als würde der Leibhaftige selbst singen, sagte ich: »Ich glaube, mir reicht's.« Außerdem hatte ich keine Lust, mit der Rückfahrt zu warten, bis der Nebel noch dichter wurde.

»Wir sind heute wahrscheinlich so an die dreißig Kilometer geradelt«, sagte Joris. Ich hatte das Gefühl, es wären mindestens hundert gewesen. Auf dem Rückweg nahmen wir allerdings noch einmal einen Umweg von ein oder zwei Kilometern. Wir fuhren zu einer *frituur*, denn Joris stand auf dem Standpunkt, eine Portion Pommes vor dem Schlafengehen müsse sein.

Ich gab Joris' Couch eine gute Note. Kann sein, dass Joris seine Couch nach meinem Auftritt in der Nacht etwas schlechter be- werten würde. Meine Beurteilung sah so aus:

Couchnote: 8 von 10
Plus: Ein angenehmes Bett
Minus: Ein unangenehmer Krampf, der mich mitten in der
Nacht aufgeweckt hat

Joris' Beurteilung sah dagegen vermutlich eher so aus:

Couchnote: 4 von 10
Plus: Ein angenehmer Schlaf
Minus: Brians Tritt gegen meinen Kopf (angeblich ein Krampf),
der mich mitten in der Nacht aufgeweckt hat

Während des Frühstücks erzählte mir Joris, wie er einmal mit ein paar Freunden in Belgien gefrühstückt, in Holland zu Mittag und in Frankreich zu Abend gegessen hatte.

»Das klingt doch nicht schlecht«, sagte ich. »Und zum Nachtisch könnte man noch in Luxemburg vorbeischauen.«

Joris dachte kurz nach. »Weißt du was, ich könnte mir das Auto von meinem Vater ausleihen.«

Joris kramte eine Straßenkarte heraus, und nachdem wir unseren Tee ausgetrunken hatten, stand die Route für unsere kulinarische Blitztour durch Europa fest. Wir hatten sogar noch ein fünftes Land dazugenommen. Wir wollten am nächsten Morgen früh aufstehen, in Belgien frühstücken, in Holland zu Mittag essen, in Deutschland Kaffee trinken, in Luxemburg zu Abend essen und in Frankreich einen Nachtisch zu uns nehmen. Der einzige Haken war die lange Rückfahrt nach Antwerpen. Aber ich hatte eine Idee. »Wir könnten uns doch eine Couch in Luxemburg suchen!«, rief ich begeistert. Luxemburg stand auch auf meiner Kandidatenliste der europäischen Länder, die ich noch nicht kannte.

Luxemburger, die im Internet eine Couch in Luxemburg anboten, waren rar. Die meisten der potenziellen Gastgeber in Luxemburg waren Einwanderer, die gebürtigen Luxemburger schienen alle verreist. In den Profilen bei CouchSurfing gibt es eine Rubrik »letzter Login«, der wir entnehmen konnten, dass sich Luxemburger in Seoul, Berlin, Paris, London, Helsinki, Malta, Madrid, Auckland, Osaka, Mumbai und Idaho aufhielten.

Und die Luxemburger, die sich tatsächlich in Luxemburg aufhielten, ließen den Verdacht aufkommen, dass sie auf einem anderen Planeten lebten. Unter der Rubrik »Beschäftigung« vermerkte ein gewisser Patrick:

> *Mit meinen Zehen spielen – das reicht allerdings nicht, um die Miete zu bezahlen.*

Und ein Kerl namens Spock schrieb:

> *Keine. Die Zeit gibt mir genug zu tun.*

Und in der Spalte »Menschen, mit denen ich gut auskomme«, fabulierte ein gewisser André:

> *Wenn mit »Menschen« die Masse gemeint ist, die Gretis und Pletis, dann ist es mir wurscht, was sie denken. Mal haben sie recht, mal unrecht, aber ihre Meinung ist wie ein Glücksspiel.*

Die übrigen Bewohner Luxemburgs schienen in Banken zu arbeiten.

Ich verschickte ein paar Anfragen und hing den Rest des Tages in der Wohnung ab. Es war schön, endlich mal wieder herumzugammeln. Ich war praktisch seit Beginn meines Couchsurfing-Abenteuers auf den Beinen gewesen und hatte ein bisschen Faulenzen dringend nötig. Ich fand es außerdem sehr angenehm, zusammen mit Joris nichts zu tun – es war so, als würde ich mit einem alten Freund abhängen.

Als wir zum Abendessen ins Zentrum fuhren, machten wir einen Abstecher zu Radio Centraal. Das Studio befand sich am

Flussufer in einem hohen, etwas baufällig wirkenden Haus mit spitzem Giebel. »Der Sender hat das Haus vor dreißig Jahren gekauft«, erzählte mir Joris, während wir die laut knarrenden Treppen hinaufstiegen. »Heute ist es ein Vermögen wert.«

Der Sender finanzierte sich über Hörerspenden und die Vermietung der Räume im Erdgeschoss. Obwohl das Schild »Auf Sendung« leuchtete, spazierten wir geradewegs ins Studio. Die beiden Sprecher lümmelten in ihren Stühlen hinter der Konsole und hatten riesige Tüten in der Hand. Der Rauch war so dicht, dass ich sie kaum sehen konnte. Sie spielten gerade ein Musikstück, obwohl Musik vielleicht nicht ganz das richtige Wort ist. Es klang wie etwas, das jemand aufnimmt (beziehungsweise das sich jemand anhört), der zu viele Joints geraucht hat. Ich konnte eine Bassgitarre heraushören, der Rest klang so, als würde jemand vollkommen zugekifft auf Töpfe und Pfannen einschlagen.

»Es ist ein ›experimenteller‹ Sender«, erklärte mir Joris, während wir uns ein Bier aus dem Kühlschrank nahmen.

Auch experimentell trifft es möglicherweise nicht ganz. Ich würde eher sagen, vollkommen durchgeknallt. Joris schilderte mir einige der Sendungen, darunter eine mit dem Titel »Besoffene DJs«, die einmal pro Woche ausgestrahlt wurde. Wie der Name vermuten ließ, betrinken sich die DJs im Laufe der Sendung, bis sie am Ende kaum noch sprechen können. »Nach der Sendung stehen auf dem Mischpult lauter leere Tequilaflaschen und überall liegen Chipstüten herum«, berichtete Joris.

»Wir haben auch eine andere Sendung mit dem Titel ›Die Essenz der Scheiße‹, in der die Leute, na ja, halt Scheiße reden«, erzählte er mir, als wir schon wieder auf dem Weg nach draußen waren. »Und wir hatten mal eine wöchentliche Sendung ›Sex Live‹.«

»In Australien würde die Sendung genau drei Minuten dauern«, spöttelte ich.

Anscheinend war sie allerdings nicht sonderlich beliebt und wurde aus dem Programm genommen.

Zum Abendessen machten wir uns auf die Suche nach belgischen Muscheln. Im Grunde ist es kein Problem, ein Restaurant zu finden, das Muscheln auf der Speisekarte hat – in der Altstadt gibt es kaum eines, das keine Muscheln serviert. Aber ich hatte ein ehrgeiziges Ziel. Ich wollte ein Restaurant ohne englischsprachige Speisekarte finden. Das war schon bedeutend schwieriger. Bei einem Besuch in Rom bin ich einmal zwei Stunden lang durch die Straßen geirrt, um ein »authentisches italienisches Restaurant« ohne englische Speisekarte zu finden. In einer Seitengasse fand ich schließlich ein wunderbares kleines Restaurant, dessen Kellner nur auf Italienisch unfreundlich waren.

Wir klapperten vermutlich fast alle Restaurants in der Innenstadt von Antwerpen ab, ohne eine Speisekarte zu finden, die nicht in mindestens vier Sprachen verfasst war. Schließlich entschieden wir uns für das Corsendonk Stadscafe, das nur zehn Häuser von Radio Centraal entfernt lag. Es war ein hübsches, mit Kerzen erleuchtetes Restaurant, in dem lauter Händchen haltende Pärchen saßen. Plus Joris und ich.

Auf der Speisekarte standen zwölf verschiedene Muschelgerichte.

»Tut mir leid, aber die Muscheln sind aus«, erklärte uns der Kellner achselzuckend.

»Was?«, stieß ich hervor. »Aber … wir sind doch in Belgien!«

»Also gut, ich sehe noch mal nach«, murrte er und lief zurück in die Küche.

»Wir haben noch drei Schüsseln Muscheln gefunden«, sagte er, als er wieder an unseren Tisch kam.

Ich konnte mir nicht vorstellen, wo man auf die Schnelle drei Schüsseln Muscheln findet, aber wir bestellten zwei davon.

Während wir uns über unsere riesigen Schüsseln mit köstlichen Muscheln hermachten, schmatzte ich. »Mhhh, ich liebe belgische Muscheln.«

»Ja, nur dass die meisten belgischen Muscheln aus Holland kommen«, erwiderte Joris. »Belgien hat nur sechzig Kilometer Küste.«

Nach dem Essen gingen wir auf einen Absacker ins De Vagant, eine Ginbar, die über 200 Sorten Gin oder *jenever* auf der Karte hatte. An den Wänden der gemütlichen holzgetäfelten Kneipe hingen Poster von feuerwasserschlürfenden Adeligen und der Schankraum war brechend voll mit Einheimischen, die aus kleinen Gläschen ihren Gin nippten.

Wir setzten uns zu einigen anderen Gästen an einen langen Tisch und Joris bestellte Gin mit Mandarinengeschmack. Das Getränk war stark und süß, aber extrem lecker. Das nächste mit Kaktusgeschmack leider weniger. Neben uns saßen zwei Typen mit rosigen Bäckchen, die so aussahen, als wären sie schon eine ganze Weile da. Sie hatten ihre zweite, vielleicht auch schon ihre dritte Flasche Gin zwischen sich stehen und gewisse Probleme, beim Einschenken das Glas zu treffen. Das meiste ging daneben. Als sie aus der Kneipe schwankten und auf ihre Fahrräder stiegen, entfuhr es mir: »Das wird bestimmt eine interessante Heimfahrt.«

»Mit dem Gin fährt sich's besser«, meinte Joris. »Und du kommst schneller nach Hause, weil du dich nicht an die Fahrt erinnerst.«

Wir nahmen nur zwei Schnäpse zu uns, weil wir am nächsten Morgen zeitig zu unserer kulinarischen Fünf-Länder-Reise aufbrechen wollten. Auf dem Heimweg klingelte Joris' Mobiltelefon. »Das war mein bester Freund«, sagte er. »Er ist in einer Kneipe bei mir in der Nähe und ich habe ihm gesagt, dass wir auf ein Getränk vorbeischauen. Ist das okay?«

Es wäre okay gewesen, wenn das Getränk kein *Duvel Tripel* oder Dreifacher Teufel gewesen wäre. Das Bier war dreimal so stark und das Glas dreimal so groß. Die unvermeidliche Folge war, dass aus einem Bier zwei und aus zweien mehrere wurden.

So kam es, dass ich um zwei Uhr morgens mit Satan und Luzifer (neben den *Duvels* gibt es nämlich noch einige andere teuflische Biere) in einem dunklen Gewölbe unter den alten Verteidigungsanlagen der Stadt saß. Wir waren zu einer Party in einer der historischen Festungen der Stadt eingeladen worden, oder wir hatten uns einfach drangehängt, so genau weiß ich das nicht mehr. Es gibt zwar einige Festungen in Antwerpen, aber wir wussten, dass wir richtig waren, als wir die vielen Fahrräder am Eingang sahen. Warum betrunken Auto fahren, wenn man auch betrunken Rad fahren kann? Um zur Party zu kommen, folgten wir einem mit Kerzen erleuchteten Weg durch ein Labyrinth dunkler Gänge, die mich ein wenig an einen Horrorfilm erinnerten. Die Kerzen führten uns zu einem Gewölbekeller, der aus kleinen, stickigen und verräucherten Räumen bestand (die Belgier haben das Kettenrauchen zu einer Kunstform erhoben). In einem der Räume befand sich eine Tanzfläche, aber es war schwer zu erkennen, ob die Besucher tanzten oder einfach nur herumtorkelten. Wir fanden einen Raum mit Stühlen und Tischen und ich verbrachte zwei Stunden damit, wildfremden Menschen über die laute Musik hinweg etwas zuzubrüllen und so zu tun, als würde ich verstehen, was sie zurückschrien.

Gegen vier Uhr morgens entkamen wir schließlich. Als wir die Zufahrtsstraße zu der Festung hinunterfuhren, stolperten wir fast über einen Typen, der sturzbetrunken auf dem Boden lag. Eine Hälfte seines Gesichts war blutüberströmt. Er war vom Fahrrad gefallen. Joris fragte ihn, ob er in Ordnung sei, und er antwortete: »Ja, alles okay. Sag mal, könntest du mir vielleicht ein Taxi rufen?«

Vielleicht war betrunken Rad fahren doch keine so gute Alternative.

12

Ich empfange gern und werde gern empfangen.

Cecile Perrin, 27, Luxemburg

CouchSurfing.com

Ich hatte unsere kulinarische Rundreise eigentlich mit belgischen Waffeln zum Frühstück beginnen wollen, aber nach unserer Nacht mit dem Teufel brauchte ich dringend ein fettiges Speckbrötchen. Aber es war sowieso schon eher Zeit zum Mittagessen, als wir schließlich aus dem Bett krochen und aufbrachen.

Joris hatte angekündigt, wir würden auf dem Weg zur niederländischen Grenze durch »einige etwas weniger touristische Ecken« kommen. Er muss wohl vollkommen untouristische Ecken gemeint haben, denn dorthin, wo wir entlangfuhren, hatte sich bestimmt noch nie ein Tourist verirrt. Joris fuhr nicht über die Autobahn, sondern wählte verlassene Seitenstraßen hinter endlosen Hafenanlagen mit Kränen und Raffinerien. Der Höhepunkt unserer Tour war ein monströs und bedrohlich aussehendes Atomkraftwerk. »Das haben die genau an die Grenze gebaut, damit bei einem Unfall zwei Länder was davon haben«, erklärte mir Joris.

Erst als wir am Straßenrand ein kleines Schild mit der Aufschrift »Nederlands« sahen, bemerkten wir, dass wir die Grenze überquert hatten. Ach ja, und natürlich an den großen Menschen mit Holzpantinen, die in den Tulpenfeldern neben den Windmühlen herumliefen. Wir kamen an einer Ausfahrt zu einem Ort namens Bergen op Zoom vorbei, dessen Name meiner Ansicht nach sehr vielversprechend klang, doch wir fuhren weiter zu einem Fischerdorf namens Vlissingen an der Scheldemündung.

»Holland ist ordentlicher und besser organisiert als Belgien«, meinte Joris, als ich ihn fragte, was denn der Unterschied zwischen beiden Ländern sei. »Und die belgischen Straßen haben mehr Schlaglöcher.«

Wir brauchten dreißig Minuten, um nach Vlissingen zu kommen, und drei weitere Minuten, um das Zentrum des Dorfes zu erreichen, einen gepflasterten Platz an einer Mole, an der Fischerboote vor Anker lagen. Rund um den Platz gab es einige einladende Cafés und Restaurants, doch wir beschlossen, zunächst einen kleinen Erkundungsspaziergang zu unternehmen. Wir gingen bis ans Ende der Mole, wo eine steife Brise von der Nordsee her wehte. Ein riesiges Containerschiff fuhr so dicht an uns vorüber, dass wir es fast berühren konnten.

»Über 50 000 Schiffe aus allen Ländern der Welt fahren hier jedes Jahr auf ihrem Weg nach Antwerpen vorbei«, sagte Joris. »Nirgends kommen sie so dicht an der Küste vorüber wie hier.«

»Du kennst dich aus, he?« Ich sah ihn bewundernd an.

»Das habe ich grade hier auf dieser Tafel gelesen«, grinste Joris.

Ehe wir ein Restaurant suchten, um zu Mittag zu essen, wollte Joris einen »Coffee Shop« finden, um sich ein pflanzliches Produkt zu kaufen, das etwas stärker wirkte als Kaffee. Als Joris einen Einheimischen nach dem Weg fragte, rollte der nur die Augen, als wollte er sagen: »Noch so ein belgischer Scheißkiffer.« Der Coffee Shop war schließlich leicht zu erkennen, auf die Scheibe war ein großes Marihuanablatt gemalt.

»Ich nehme an, dass es heutzutage ziemlich leicht ist, das Zeug über die EU-Grenzen zu schmuggeln, oder?«, fragte ich, nachdem Joris für 25 Euro einen großen Brocken Haschisch gekauft hatte.

»Ich bin vor ein paar Jahren trotzdem mal geschnappt worden«, erinnerte sich Joris. »An dem Tag, an dem ich meinen Führerschein bekommen habe, habe ich mir von meinem Vater das Auto geliehen und bin mit vier Freunden nach Holland gefah-

ren, um ein paar Beutel Gras zu kaufen. Auf dem Rückweg nach
Belgien sind wir an der Grenze angehalten worden und der Zoll-
beamte hat uns gefragt, ob wir Gras dabeihätten. Wir haben
Nein gesagt, aber sie haben die Beutel gefunden. ›Wenn ihr noch
mal lügt, bekommt ihr eine Menge Ärger‹, hat er zu uns gesagt.
Als er uns das Zeug abgenommen hat, hat er uns gefragt: ›Wollt
ihr noch mal wiederkommen und mehr kaufen?‹ Wir haben ›Ja‹
gesagt. Und er: ›Warum sagt ihr Ja?‹ Ich habe zu ihm gesagt:
›Weil Sie uns gesagt haben, dass wir nicht lügen sollen.‹ Als er
gehört hat, dass wir Philosophiestudenten waren, hat er uns die
Beutel mit der Bemerkung wiedergegeben: ›Ihr braucht das Zeug
wahrscheinlich.‹«

Auf dem Weg zurück zum Marktplatz kamen wir an einem
Restaurant vorbei, in dem Männer mit schwarz-weiß gestreiften
Hemden, schwarzen Westen, roten Halstüchern und Fischer-
mützen saßen. Sie schwenkten große Biergläser, rauchten dicke
Zigarren und sangen Seemannslieder, während ein rosiger Ak-
kordeonspieler auf der Theke tanzte. »Das ist doch perfekt«,
sagte ich. Es sah aus wie im Kino, auch wenn ich mich ehrlich
gesagt nicht an einen Film erinnere, in dem betrunkene hollän-
dische Seemänner Polka tanzen. Mit ihrem Bohlenfußboden und
den von der Decke hängenden Fischernetzen machte die Brasserie mit dem Namen Sans Étoile die Filmkulisse komplett.

Wir setzten uns an einen Tisch und Joris unterhielt sich mit
einem rotnasigen Mann, der nicht mitsang. Der erzählte uns,
die Besucher seien Fischer aus einem Nachbarort. Sie hätten
den ganzen Morgen auf dem Platz gesungen und wollten »mal
schnell« was trinken gehen, um zu feiern. Die angeheiterten See-
leute sollten eigentlich nach Hause zurück, doch sie schienen
wenig Lust zu verspüren. Einige hätten vermutlich schon ihre
Probleme gehabt, aufzustehen, geschweige denn zur Tür hinaus-
zugehen.

Die Portionen sahen derart riesig aus, dass wir beschlossen,
uns ein Fischgericht zu teilen. Das passte dem Koch überhaupt

nicht und er kam aus der Küche gelaufen, um uns mitzuteilen, dass wir uns seine Gerichte nicht teilen durften. Joris diskutierte eine Weile mit ihm und der Koch stürmte schließlich wütend zurück in die Küche. Ich befürchtete, er könnte uns irgendetwas Ekliges unters Essen rühren.

»Die Holländer können die Belgier nicht ausstehen, das ist alles«, schnaubte Joris.

Als die Seemänner Arm in Arm zur Tür hinausschwankten und dazu »Goodbye my love, goodbye« sangen, waren wir nur noch zu viert in dem Restaurant. Zu fünft, wenn man den missmutigen Koch mitzählte, der rauchend hinter der Theke stand und immer wieder zu uns herüberblickte, um zu sehen, ob wir den Schnodder in seiner Fischsoße entdeckt hatten. Sollte es tatsächlich Schnoddersoße gewesen sein, war sie äußerst lecker.

Wir verließen Vlissingen und fuhren in Richtung Norden. Die Autobahn hätte überall in Europa sein können. Es war aber unverkennbar, dass wir uns der deutschen Grenze näherten. Auf den Hinweisschildern stand plötzlich nicht mehr Vroenhoven, Smeermaas und Voerendaal, sondern Aachen, Schmithof und Hürtgenwald.

Es war schon kurz vor vier, als wir die Grenze überquerten. Wir nahmen die erste Abfahrt Richtung Aachen. Ich hatte eigentlich vorgehabt, die Stadt zu besichtigen (unter Karl dem Großen war Aachen immerhin die Hauptstadt des Heiligen Römischen Reiches und damit eine der wichtigsten Städte in Europa gewesen) und danach in einem Biergarten einzukehren. Doch wir waren spät dran und wollten nicht erst nachts in Luxemburg ankommen. Also hielten wir im erstbesten Restaurant in einem eher eigenschaftslosen Vorort namens Laurensberg. Zu unserem Glück hatte die Gaststätte Zur Post einen charmanten Garten und wir konnten uns draußen in die Sonne setzen.

Ich bestellte ein Dom Kölsch von der langen Bierkarte. Die Speisekarte bestand leider nur aus Pizza und wenig appetitlich klingenden Krapfen. Aber wir hatten wieder Glück, denn es gab eine Spezialität der Region, die Aachener Printen, auf der Speisekarte. Die Printen haben eine gewisse Ähnlichkeit mit Lebkuchen, aber diese hier hatten eine weitere Zutat: Beton. Ich meinte zu Joris, der Kellner hätte uns vielleicht einen Vorschlaghammer mitliefern sollen. Als uns ein Kerl am Nebentisch reden hörte, fragte er mich: »Wo kommst du her?«

»Australien.«

»Ah, das ist weit weg. Wie lange bleibst du in Deutschland?«

Ich schaute auf die Uhr. »Oh, etwa eine Viertelstunde.«

Das stimmte nicht ganz. Als wir die Grenze nach Belgien überquerten, waren wir immerhin 42 Minuten lang in Deutschland gewesen.

»Warst du schon mal in Luxemburg?«, fragte ich Joris, als wir zwei Stunden später die Grenze zum Großherzogtum hinter uns ließen.

»Ja, ein paar Mal.«

»Und wie ist es?«

»Na ja, ich habe ehrlich gesagt nie viel davon gesehen«, antwortete Joris. »Wir sind immer nur nach Luxemburg gefahren, um billig Benzin, Zigaretten und Whiskey einzukaufen.«

Wenige Augenblicke später rollten wir in die Hauptstadt Luxemburgs, die den fantasievollen Namen Luxemburg trägt. Kein Wunder, dass so viele Luxemburger Couchsurfer angegeben hatten, sie würden in einer Bank arbeiten. Rechts und links der breiten Straße in die Innenstadt standen die glamourösen Filialen jeder Bank, von der ich je gehört hatte. Plus einige Banken, die nur Geldwäscher kennen. Die Angestellten schienen nicht schlecht zu verdienen, denn auf der Straße beherrschten neue BMWs, Jaguars, Mercedes und Ferraris das Bild.

Wir stellten das Auto ab und gingen über den charmanten Place d'Armes. Genau in diesem Moment ging die Sonne unter und tauchte die barocken Fassaden in goldenes Licht – und natürlich auch die kitschigen roten Fassaden von McDonald's und Pizza Hut. Joris fand den Platz trotzdem sehr beeindruckend. »Schau mal«, rief er. »Hier gibt es sogar öffentliche Klos.«

Ceciles Wohnung fanden wir eher zufällig. Nachdem wir uns erst hoffnungslos verirrt hatten, fuhren wir in eine ruhige Seitenstraße, um einen Blick auf die Karte zu werfen. Ich suchte nach dem Straßenschild und rief: »Hey, das ist die Straße!«

Cecile war zierlich, trug einen dunklen Pagenschnitt und eine Brille, die fast so aussah wie die von Joris. Cecile war allerdings keine Luxemburgerin, sondern Französin, und lebte mit ihrem Freund François zusammen. François arbeitete in einer Bank. Ihre Dreizimmerwohnung war winzig und das Wohnzimmer nur durch einen durchsichtigen Vorhang vom Schlafzimmer getrennt. Joris und ich teilten uns eine Schlafcouch.

Über einer Flasche Rotwein erzählte uns Cecile, dass sie seit zwei Jahren in Luxemburg lebte und kulturelle Veranstaltungen organisierte. Cecile hatte im nordostfranzösischen Metz studiert. Nach ihrem Abschluss war sie in eine Jobagentur gegangen und hatte gefragt, ob sie ihr nicht eine Arbeit im Ausland vermitteln könnten. Sie schickten sie ins dreißig Minuten entfernte Luxemburg.

»Wir haben keine luxemburgischen Freunde«, antwortete Cecile, als ich sie fragte, ob sie viele Luxemburger kenne. »Unsere Freunde kommen aus Frankreich, England, Deutschland und Irland.« François ergänzte, nur die Hälfte der 300 000 Einwohner von Luxemburg seien gebürtige Luxemburger. Außerdem pendelten täglich 140 000 »Gastarbeiter« aus Frankreich, Deutschland und Belgien in das Großherzogtum. Auch in ihrem Haus lebten keine Luxemburger. »Hier wohnen Spanier, Portugiesen und Franzosen«, sagte Cecile und zuckte mit den Schultern. »Ich frage mich gerade, ob ich überhaupt einen Luxemburger kenne«, fügte sie hinzu.

»Ich glaube, unser Vermieter ist Luxemburger«, meinte François.

Ein echtes luxemburgisches Restaurant war mindestens ebenso schwer zu finden wie ein echter Luxemburger.

»Kennt ihr ein original luxemburgisches Restaurant, in dem wir zu Abend essen könnten?«, fragte ich.

Die beiden sahen sich an. François checkte im Internet, während Cecile ihre portugiesischen und irischen Freunde anrief. François fand ganze zwei, von denen das eine geschlossen und das andere abartig teuer war.

»Ich kenne aber ein gutes elsässisches Restaurant«, freute sich Cecile.

In der Innenstadt einen Parkplatz zu finden, war kein Problem. Unterwegs kamen wir an einem riesigen verlassenen Platz vorbei, der tagsüber mit den Autos der Pendler aus dem umliegenden Ausland zugeparkt war. Wir fanden zwar einen günstigen Parkplatz, doch wir mussten noch ein gutes Stück zu Fuß durch steile und schmale Gässchen gehen, die so sauber und geleckt wirkten wie die Disneyversion einer mittelalterlichen Stadt. Über eine schmiedeeiserne Treppe kamen wir schließlich zu dem elsässischen Restaurant mit dem Namen Goethe Stuff. »Kapiert ihr's? Gutes Zeug?«, fragte Cecile. Das Restaurant hatte einige luxemburgische Gerichte auf der Speisekarte, aber es beschäftigte nicht einen einzigen Luxemburger. Die Kellner waren Portugiesen und der Koch war Franzose. »Es wäre eigentlich ganz nett, wenn wir wenigstens einen Luxemburger kennenlernen würden«, meinte ich.

Ich aß *Bibeleskas*, ein einfaches, aber leckeres Gericht aus gekochten Kartoffeln, Käse, Speck und saurer Sahne. Ich wollte auch luxemburgischen Weißwein probieren, doch François warnte mich, er schmecke furchtbar. Also tranken wir französischen Wein.

Cecile hatte bereits einige Couchsurfer beherbergt und war selbst in Indien als Couchsurferin unterwegs gewesen. »Ich war in Mumbai bei einer vierköpfigen Familie, die in einem Raum gelebt und in einem Bett geschlafen hat«, berichtete sie. »Sie haben mir das Bett überlassen und auf dem harten Boden geschlafen. Ich wollte das nicht, aber sie haben darauf bestanden, dass ich in ihrem Bett schlafe.«

Nach dem Essen gaben uns Cecile und François eine kurze Stadtführung. Wir nahmen den Aufzug, der genau wie in Monaco in den Felsen gebaut ist und genau wie dort picobello sauber war. François meinte jedoch, einige Banken des Großherzogtums seien nicht ganz so sauber. »Die Banken bewegen gerade Riesensummen aus Russland und dem Iran«, erklärte er uns. Ob sauber oder nicht, es war kaum zu übersehen, dass eine Menge Geld in der Stadt war. Die mehr als 150 Banken des Landes setzten zusammen mehr als 700 Milliarden Euro um, weshalb Luxemburg der wichtigste europäische Standort für Privatbanken war und selbst der Schweiz knapp den Rang ablief, wie uns François erzählte. Aber auch die Einheimischen haben einiges auf der hohen Kante: Mit durchschnittlich etwa 64 000 Euro im Jahr hat Luxemburg das höchste Pro-Kopf-Einkommen der Welt.

Dafür, dass so viele Menschen in Luxemburg so viel Geld in der Tasche hatten, schienen verhältnismäßig wenige unterwegs zu sein, um es auszugeben. Die Straßen waren verwaist. »Die sitzen wahrscheinlich alle zu Hause und zählen ihr Geld«, meinte Joris. Entweder das oder sie machten Urlaub in Fünf-Sterne-Hotels im Rest der Welt.

Als wir an François' Stammrestaurant vorbeikamen, stand der Besitzer draußen und rauchte eine Zigarette. Es lud uns zu einem Getränk ein. Als François ihn fragte, was denn seiner Meinung nach das bekannteste luxemburgische Gericht sei, dachte er eine Weile nach und antwortete dann: »Gekochte Kutteln«.

»Bist du Luxemburger?«, fragte ich ihn.

Er antwortete mit einem unnachahmlichen gallischen Achselzucken. »Nein, Franzose.«

Seine Angestellten waren Portugiesen und Spanier.

Wir setzten unseren Rundgang durch die faszinierende Altstadt fort, die von mächtigen, in den blanken Felsen gegrabenen

Festungsanlagen eingerahmt ist. Von einer Mauerbrüstung aus überblickten wir ein beeindruckendes Gewirr von Mauern, Türmen und Toren auf dem Bockfelsen.

Als wir nach einem Abstieg über gewundene Treppen hinunter an die Alzette kamen, sah ich endlich meinen ersten Luxemburger. Es war ein abgerissener, etwas streng riechender Obdachloser, der am Flussufer kampierte.

Es wurde spät, und da wir noch einen Abstecher nach Frankreich machen mussten, um unsere kulinarische Rundreise abzuschließen, eilten wir zum Auto. Unser Ziel war Volmerange-les-Mines, die erste Ortschaft hinter der Grenze.

Fast hätten wir es nicht geschafft. Nicht nur, dass die Grenze ausnahmsweise besetzt war, nein, die Grenzer hielten uns auch noch an.

»Wohin wollen Sie?«, fragte der Beamte Joris.

»Volmerange.«

Der Grenzer streckte den Kopf zum Fenster herein, um uns genauer in Augenschein zu nehmen. »Was wollen Sie da?«

»Unseren Nachtisch essen.«

Er sah Joris fragend an. »Und was noch?«

»Das ist alles. Danach fahren wir wieder zurück.«

Der Beamte grunzte etwas, dann drehte er sich um und rief seinen Vorgesetzten. Joris verklickerte dem Beamten, dass ich Australier sei (zum Beweis zeigte er auf meine kurzen Hosen) und dass wir uns auf einer eintägigen kulinarischen Rundreise befänden. Der Beamte antwortete etwas auf Französisch und winkte uns durch, ohne einen Blick auf unsere Pässe zu werfen.

»Was hat er gesagt?«, fragte ich.

»Er hat gemeint, das wäre eine großartige Idee.«

»Daran merkst du, dass wir in Frankreich sind«, sagte er, kurz nachdem wir von der Autobahn abgefahren waren. »Die Franzosen lieben ihre Verkehrskreisel.«

Es war kurz vor Mitternacht und sämtliche Restaurants des Ortes waren geschlossen. Nur eine Bäckerei und eine Bar hatten noch auf. »Egal«, sagte Joris. In der Bäckerei kauften wir Zitronentörtchen und aßen sie in der Bar. Außerdem nahm Joris noch ein großes Baguette mit, »denn die Belgier haben keine Ahnung, wie man Baguette macht. Vier Stunden, nachdem du es gekauft hast, kannst du jemanden damit erschlagen.«

Die Bar war ruhig, aber genau, was wir wollten. Ich hatte das Gefühl, in Frankreich zu sein. Vor allem als Joris dem Typen hinterm Tresen eine Frage stellte und der nur mit den Schultern zuckte, als wolle er sagen: »Es ist nicht so, als wüsste ich es nicht. Aber es ist mir ganz einfach egal.«

Couchnote: 7 von 10
Plus: Das Bett war bequem und warm…
Minus: … bis Joris die Decke an sich riss.

»Das ist das letzte Mal, dass ich in einem Bett mit dir schlafe«, sagte ich beim Frühstück zu Joris. Wir hatten eine ganze Weile gebraucht, um uns an den Tisch zu setzen. Die Küche war so winzig, dass akrobatische Verrenkungen nötig waren, um sich überhaupt setzen zu können. Damit ich zu meinem Stuhl kam, musste Cecile aufstehen und ihren Stuhl nach links rücken. Ich machte zwei Schritte vorwärts und rochierte den Abfalleimer, während Joris den ganzen Tisch nach rechts schob und meinen Stuhl hervorzog. Oder war es Ceciles Stuhl? Nach dem Frühstück brauchten wir jedenfalls eine Viertelstunde, um wieder aus der Küche zu kommen.

Als wir uns der Grenze näherten, sagte Joris : »Jetzt zeige ich dir die berühmteste Sehenswürdigkeit von ganz Luxemburg.«

Die berühmte Sehenswürdigkeit war die größte Tankstelle Europas. Sie hatte mehr als 100 Zapfsäulen. »Ist das nicht genial?«, fragte Joris, als wir an einem Zigarettenautomaten vorbeigingen, der so groß war wie ein Gartenhaus. Die Maschine gab die Zigaretten stangenweise aus. Joris kaufte sich eine Megapackung Zigarettenpapier für seinen Block Haschisch.

Joris wollte mich nach Brüssel zum Flughafen bringen. Doch mitten in Belgien rief er plötzlich: »Du kannst nicht abreisen, ohne Trappistenbier getrunken zu haben!« Die Tatsache, dass ich einen Flug erreichen musste und dass es halb zehn Uhr morgens war, schien ihn wenig zu beeindrucken. An der Ausfahrt Rochefort fuhr er von der Autobahn ab.

Ich wusste, dass Trappistenbier von Trappistenmönchen gebraut wird, aber ich hatte keine Ahnung, dass es weltweit nur sieben Trappistenklöster gibt, die Bier brauen. Die Straße zum Abbaye Notre-Dame de Saint-Rémy wand sich durch einen dunklen Eichenwald. Die Abtei selbst, die 1230 gegründet worden war, ist ein beeindruckendes Sammelsurium von Gebäuden aus den verschiedensten Epochen, mittelalterliche Steinhäuser stehen neben alten, von Efeu umrankten Backsteingebäuden. An der Mauer der alten Kirche stapelten sich Kästen mit frisch gebrautem Bier, doch im ganzen Kloster wurde kein Bier verkauft. Das erfuhren wir von einem Mönch in einer braunen Kutte, der würdig an uns vorüberschritt, um dann in einen sportlichen neuen Golf zu steigen und Gas zu geben, dass uns der Kies nur so um die Ohren flog.

Wir fuhren also nach Rochefort und setzten uns in die Brasserie de Rochefort, wo bereits einige Gäste ein Bier vor sich stehen hatten. Ich war erleichtert, dass wir nicht die einzigen Trinker waren, die um zehn Uhr morgens einen hoben. Wir hatten drei Trappistenbiere zur Auswahl. Statt Namen hatten sie Nummern: Rochefort 6 (mit 7,5 Prozent), Rochefort 8 (mit 9,2 Prozent) und Rochefort 10 (mit heftigen 11,3 Prozent). »Wenn wir schon Trappistenbier trinken, dann richtig«, sprach Joris und bestellte an der Theke zwei Gläser Rochefort 10. Das Bier war dunkel und rötlich-braun mit einem cremigen Schaum, der so dick war, dass man meinen könnte, Cremesuppe mit Biergeschmack zu trinken.

Unser Abschied am Flughafen von Brüssel war sehr emotional. Schließlich hatten wir miteinander geschlafen. Als wir uns umarmten, wussten wir, dass wir uns mit ziemlicher Wahrscheinlichkeit nie wiedersehen würden. Aber wer weiß, vielleicht laufen wir uns über den Weg, wenn er mit dem Fahrrad durch die Wüste Gobi radelt, oder an irgendeinem anderen dieser staubigen Orte, die er so liebt.

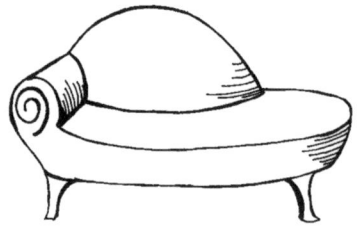

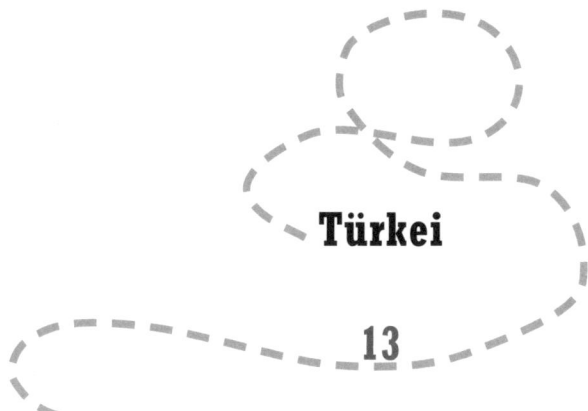

Türkei

13

Ich kann dir die Stadt von ihrer unbekanntesten und interessantesten Seite zeigen. Ich denke, das könnte lustig werden.

James Hakan Dedeoğlu, 30, Istanbul, Türkei
CouchSurfing.com

»Ey oop, lad. Let's gaw t'poob!« Mit diesen Worten begrüßte mich mein türkischer Gastgeber im überfüllten Busbahnhof von Kadıköy. Okay, das ist vielleicht ein bisschen übertrieben. Aber ich war einigermaßen überrascht, als er mich mit einem breiten Yorkshire-Dialekt begrüßte.

»Meine Mutter kommt aus Bradford«, sagte James, als ich ihn auf seinen Dialekt ansprach.

James war jedoch in Istanbul zur Welt gekommen und aufgewachsen. Er sah aber nicht allzu türkisch aus (abgesehen von dem Fez, den er trug), denn er war relativ klein, hatte braunes Haar, einen blonden Bart und blaue Augen.

Auf dem kurzen Weg zu seiner Wohnung erzählte er mir, seine Eltern hätten sich 1972 in Birmingham kennengelernt, wo sein Vater Wirtschaftswissenschaften und seine Mutter Pädagogik studierte. Ein Jahr später heirateten die beiden und zogen nach Istanbul, das damals mit zwei Millionen Einwohnern noch relativ klein war (heute hat die Stadt mehr als 15 Millionen Einwohner). Als wollten sie beweisen, dass sie Pioniere waren, ließen sie sich auf der asiatischen Seite der Stadt nieder. Die beiden Hälften der Stadt, die durch den Bosporus zweigeteilt wird, befinden sich nämlich auf unterschiedlichen Kontinenten. Der asiatische Teil bestand damals allerdings noch überwiegend aus Ferienhäuschen der Bewohner des europäischen Teils. »Nach einigen Monaten hat mein Vater meine Mutter gefragt, ob sie nicht nach England zurückgehen will«, erzählte James. »Vergiss es, hat sie gesagt, ich bleibe hier. Seitdem war sie nicht ein einziges Mal in England. Mein Vater ist vor vier Jahren gestorben, aber meine Mutter geht nicht nach England zurück. Sie sagt, ihre Heimat ist Istanbul.«

James hat zwei Namen, einen englischen und einen türkischen. Seine Mutter und seine englischen Verwandten nennen ihn James, seine türkischen Freunde Hakan. James hat noch einen Bruder, ebenfalls mit gespaltener Persönlichkeit: John und Batu.

James war einer von mehreren Leuten aus Istanbul, die ich auf der Suche nach einer Couch angeschrieben hatte. In der Rangfolge der Städte mit den meisten Couchsurfing-Mitgliedern weltweit liegt Istanbul auf Platz 7. Die meisten Mitglieder hat Paris – wer will da noch behaupten, die Franzosen seien nicht gastfreundlich. Und das sind die Top 10 der rund 20 000 Couchsurfing-Ziele in aller Welt: Paris, London, Montreal, Berlin, Wien, New York, Istanbul, San Francisco, Melbourne und Toronto.

Wie immer hatte ich nach »interessanten« Gastgebern gesucht. Das war ziemlich einfach, denn einige Leute beschreiben sich ungefragt als »interessant«. Sie wussten offenbar genau, was jemand wie ich von einem Gastgeber erwartet:

Ich bin ein sehr interessanter Mensch, belästige mich daher bitte nicht mit dummen Ideen.

Okan, 29

Meine Besucher sollten so interessant sein wie ich, sie sollten ehrlich sein, die allgemeinen Regeln des Zusammenlebens beachten und den Müll rausbringen.

Anil, 32

Ich bin ein interessanter Mann. Von mir kannst du alles über
die Geschichte der Mafia erfahren. Umarme mich.

Can, 23

Einer der Gastgeber klang interessant, ohne dass er dies ausdrücklich erwähnt hätte. Serhat Bilgiç muss so etwas wie der König der Couchsurfer sein (oder besser gesagt der König des Hospitality Club). Der 36 Jahre alte, pensionierte Banker hatte schon ganze Busladungen von Couchsurfern bei sich zu Gast. In weniger als zwei Jahren hatte er 327 Backpacker aus 38 verschiedenen Ländern bei sich beherbergt. Zurzeit liegt sein Rekord bei 13 Besuchern, die gleichzeitig in seinem Haus übernachteten; eine gewisse Jasmina aus Mazedonien hat es mit 42 Nächten am längsten bei ihm ausgehalten. Sein bis dato ältester Gast war der 61-jährige Wolfgang aus Österreich und der jüngste der neun Monate alte Eric aus Estland.

Serhat erhält euphorische Bewertungen, einer seiner Fans nennt ihn sogar den »Sultan von Istanbul«. Er ist definitiv ein Fan seiner Heimatstadt: »Istanbul ist die Königin aller Städte und die Tänzerin am Bosporus. Tagsüber ist sie eine Salsatänzerin, nachts eine Bauchtänzerin, und sie ist stets bereit, dich zu umarmen und zu küssen.«

Leider war Serhat während meiner Reise nicht in Istanbul. Wenn 327 Besucher derartige Lobeshymnen auf ihn singen, muss er ein ziemlich edles Sofa haben.

Was die Zahl seiner Besucher angeht, befand sich James Hakan Dedeoğlu am anderen Ende der Skala. Ich war sein erster Gast. Der Grund, warum er bislang noch keine Couchsurfer beherbergt hatte, war auch der, warum ich ihn interessant fand. Als Gründer und Chefredakteur des monatlich erscheinenden Kulturmagazins *Bant*, das die Kunst- und Kulturszene in der Stadt beleuchtete, hatte er einfach zu viel zu tun. »Ich kann dir die Stadt von ihrer unbekanntesten und interessantesten Seite zeigen«, hatte er mir in seiner Email geschrieben.

Ich freute mich schon sehr darauf, selbst die bekanntesten Seiten der Stadt kennenzulernen. Die türkische Küste hatte ich zwar schon besucht, aber ich war noch nie in der Stadt gewesen, die Hauptstadt des Römischen, des Byzantinischen und des Osmanischen Reiches gewesen war. In der Geschichte Istanbuls spiegelt sich die gesamte faszinierende Geschichte der abendländischen Zivilisation, der religiösen Konflikte und der Kebabs wider.

Auf dem Weg zum verabredeten Treffpunkt mit James sah ich bereits einen großen Teil der Stadt. Ich musste von Europa nach Asien übersetzen – mit einem Bus, der weniger als zwei Euro kostete. Mit dem Flughafenbus zischte ich durch eine moderne, wenngleich etwas schmuddelige Stadt, über die lang gestreckte Bosporusbrücke, von der aus ich rostige Containerschiffe um das Goldene Horn biegen sah, bis zum großen Taksim-Platz auf der asiatischen Seite. Auf dem Platz drängten sich die Einheimischen, die in der einen Hand einen Kebab und in der anderen eine Cola hielten. Ich musste mich durch die Massen kämpfen, um die Straße zu überqueren und den Bus nach Kadıköy zu erwischen.

Selbst als wir durch die Straßen der Vorstadt Moda zu James' Wohnung gingen, mussten wir oft auf die Straße ausweichen, da uns die Menschenmenge vom Gehsteig schob.

»Heute ist ein Feiertag«, erklärte mir James, als ich ihn fragte, warum denn die ganze Stadt auf den Beinen zu sein schien. »Es ist Eid ul-Fitr, der erste Tag nach dem Ende der Fastenzeit Ramadan. Die nächsten drei Tage sind auch Feiertage, die *Şeker Bayramı*. Jeder zieht seinen besten Anzug an, besucht Familie und Freunde und schlägt sich den Magen voll. Heute ist außerdem der wichtigste Tag, um in der Moschee zu beten.«

»Bist du Muslim?«, fragte ich ihn.

»Ja. 95 Prozent aller Türken sind Muslime.«

»Und warst du heute Morgen in der Moschee?«

»Äh, nein. Ich bin zwar Muslim, aber dieses ganze religiöse Zeug mache ich nicht mit«, erwiderte James wenig pietätvoll. »In die Moschee gehe ich nur zu Beerdigungen. In der Familie feiern wir das Ende des Ramadan. Dann gibt es eine Menge Essen. Und als Kinder haben wir immer Geschenke bekommen.«

»Das geht mir ganz ähnlich«, nickte ich. »Ich bin Katholik, aber ich gehe nur zu Beerdigungen in die Kirche, und ich feiere Weihnachten, damit ich Geschenke bekomme und eine Ausrede habe, mich richtig zu betrinken.«

»Die meisten meiner Freunde halten es so wie ich.« James zuckte mit den Schultern. »Ich habe einen kanadischen Freund, der hier lebt und muslimischer ist als alle meine türkischen Freunde.«

Das erinnerte mich an etwas, über das ich mich einige Stunden zuvor sehr gewundert hatte.

»Sag mal, haben die Türken eigentlich etwas gegen die Kanadier?«

»Nein, wieso?«

»Am Einreiseschalter im Flughafen hängt ein Schild, auf dem die Visagebühren für sämtliche Länder aufgeführt sind. Die meisten kosten so um die 15 Euro, aber die Kanadier müssen 45 Euro bezahlen.«

»Komisch.«

»Eben. Warum die Kanadier? Die sind doch so nett.«

»Man sollte meinen, dass die Amerikaner am meisten bezahlen müssten«, sagte James. »So unbeliebt, wie die sind.«

Genauso seltsam fand ich es, dass nur drei Länder von den Gebühren ausgenommen waren: Kirgisistan, Bolivien und Mazedonien. Diese Länder hatten sie wahrscheinlich per Losverfahren ermittelt.

»Schade, dass du in zehn Tagen nicht mehr hier bist«, sagte James, als wir die Treppen zu seiner Wohnung im vierten Stock hinaufstiegen. »Ich heirate nämlich und du hättest zu unserer Hochzeitsfeier kommen können.«

Ich kannte James seit weniger als einer Stunde und er lud mich bereits zu seiner Hochzeit ein. Die Gastfreundschaft und

Großzügigkeit der Couchsurfer überraschte mich immer wieder. Es hätte mich auch nicht weiter verwundert, wenn James mich gefragt hätte, ob ich nicht sein Trauzeuge sein wollte.

James und seine Verlobte Aylin waren eben erst in ihre neue Wohnung gezogen und noch dabei, Kisten und Kartons auszupacken. Zuvor hatten die beiden in einer kleinen Wohnung in einem nahe gelegenen Vorort gewohnt. Die neue Wohnung war riesig – vor allem im Vergleich mit den beengten Räumlichkeiten von Joris und Cecile. Von außen wirkte das Gebäude ein bisschen verlottert, doch die Wohnung selbst war frisch renoviert. Der Fußboden war mit Parkett ausgelegt, Küche und Bad waren neu. Für die Wohnung bezahlten die beiden umgerechnet 850 Euro Miete im Monat. (Zum Vergleich: Smári bezahlte 1400 Euro im Monat für sein Zimmer in Reykjavík und Bob 550 Euro für seine Dreizimmerwohnung in Chicago.)

Das Wohnzimmer allein war größer als Smáris gesamte Studentenbude. Abgesehen von einigen nicht ausgepackten Kisten war das Zimmer vollkommen leer. Die einzigen Möbelstücke waren eine neue Ledergarnitur, ein neuer Couchtisch und ein neuer Flachbildfernseher. James erzählte mir, sie hätten außerdem einen neuen Kühlschrank, eine neue Geschirrspülmaschine und natürlich auch einen neuen Toaster. »Wir bekommen unsere Hochzeitsgeschenke schon im Voraus«, grinste er. »Deswegen haben wir ja auch eine größere Wohnung gebraucht.«

Auf der Couch saß Aylin und tippte eifrig in ihren Laptop. »Ich habe heute meinen freien Tag und arbeite«, seufzte sie und sah mich mit einem bezaubernden Lächeln an. Auf dem Couchtisch lagen zwei weitere Laptops und einige Mobiltelefone. James und Aylin hatten gemeinsam die Zeitschrift *Bant* gegründet, nachdem sie sich bei der Arbeit für ein Magazin für Computerspiele kennengelernt hatten. Sie arbeiteten an der 25. Ausgabe ihres Kulturmagazins und standen kurz vor dem Start einer eigenen *Bant*-Fernsehshow.

James führte mich durch die Wohnung. Dazu gehörte natürlich auch die »Couch«, der ich spontan die bislang beste Note gab. Ich bekam nämlich mein eigenes Zimmer mit einem großen Doppelbett und einem eigenen Bad. Aylins Mutter und ihre Schwester (die beide in İzmir lebten und anlässlich der Hochzeit für zwei Wochen nach Istanbul gekommen waren) standen in der Küche und backten, bügelten und brutzelten, was das Zeug hielt. »Meine Mutter kocht schon seit drei Tagen«, sagte Aylin.

Aylins Mutter war der Ansicht, ich müsse nach meiner Reise dringend etwas essen. »Aber nur ein bisschen«, stöhnte ich und hielt mir meinen immer runder werdenden Bauch. »Ich habe in den letzten Tagen so viel gegessen wie noch nie.« (Obwohl ich den Verdacht habe, dass meine Kugel mehr vom Bier als vom Essen kam.) Das »bisschen« erwies sich als riesiger Teller voller scharf gewürzter Hackfleischbällchen in Tomatensoße, gebackener und gefüllter Aubergine, Nudeln und Reis.

»Und, bist du schon nervös wegen der Hochzeit?«, fragte ich Aylin mit vollem Mund.

»Ein wenig«, erwiderte sie nachdenklich. Dann zeigte sie mir einige rote Flecken auf dem Arm. »Das ist vom Stress«, seufzte sie müde. »Wir haben es uns auch nicht einfach gemacht. Neben den ganzen Hochzeitsvorbereitungen sind wir auch noch umgezogen. Und in drei Tagen ist Redaktionsschluss für die neue Ausgabe.«

Ich fragte Aylin, wie eine traditionelle türkische Hochzeit aussehe. Sie antwortete, ihre Hochzeit werde überhaupt nicht traditionell. »Wir feiern in drei Etappen. Der erste Teil ist die offizielle Zeremonie, und die dauert nur ein paar Minuten. Die Trauung ist so kurz, dass ich vor ein paar Wochen eine verpasst habe. Die Zeremonie hat um sieben Uhr angefangen, und als ich um drei nach sieben angekommen bin, war sie schon vorbei. Danach kommt ein Essen mit der ganzen Familie, und zum Höhepunkt eine Party mit zweihundert Gästen, auf der wir uns alle betrinken.«

»Und dann machen wir eine Hochzeitsreise nach Island«, fügte James begeistert hinzu.

»Ah, da war ich vor einer Woche«, erwähnte ich.

»Kannst du uns was empfehlen?«, fragte Aylin.

»Stockt das Limit für eure Kreditkarte auf.«

Nach dem Essen quetschten wir uns in ein Taxi und fuhren zu James' Großmutter zu einem großen Familientreffen. Nur Aylins Mutter blieb zu Hause, um die verbleibenden Lücken im Kühlschrank auch noch mit Essen zu füllen.

»Als Kinder fanden wir diesen Tag immer ganz toll«, erinnerte sich James. »Wenn du einem Verwandten die Hand küsst, dann gibt er dir Geld. Wir haben an diesem Tag immer richtig verdient.«

James hatte seine Gründe, mit der Familie zu kuscheln. »Wir wollen uns ein wenig gut stellen«, grinste er. »Damit die Hochzeitsgeschenke stimmen.«

Es klang, als wären die Geschenke auch so ganz in Ordnung. Aylin erzählte, am Hochzeitstag würden die Verwandten ihr Gold ans Kleid hängen. »Früher waren es Scheine«, berichtete James. »Aber die türkische Lira verliert zu schnell an Wert.«

Als wir zum Haus der Großmutter kamen, öffnete uns James' Mutter Julie die Tür. Wir wurden mit Umarmungen und Küssen begrüßt. Julie sprach mit einem breiten Yorkshire-Dialekt und schaltete mühelos zwischen rasantem Türkisch und »ey oop« hin und her. Bei der Begrüßung der Verwandten erhielt jeder von uns ganze Hände voll Schokolade und Süßigkeiten.

James stellte mir seinen Bruder John vor, der halb aus dem Fenster hing und rauchte. Johns Dialekt war sogar noch breiter als der von Julie und James. Er hatte in den vergangenen drei Jahren in Leeds gelebt und als Steinmetz einer türkischen Firma gearbeitet, die auch eine Niederlassung in Istanbul hatte.

Er war eigentlich nur nach Leeds gezogen, um einem langen Militärdienst zu entgehen. »Wenn du studierst wie James, dann musst du statt fünfzehn Monaten nur fünf machen«, erklärte er mir. »Ich hatte keine Lust auf die fünfzehn Monate, also musste ich drei Jahre im Ausland arbeiten. Deswegen haben sie mir den Militärdienst auf 21 Tage verkürzt.« Während dieser drei Jahre durfte John nicht nach Hause kommen. Auf den Tag genau drei Jahre nach seiner Abreise war er in die Türkei zurückgekehrt.

»Es hat mich aber auch einiges gekostet«, murrte er. »Damit ich nur 21 Tage machen musste, habe ich 4000 Pfund hingeblättert.«

Als neue Verwandte eintrafen, starrten sie John erstaunt an. »Die glotzen mich alle so an, weil ich vor dem Militärdienst lange Haare und einen Bart hatte.« Da John seinen Militärdienst erst am Tag zuvor beendet hatte, war er frisch rasiert und gestutzt.

»Außerdem habe ich sechs Kilo abgespeckt«, sagte er, als ihm seine Großmutter ein riesiges Stück Sahnetorte reichte. Es sah so aus, als habe John vor, sich die Pfunde noch an diesem Tag wieder draufzufuttern. Nach dem ersten Stück lud er sich ein zweites auf den Teller, das noch größer war als das erste.

»Bleibst du jetzt in der Türkei?«, fragte ich John.

»Nein, ich gehe wieder nach England. So habe ich von beiden Welten das Beste.«

Ich wollte nicht unhöflich sein, aber ich war mir nicht sicher, ob Leeds auf irgendeinem Gebiet das Beste zu bieten hatte.

»Hast du Lust, ein wenig auszugehen?«, fragte mich James nach meiner dritten Tasse Tee.

»Ja, gehen wir einen saufen!« John rieb sich die Hände. Er war tatsächlich zum Engländer mutiert.

»Asien ist langweilig, warum fahren wir nicht nach Europa?«, schlug John vor, als wir in ein Taxi stiegen, das uns zum Hafen brachte. Von dort nahmen wir eine Fähre über den Bosporus.

»Die Stadt ist heute ein bisschen verrückt«, meinte James auf der Fähre. »Es sind eine Million Leute unterwegs, die einen Monat lang keinen Tropfen Alkohol angerührt haben.«

Die Aussicht von der Fähre war spektakulär. Nach Einbruch der Dunkelheit zeigte sich die moderne Stadt in ihrem historischen Gewand. Die alten Moscheen, darunter die beeindruckende *Yeni Camii* (was nach Auskunft von James »neue Moschee« bedeutet, obwohl sie schon 1663 gebaut wurde), und die alten Befestigungsanlagen der Stadt wurden mit bunten Lichtern angestrahlt.

Als wir über die Galatabrücke gingen, mussten wir uns durch die Menschenmassen schlängeln. Dutzende Männer verkauften silbrige Fische in Körben, während Hunderte am Geländer standen und zwischen den Fähren ihre Angelruten ins Wasser hielten. Am Ufer auf der anderen Seite der Brücke wurden die frischen Fische auf einer langen Reihe von Holzkohlegrills zubereitet. Obwohl »frisch« vielleicht nicht das richtige Wort ist: Ich nehme an, dass selbst die Fische dankbar waren, aus dem trüben und schmutzigen Bosporus geangelt worden zu sein. Außerdem wurden an zahlreichen Ständen Kebabs, Brezeln, Pfannkuchen, Muscheln und Maiskolben verkauft.

Wir schlenderten nach »Alt Stanbul« und nahmen dort die (nach der Londoner) zweitälteste U-Bahn der Welt. Wir fuhren das gesamte Streckennetz ab, das aus genau einer weiteren Haltestelle bestand. Damit ersparten wir uns allerdings einen ziemlich steilen Hügel. Als wir aus dem U-Bahnhof kamen, wurden wir sofort von einem Strudel Nachtschwärmer erfasst, die die breite, verkehrsbefreite Hauptstraße hinauf- und hinunterzogen.

»Nach dem Ramadan kommen die ganzen Scheiß-Idioten aus den Vororten in die Stadt«, stöhnte John. Wir bogen von der Hauptstraße in eine kleine, gepflasterte Gasse, die von Szenekneipen und Straßencafés gesäumt war. Wir setzten uns an einen Tisch im Freien und bestellten große Gläser Efes Pilsen (nach den ganzen Bieren, die ich auf meiner Couch-Weltreise getrunken habe, könnte ich es vermutlich mit Smáris beeindruckender Liste aufnehmen).

Im Laufe der nächsten Stunde setzte sich eine ganze Horde von Freunden zu uns, darunter zwei von Johns neuen besten Freunden aus der Armee. Keiner der beiden lebte in der Türkei.

Einer kam aus Deutschland, der andere lebte ein paar Kilometer von mir entfernt in Melbourne. Buyruk war im Alter von acht Jahren mit seiner Familie nach Australien ausgewandert und für zwölf Monate in die Türkei gekommen, um dort zu arbeiten. Um in den Genuss dieses Privilegs zu kommen, durfte er seinen Militärdienst ableisten und 5000 Euro hinblättern.

»In unserem Regiment hatten wir einen Amerikaner, der zum Militärdienst musste, um an das Erbe seines Vaters zu kommen«, erzählte John. »Er hat kein Wort Türkisch gesprochen. Deswegen haben ihm die Jungs komplizierte Flüche beigebracht. Er hat nicht mal gewusst, wie man auf Türkisch nach der Toilette fragt, aber jetzt kann er sagen: ›Ich kipp deiner Mutter Beton in die Fotze, damit weder ich noch dein Vater sie ficken können.‹«

Der Militärdienst ist eindeutig eine Charakterschule und stärkt den Nationalstolz.

»Habt ihr bei der Armee auch fasten müssen?«, fragte ich John.

»Na, dann wären wir ja verhungert!«

Die Angst vor dem Hungertod schien auch einer der Gründe zu sein, weshalb die Freunde von James und Aylin während des Ramadan nicht fasteten. »Als ich noch jünger war, habe ich den Ramadan durchgezogen«, erzählte Aylin. »Aber heute kann ich das nicht mehr. Ich habe einfach zu viel zu tun. Du kannst nicht arbeiten, wenn du zwölf Stunden nichts isst oder trinkst. Danach hast du überhaupt keine Kraft mehr.«

»Neujahr ist das größte Fest in der Türkei«, sagte James. »Die Leute stellen Weihnachtsbäume und Nikolause auf, und die frommen Muslime regen sich tierisch auf.«

Inzwischen hatten sich sämtliche Kneipen in der Gasse gefüllt und die Einheimischen tranken hingebungsvoll.

»Ich dachte immer, Muslime dürfen keinen Alkohol trinken«, meinte ich zu James.

»Wir sind Muslime und wir trinken.« James zuckte mit den Schultern.

»In der Türkei dürfen Frauen keine Burka tragen«, erklärte mir Aylin. »Politikerinnen, Anwältinnen, Angestellte im öffentlichen Dienst und Schülerinnen dürfen im Büro oder in der Schule keinen Schleier tragen.«

Auch wenn viele Frauen in der Türkei keinen Schleier und kein Kopftuch tragen, halten sich offenbar trotzdem viele an die muslimische Tradition und bleiben brav zu Hause. Als wir in eine andere Kneipe wechselten, stellte ich fest, dass mindestens 80 Prozent der Passanten in den Straßen Männer waren.

Nach Mitternacht waren nur noch James, John und ich übrig. Wir saßen auf einer hübschen Dachterrasse über der Stadt und schlürften Raki. »Lass uns was essen gehen«, schlug John vor, nachdem wir unsere Gläser geleert hatten. Für das typische Essen nach dem Bier waren wir genau in der richtigen Stadt. Egal wie betrunken man ist, in Istanbul findet man immer einen Döner. Jeder zweite Laden auf dem Taksim-Platz ist ein Dönerstand. »Ich habe hier einen Bekannten«, sagte John und tippte sich an die Nase. »Das heißt, wir können was schnorren.« Genüsslich sog ich den Duft von Grillfleisch ein, der sich über den ganzen Platz legte, und freute mich schon. Doch zu meiner Enttäuschung schleppte John Hamburger an.

Leider kam ich in dieser Nacht noch nicht dazu, auf meiner luxuriösen »Couch« in James' Wohnung Probe zu liegen. Die Wohnung von James' Mutter war näher und, wie John so schön sagte, »scheiß billiger zu erreichen«. James überließ mir sein altes Kinderzimmer. Erst am nächsten Morgen stellte ich fest, wie großzügig diese Geste war: James hatte auf dem Boden von Johns Zimmer auf einem Berg verklumpter alter Kissen genächtigt.

»Und das ist unser Büro«, verkündete James, als wir den Hinterhof eines Cafés betraten. »Hier gibt es eine Internetverbindung und hier führen wir die meisten Interviews für unser Magazin.« Außerdem befand sich das Café genau unter ihrer alten Wohnung. James erzählte mir, sie arbeiteten mehr hier als in ihrem eigentlichen Büro.

»In den Siebzigern war das hier eine ziemlich teure Gegend«, erzählte Aylin, während wir uns an einen der Tische setzten. »Dann sind die Fixer gekommen und der Stadtteil ist vor die Hunde gegangen. Heute ist er wieder cool.«

Zu cool, wie James fand. »Jetzt kommen die ganzen *Sex and the City*-Möchtegerns hierher.«

Ich lachte. »Der Typ, den ich in Chicago besucht habe, hat wortwörtlich dasselbe über seinen Stadtteil gesagt.«

Wir nahmen ein traditionelles türkisches Frühstück zu uns, wie es Aylin und James fast jeden Morgen aßen. Als die Bedienung das Essen brachte, wunderte ich mich, wie es den beiden gelang, so schlank zu bleiben. Auf den Tellern türmten sich Käse, *sucuk* (eine würzige türkische Wurst), Oliven, getrocknete Tomaten, grüne Chilischoten, *reçel* (eine Art Marmelade aus ganzen Früchten), Gurken, Tomaten und *simit* (Sesamkringel). Dazu bekam jeder eine brutzelnde Pfanne mit einem Tomaten-Käse-Omelett.

Nach diesem Festmahl gingen wir in das etwas weniger café-ähnliche Büro von *Bant*, das in den Räumen der Zeitschrift für Computerspiele untergebracht war, für die sie früher gearbeitet hatten. James und Aylin hatten fünf fest angestellte Mitarbeiter: einen Illustrator, einen Designer, zwei Autoren und einen Handelsvertreter. Während James und Aylin in die Tasten griffen, begann ich meinen touristischen Rundgang. Ehe ich loszog, warnte mich James: »Hüte dich vor Männern mit Fez. Wenn du in einem Restaurant oder Laden Männer in Fez siehst, dann ist es eine Touristenfalle.«

Nicht weit vom Büro befand sich der meistbesuchte Ort von ganz Istanbul: *Şişli Kültür ve Ticaret Merkezi*, das Einkaufszentrum Cevahir. Es ist das größte Einkaufszentrum Europas (und nach der South China Mall in Dongguan, der Golden Resources Shopping Mall in Peking und der Mall of Asia in Pasay City auf den Philippinen das viertgrößte der Welt). Es war ein Einkaufszentrum von monumentalen Ausmaßen, doch es sah genauso aus wie jede andere Mall auf der ganzen Welt, in den Gängen waren dieselben globalisierten Ketten mit ihren Läden vertreten. Und wie in jedem anderen Einkaufszentrum der Welt tummelten sich hier Horden von Burger futternden und SMS tippenden Jugendlichen – Jungs mit zu viel Gel im Haar und Mädels mit zu viel Schminke im Gesicht. Natürlich verlief ich mich. Rückblickend war es vermutlich keine besonders gute Idee, ein Einkaufszentrum mit Hunderten von Geschäften zu betreten, um ein Päckchen Kaugummi zu kaufen.

Ich nahm die überfüllte U-Bahn in die Stadt. Während der Feiertage waren die öffentlichen Verkehrsmittel umsonst, weshalb »die ganzen Scheiß-Idioten aus den Vororten damit durch die Gegend fahren, einfach so zum Scheiß«, wie John es so schön formulierte. Die Straßenbahn war noch voller. So voll, dass die ungeduldigen Schlangen an den Haltestellen nicht einmal warteten, bis die Fahrgäste ausgestiegen waren, um sich in die Waggons zu quetschen.

An jeder Haltestelle stiegen mehr Leute zu. Ich wurde mit dem Gesicht gegen einen Typen gepresst, der leicht für einen Gorilla hätte durchgehen können. Zwischen den schwitzenden Körpern, die sich an mich drückten, bekam ich ein authentisches türkisches Bad. Irgendwann war die Bahn derart überfüllt, dass der Fahrer die Tür nicht mehr schließen konnte. Er versuchte es ein paarmal, mit dem Effekt, dass er einigen Fahrgästen die Tür ins Gesicht schlug. Der Gorilla neben mir reagierte ein wenig panisch, schrie in Richtung Fahrer und drückte die Leute von sich weg. Als es dem Fahrer endlich gelang, die Tür zu schließen, schimpfte er weiter. Der Fahrer rächte sich prompt. Plötzlich trat er auf die Bremse und sorgte dafür, dass alle nach vorn flogen. Damit fing er sich heftigere Flüche ein, weshalb er noch einmal und fester auf die Bremsen trat. Es war wie eine sadistische Autoscooterfahrt. Ich stieg einen Halt später aus, als ich eigentlich wollte, und das auch nur, weil mich der Gorilla ins Freie beförderte.

Den Rest des Tages verbrachte ich im touristischen Bermudadreieck Istanbuls zwischen der Blauen Moschee, der Hagia Sophia und dem Topkapı-Palast.

Die großartige Blaue Moschee (die in Wirklichkeit grau ist, aber ich will ja nicht mäkeln) ist eine Ansammlung von Kuppeln und Bögen, umstellt von sechs schlanken Minaretten, die in den Himmel zeigen wie Raketen. James hatte eine andere Bezeichnung für die berühmte Gebetsstätte: *Kokan Ayaklarin Büyük evi Kokan Ayaklar Konağı* oder »Das Große Haus der stinkenden Füße«. Ich trug meinen Teil dazu bei, als ich meine Schuhe auszog, in denen nach meiner Fahrt im »Großen Wagen der schwitzenden Pendler« das Wasser stand. Das Innere der Moschee war nichts als ein großer, offener Raum, ohne Bänke, ohne Bilder, ohne Schmuck, in dem die Betenden in langen Reihen auf Teppichen knieten. Und dann waren da noch die nicht betenden Jugendlichen. Mit ihren Mobiltelefonen fotografierten sie sich gegenseitig, wie sie unter riesigen Schildern mit der Aufschrift *Fotografieren streng verboten!* standen.

Als wir Ungläubigen zu Beginn der offiziellen Gebetsstunde aus der Moschee geleitet wurden, hockten sich dieselben Jugendlichen draußen auf eine Treppe neben ein Schild mit der Aufschrift *Auf der Treppe sitzen streng verboten!*

Die Hagia Sophia, die im 6. Jahrhundert erbaut wurde, war mehr als ein Jahrtausend lang der größte abgeschlossene Innenraum der Welt. Just zum Zeitpunkt meines Besuchs wurde dort eine gewaltige, weltbekannte Skulptur gezeigt, die in einer Wanderausstellung in sämtlichen historischen Sehenswürdigkeiten der Welt zu bewundern ist. Es ist beinahe unheimlich, wie oft ich ihr auf meinen Reisen inzwischen begegnet bin. Ich weiß nicht, wann diese Skulptur entstanden ist, die etwa ein Viertel des Innenraums der Hagia Sophia einnahm und bis unter ihre Kuppel der Moschee reichte, aber ich nehme an, dass sie aus dem Ende des vergangenen Jahrhunderts stammt. Etwa um diese Zeit wurden die meisten modernen Gerüste gebaut. Zugegeben, es war eines der kunstfertigsten Gerüste, das ich je gesehen habe. Leitern und Absperrungen waren in einem attraktiven Orange gehalten. Vor allem die japanischen Touristen schienen zutiefst beeindruckt und schossen eifrig Fotos von dem Gerüst. Ich ging an thailändischen, deutschen, italienischen, spanischen und französischen Reisegruppen vorüber, die offenbar ausführlich auf die komplexen Schreinerarbeiten der Gerüstbauer eingingen.

Der Topkapı-Palast war für die Herrscher des Osmanischen Reiches Verwaltungsgebäude und Eros-Center in einem. Ich will mich nicht in Einzelheiten verlieren – es reicht vielleicht zu sagen, dass der Palast groß und üppig ist und eine Menge altes Zeug zu sehen ist. Hier lernte ich auch einen weiteren Ort kennen, der wie der Große Geysir seinen Namen für ähnliche Dinge in aller Welt hergeben musste. Der Topkapı-Palast war nämlich auch Heimat der vielen Gemahlinnen des Sultans. Die Frauen schliefen in einem Saal mit dem Namen »Harim«, und dieser Name bürgerte sich bald für den Wohnort vieler Ehefrauen ein. In diesem Harem lebten zeitweise bis zu tausend Frauen.

Von einer Straßenbahnhaltestelle aus beobachtete ich einen majestätischen Sonnenuntergang über der Blauen Moschee. Ich musste eine Stunde warten, ehe eine Bahn vorbeikam, die nicht wegen der »Scheiß-Idioten aus den Vororten« aus allen Nähten platzte.

In den Büros von *Bant* wurde noch immer auf Hochtouren gearbeitet. »Tut mir leid«, entschuldigte sich James. »Wir sind keine guten Gastgeber.«

»Das ist schon okay«, antwortete ich. »Da kann man nichts machen.«

»Wir haben uns gerade was zum Abendessen bestellt. Magst du was davon?«

Das Abendessen bestand aus Thunfischbroten, Pommes und Cola – nicht die türkischen Spezialitäten, die ich mir erhofft

hatte. Als ich James fragte, wo ich ein typisch türkisches Abendessen bekäme, empfahl er mir ein Restaurant um die Ecke.

Külünçe Sofrası war ein traditionelles Restaurant, wenn auch
ohne Bauchtänzerinnen. Es gab keinen Alkohol, aber das war mir
nur recht: Ich hatte mich sowieso entschieden, einen alkoholfreien Tag einzulegen. Es war nicht nur eine schöne Abwechslung, einmal nichts zu trinken, ich freute mich auch, ausnahmsweise einmal allein zu sein. Eines der Probleme des Couchsurfing
ist, dass man sich als Gast verpflichtet fühlt, seine Gastgeber zu
unterhalten. Man kann sich nicht einfach auf die Couch fläzen
und sagen: »Gib mir mal die Fernbedienung und halt die
Klappe.« Vielleicht könnte ich dieses Bedürfnis ja mit einer
neuen Website mit dem Namen CouchPotatoSurfing.com bedienen.

Külünçe Sofrası hatte weder eine englischsprachige Speisekarte noch Englisch sprechende Kellner. Das gestaltete die Bestellung etwas knifflig. Ich führte einen dieser peinlichen Dia-
loge, wie man sie beim Reisen gelegentlich erlebt, wenn man
mittels Pantomime und ein paar Brocken Englisch eine Frage
stellt (wie fragt man: »Was ist die Spezialität des Hauses?«) und
sich dann schweigend die fünfminütigen Erklärungen des Kell-
ners anhört und ihm dabei zusieht, wie er auf eine Speisekarte
deutet, die man ohnehin nicht lesen kann.

Der Kellner sagte vermutlich: »Da du ein dummer Tourist
bist, der zufällig in ein Restaurant gestolpert ist, in dem die Kellner keinen Fez tragen, und da du kein Wort von dem verstehst,
was ich dir sage, empfehle ich dir jetzt das unbeliebteste und
teuerste Gericht auf der Karte.«

Ich nickte und sagte: »Ja, genau das nehme ich.«

Ich habe den Verdacht, dass ich das Bankett für zehn Personen bestellt hatte. Allein meine Vorspeise aus Brot und verschiedenen Soßen war eine vollwertige Mahlzeit. Das Fladenbrot war
so groß wie mein Platzdeckchen. Das Hauptgericht bestand aus
Hähnchenflügeln, *köfte* (Hackfleischbällchen), Schisch Kebab,

Pizza, verschiedenen Böreks (lecker gefüllten Blätterteigtaschen), großen, gegrillten Chilischoten, gegrillten Tomaten und Salat. Als der Kellner das Essen auftrug, brauchte er gute zehn Minuten, mir zu erklären, was sich alles auf meinem Teller befand. Auf Türkisch natürlich.

Nachdem ich mich ins Büro von *Bant* zurückgeschleppt hatte, begrüßte mich James mit den Worten: »Ich habe ein paar Freunde angerufen. Wenn du magst, kannst du mit denen einen trinken gehen.«

»Oh ... ich bin eigentlich ganz froh, wenn ich mich einfach hier hinsetzen kann«, antwortete ich. »Außerdem wollte ich heute mal einen alkoholfreien Tag einlegen.«

»Tut mir leid«, sagte James zwei Stunden später. »Du langweilst dich wahrscheinlich zu Tode.«

»Ich war in den letzten fünf Wochen jeden Abend auf Achse. Ich bin echt froh, mich zur Abwechslung mal zu langweilen.«

Ich war so dankbar für die Langeweile, dass ich an einem der Schreibtische einschlief. Um halb eins packten James und Aylin ihre Sachen zusammen. »Hast du Lust auf einen Absacker?«, fragte mich James.

»Und was ist mit meinem alkoholfreien Tag?«

»Es ist schon nach Mitternacht, das heißt, technisch ist es schon morgen.«

»Also gut.«

James hatte einen romantischen Morgen zu zweit geplant. Erst bei einem Juwelier im Großen Basar die Ringe abholen, die er und Aylin entworfen hatten, und danach eine gemeinsame Massage. Nur dass es nicht romantisch war, denn es waren nur James und ich.

Istanbul hat nicht nur das größte, sondern auch das älteste Einkaufszentrum Europas. Der sehr große Große Basar besteht aus sechzig überdachten Straßen mit mehr als 4000 Geschäften, in denen seit Jahrhunderten dasselbe verkauft wird: Gold- und

Silberschmuck, Kupfergegenstände, Keramik, Teppiche und Potenzmittel. Direkt neben dem Bezirk für Goldschmuck befindet sich der Gewürzmarkt (sozusagen zum Würzen der Ehe). In endlosen Reihen von Ständen verkaufen die Händler unter anderem ein »Tödliches Haifischpower-Spray« (gegen vorzeitige Ejakulation), ein Superständer-Spray, Megapackungen Viagra und eine eindrucksvolle Sammlung von Pornovideos. Der Kerl mit dem Superständer-Spray hielt die Schachtel hoch und schrie etwas, das James als »Fick die ganze Nacht wie ein Bock« übersetzte.

Wegen der Feiertage waren die meisten Stände des Großen Basars geschlossen, doch wir wurden auch so noch von genügend Händlern belästigt. Da ich mit einem Einheimischen unterwegs war, wurde ich allerdings etwas weniger behelligt. Und wenn wir einen Händler überhaupt nicht abschütteln konnten, dann sagte James ein paar Worte und er ließ uns in Ruhe. Ich habe keine Ahnung, was er sagte, aber ich nehme an, dass es etwas mit Beton und der Mutter des Händlers zu tun hatte.

James hatte vor Redaktionsschluss noch eine Menge zu tun, doch er hatte freundlicherweise angeboten, den Morgen mit mir zu verbringen und so viele original türkische Erlebnisse wie möglich in die paar Stunden zu packen. Nach einem Sprint durch den Markt duckten wir uns durch eine niedrige Tür an der Straße, die in einen großen Hof führte. Der Hof war mit bunten Teppichen ausgelegt, überall standen niedrige Tische und die Wände waren von Glasvitrinen mit Wasserpfeifen gesäumt. »Die Leute aus dem Viertel bringen ihre Pfeifen mit und lassen sie dann hier. Du kannst nicht in die Türkei kommen, ohne eine Wasserpfeife zu rauchen«, erklärte mir James, als wir das Tabakmenü studierten, auf dem Wasserpfeifen mit Bananen-, Erdbeer-, Cappuccino-, Schokoladen- und Apfelgeschmack angeboten wurden.

»Während meines Studiums bin ich jeden Tag hierhergekommen«, erzählte er mir.

»Hast du Journalismus studiert?«

»Nein, Spanisch. Die meisten meiner Freunde von damals sind heute Reiseführer für spanische Touristengruppen.

Die letzte Station unserer Blitztour war das Çemberlitaş Hamamı, ein türkisches Badehaus aus dem Jahr 1584. Wir nahmen das komplette Servicepaket mit Ölwechsel.

»Du. Ausziehen. Jetzt«, bellte mich der Chef der Umkleidekabine an. »Geh in den Spind.«

»In den Spind?«, fragte ich ein wenig ungläubig.

Der Spind stellte sich als kleiner Raum heraus, in dem sogar ein Bett stand.

»Denkst du an mich für Trinkgeld, ja?«, zwinkerte er zum Abschied.

Nachdem ich meine Blöße mit einem winzigen Handtuch bedeckt hatte, gingen wir in den Dampfraum (genannt *hararet*) mit einem hohen Kuppeldach und marmorgefliesten Wänden und Böden. Wir wurden angewiesen, uns auf große, warme Steintische zu legen, wo ich prompt einschlief. Ich fuhr hoch, als ich ein lautes Schreien und Stöhnen hörte. Es war James, der von einem Gorilla verprügelt und in Stücke gerissen wurde. In diesem Moment kam auch schon mein Masseur, vermutlich ein ehemaliger Preisringer, auf mich zu, in der einen Hand einen groben Handschuh, in der anderen einen Eimer mit Seifenlauge. Fröhlich singend peelte er mir die Haut, oder besser, er riss sie mir vom Leib, während er literweise kochendes Wasser über mich goss.

Dem folgte eine Massage, zu der sich mein großer Freund auf mich setzte und versuchte, mir Arme und Beine auszureißen. Nun war ich mit dem Schreien und Stöhnen an der Reihe. Die Tortur endete mit einer »Entspannungsmassage«, zu der er mir einen Eimer eiskaltes Wasser über den Kopf schüttete.

»Denkst du an mich für Trinkgeld, ja?«, sagte er zum Abschluss. Das war allerdings gar nicht so einfach. Mit ihren dunklen Locken, herunterhängenden Schnauzbärten, dicken Bäuchen und der üppigen Brustbehaarung sahen sich die Mitarbeiter des türkischen Bades verdammt ähnlich.

Nach dem Durchkneten kam die Ölung. Ein weiterer, identisch aussehender Masseur ölt mich erst ein, dann folgten neue Dehnungen, Verrenkungen, Schläge und Schreie.

Zugegeben, nach einer abschließenden herrlichen warmen Dusche fühlte ich mich unglaublich entspannt und erfrischt. Danach stiegen wir in die voll besetzte Straßenbahn und in weniger als einer Sekunde war ich wieder schweißgebadet und entnervt.

James ging zurück ins Büro und ich zum Mittagessen in ein Restaurant, das er mir vorgeschlagen hatte. *Hamdi Et Lokantası* befand sich auf der Dachterrasse eines Apartmenthauses, von der aus man die Galatabrücke und das Goldene Horn überblicken konnte. Die Aussicht war atemberaubend. Leider bekam ich einen Tisch in einer Ecke mit einem atemberaubenden Blick auf die Kellnerecke. Oben auf der Speisekarte stand »Hamdi – Gleiche Qualität und gleiche Adresse seit 1970«. Die Zeitreise ging sogar noch weiter. Das Restaurant hatte offenbar noch dasselbe Besteck und die Kellner trugen dieselben Uniformen wie zur Eröffnung.

Der Fisch und die Kebabs, die ich bestellte, waren zum Glück jüngeren Datums.

Als ich das Restaurant verließ, hielt vor mir ein Taxi und der Fahrer fragte mich: »Eine Fahrt für dich?« Ich stieg ein. Ich hatte eigentlich noch ein bisschen mehr von der Stadt sehen wollen, aber ich war so müde, dass ich froh war, einfach zurück ins Büro von *Bant* zu fahren und mich auf die Couch zu setzen.

James und Aylin waren ein wenig überrascht, als ich sie um acht Uhr fragte, ob ich zurück in die Wohnung fahren könne, weil ich bettreif sei. Sie waren dann aber versöhnt, als ich ihnen sagte, dass ich mich so sehr auf ihr Bett freute, weil ich ihm die bisher beste Couchnote gegeben hatte:

Couchnote: 9 von 10
Plus: Großes, weiches Doppelbett
Minus: Nicht ganz so weiches, einlagiges Klopapier

James und Aylin kamen am nächsten Morgen um halb acht nach Hause. Sie hatten die ganze Nacht durchgearbeitet. Erschöpft, wie sie waren, boten sie mir an, mich zur Anlegestelle der Fähre zu bringen (der letzte Halt der Fähre ist eine kurze Taxifahrt vom Flughafen entfernt). Da wir noch ein bisschen Zeit hatten, ehe die Fähre ablegte, gingen wir zu einem hübschen Café am Ufer und bestellten schwarzen Tee und klebrige Brötchen.

Nach dem Frühstück lehnten wir uns zurück und genossen den Ausblick. Ich unterbrach die andächtige Stille mit einer kleinen Ansprache: »Danke, ihr wart wirklich wunderbare Gastgeber.« Auf diese von Herzen kommende, wenngleich etwas kitschige Bemerkung antworteten die beiden mit Schweigen. Als ich mich umdrehte, sah ich, dass James und Aylin eingeschlafen waren.

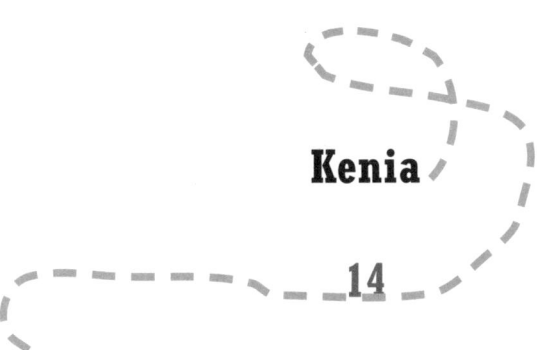

Kenia

14

Ich bin ein echter Kenianer, ich liebe mein Land, ich liebe meine
Familie, und du wirst voller Erinnerungen nach Hause fahren.
Thadeus Mutinda Mutisya, 34, Nairobi, Kenia
CouchSurfing.com

»Willkommen in Nairobbery!«, rief mein Gastgeber Thadeus
Mutinda Mutisya strahlend, als wir ins Zentrum von Nairobi fuhren. »Es gibt Leute, die nennen es Nairobbery, denn hier wird
viel geklaut.«

Als er mir eine Geschichte erzählte, die er am Morgen in der
Tageszeitung *Daily Nation* gelesen hatte, überlegte ich, ob ich
nicht besser gleich wieder zum Flughafen zurückfahren sollte. In
den Slums war ein Mann überfallen und ausgeraubt worden, die
Täter hatten ihm mit einer Machete den Penis abgehackt und
seine Leiche auf die Schienen geworfen. Die Zeiten sind schwie-
rig, wenn man Penisse klauen muss – auch wenn ich mir nicht
erklären kann, wozu jemand einen Ersatzpenis braucht.

Vielleicht hätte ich mich ein bisschen sicherer gefühlt, wenn
ich bei George Ndungu untergekommen wäre, der seinen Beruf als »oberster Sicherheitschef« angegeben hatte. Allerdings
passte ich nicht ganz auf das Wunschprofil seiner Gäste:
»Junge, reife Frauen aus sozialen Berufen, die auf innere Werte
sehen.«

Auch Catherine wäre eine sichere Wahl gewesen: »Ich lebe in
einem friedlichen und sauberen Stadtteil ohne Probleme. Pistolen verboten.« Ich fürchte nur, ich wäre ihr vermutlich nicht

ernsthaft genug gewesen, denn sie schrieb weiter: »Ich mag keine Witzbolde.«

Ein gewisser Chal wiederum wollte nur sichere Gäste: »Wir heißen Baptisten willkommen, die sicher sind, keinen Alkohol trinken, rauchen oder Drogen nehmen. Beachten Sie, dass wir keine Gaststätten besuchen und keine Trinkgelage dulden.«

Mein Gastgeber Mutisya war sich offenbar nicht so sicher, inwieweit er die körperliche Unversehrtheit seiner Gäste garantieren konnte: »Die Sicherheit ist manchmal gewährleistet, wenn wir bei mir sind.« Für ihn sprach, dass er seinen Gästen beibringen wollte, wie man eine Giraffe küsst:

> *Genießen Sie Ihr Zuhause in der Fremde, lernen Sie unsere Kultur kennen, besuchen Sie an den Wochenenden meine Familie auf dem Land, helfen Sie beim Einkaufen, lernen Sie ein wenig Kiswahili, besuchen Sie Sehenswürdigkeiten in der Stadt und lernen Sie, wie man eine Giraffe küsst.*

Ich sagte ihm, dass ich nichts dagegen hatte, wenn wir den Giraffenkuss auslassen würden. Haben Sie mal gesehen, was für riesige Zungen die haben?

Vom Flughafen aus rief ich Mutisya an, und er bot mir an, mich abzuholen. Er sagte noch, er sei leicht zu erkennen, und das war nicht gelogen: Er kam in einem knallroten Coca-Cola-T-Shirt, einer schicken beigen Hose und gelben Sandalen in die Ankunftshalle stolziert.

»Wir bleiben nicht in Nairobi«, erklärte er mir, als wir in seinen verstaubten Toyota stiegen. »Wir schauen bei meiner Frau und meinen Kindern vorbei und dann fahren wir in mein Dorf.« Das Dorf hieß Mukuyuni und lag in der Region Kangundo, zwei Stunden östlich von Nairobi. »Ich habe große Pläne für dich«, sagte er überschwänglich. »Im Dorf wirst du meine ganze Familie kennenlernen und du wirst sehr müde sein.«

»Wie groß ist denn deine Familie?«

»Ich habe fünf Brüder, drei Schwestern und viele, viele Cousins, und du wirst sie alle kennenlernen. Und dann wirst du Tiere kennenlernen.«

Mutisya hatte eine ganz gute Vorstellung davon, wo und wie ich Tiere kennenlernen konnte. Er war nämlich Safari-Veranstalter. Ehe er mich seiner Familie und seinen Kindern vorstellte, wollte er mir allerdings die Sehenswürdigkeiten der Stadt zeigen. Diese erwiesen sich als vollkommen unscheinbare Gebäude. Erste Station war das Nationale Konferenzzentrum, ein modernes Hochhaus in der Innenstadt.

»Du musst aussteigen und ein Foto machen«, drängte Mutisya. »Es ist das höchste Gebäude von *ganz* Nairobi.«

Mutisya war offenbar sehr stolz auf die Hochhäuser von Nairobi, denn bei unserer nächsten Station sagte er: »Mach ein Foto. Das ist ein schönes Hochhaus.« Wir hielten noch einige Male, um Gebäude abzulichten, die nicht ganz so hoch waren, als dass sie die Touristen in Scharen angelockt hätten, darunter das Finanzministerium, das Außenministerium, das Sicherheitsministerium, das Bildungsministerium und die städtische Leichenhalle.

Abgesehen von den »schönen Gebäuden« war Nairobi genauso, wie ich es mir vorgestellt hatte: schmutzig, stinkend, laut. Und das waren nur die Straßenhändler, die sich an jeder Kreuzung darum prügelten, als Erstes ihre Waren in die Fenster der haltenden Autos zu strecken.

»Mach ein Bild von dieser Straße«, befahl mir Mutisya, als wir in die Kenyatta Avenue bogen. »Und jetzt in die andere Richtung. Und da, ein Straßenschild – fotografier das auch noch!«

Ich war kaum eine Stunde im Land und hatte schon fast einhundert Fotos geschossen.

Am Ende der Tour hielten wir nicht vor einem modernen Gebäude, sondern vor einer Ansammlung von Holzhütten. Wir unternahmen einen kurzen Rundgang durch den ältesten Markt der Stadt, auf dem hauptsächlich moderne Souvenirs wie T-Shirts und Schlüsselanhänger verkauft wurden. Oder geschnitzte Giraffen. Ich erwarb authentische afrikanische Souvenirs: zwei Bananen.

»Nairobi hat eine kleine Innenstadt. Der Rest sind vor allem Slums«, erklärte mir Mutisya, als wir an Wellblechhütten vorüberfuhren, in deren Schatten zerlumpte Kinder spielten.

»Das ist eine ziemlich gefährliche Gegend«, sagte er nebenbei. »Hast du das Knöpfchen runtergedrückt?«

Ich hatte schon nachgesehen, ehe er den Satz vollenden konnte. »Wenn jemand an die Scheibe klopft, ignorier ihn einfach«, fuhr er fort. »Und mach auf keinen Fall das Fenster auf.«

Unter keinen Umständen hätte ich das Fenster geöffnet. Ich hänge an meinem Penis, und wollte, dass das auch so blieb.

Als wir in eine nicht asphaltierte Schlaglochpiste bogen, in der sich zerlumpte Menschen und räudige Hunde um Kerichtfeuer drängten, erklärte mir mein Gastgeber: »Das ist eines der besseren Viertel.« Hier lebte auch Mutisya. Wir hielten neben einem Eselkarren. Durch eine niedrige Tür in einer weiß gestrichenen Ziegelmauer betraten wir einen staubigen Hof, in dem kreuz und quer Wäscheleinen gespannt waren. Um den Hof standen einige Hütten, in denen vor allem schreiende Kinder zu leben schienen.

Als Mutisyas fünfjähriger Sohn William auf mich zulief, um mich zu begrüßen, schenkte ich ihm ein Malbuch und eine große Packung Wachsmalkreiden. Ich habe noch nie so große Freude in den Augen eines Kindes gesehen.

»Das ist nicht mein Sohn«, sagte Mutisya.

Mist. Ich habe noch nie so großes Leid in den Augen eines Kindes gesehen, als ich ihm die Geschenke wieder wegnahm, um sie dem richtigen William zu geben.

Das Innere von Mutisyas Hütte war düster und wurde von einer einzigen Kerze erhellt. Die Hütte bestand aus nur einem Raum, der von einem Doppelbett beherrscht wurde. An einer Wand stand eine einnehmende braune Samtcouch, und zwischen Bett und Sofa war ein Kaffeetischchen mit Glasplatte und

Messinggestell gequetscht. Schränke konnte ich nicht entdecken, die Kleider der Familie hingen an den Wänden. In einer Ecke der Hütte befand sich eine Kochecke, die aus einem kleinen Gaskocher und einer Spüle bestand. In einer anderen Ecke war ein weiterer »Raum« mit einer Toilette. Sie war es auch, die das Viertel zu etwas Besserem machte. Irgendwo hatte ich gelesen, dass in einem anderen Stadtteil Nairobis auf 40 000 Einwohner gerade einmal zehn Latrinen kamen.

Mutisyas Frau Terry Mwongeli freute sich, mich zu sehen – vor allem als ich ihr eine große Schachtel mit belgischen Pralinen reichte, die ich in der Türkei gekauft hatte. Terry zeigte mir stolz den fünf Wochen alten Lorenzo, der in einem Körbchen neben dem Bett vor sich hin krähte.

»Ich habe ihn nach einem italienischen Couchsurfer benannt, der uns besucht hat«, sagte Mutisya.

Terry bereitete uns ein Frühstück aus Bananen, Avocados, Spiegeleiern, Kokosnuss und Brot zu, während der kleine William, wie alle Kinder der Welt, mit herausgestreckter Zunge selig malte.

»Wann hat William Geburtstag?«, fragte ich.

»Am 25. Februar.«

»Oh!«, sagte ich. »Meine Tochter Jasmine hat einen Tag früher Geburtstag.«

»Dann *müssen* die beiden heiraten«, beschloss Mutisya. »Ich bringe dir Kühe nach Australien.«

»Kühe?«

»Ja. Als Mitgift für dich und deine Frau.«

Ich zeigte Mutisya ein Foto von Jasmine. Er war gebührend beeindruckt. »Sie ist sehr hübsch«, nickte er. »Ich denke, sie ist fünf Kühe wert. Vielleicht sechs.«

Es war kein schlechtes Angebot. Mutisyas Eltern hatten von der Familie seiner Frau nur eine Kuh bekommen.

Kaum war das Frühstück beendet, stand Mutisya auf und verkündete: »Wir müssen gehen!« Ohne sich von seiner Frau zu verabschieden oder sich auch nur noch einmal nach ihr umzudrehen, war er zur Tür hinaus.

Auf der Fahrt aus der Stadt fuhr Mutisya immer wieder an die Seite. Er schien in Nairobi wirklich jeden zu kennen. Wie ein gekröntes Staatsoberhaupt hielt er an, um Hände zu schütteln, oder er winkte und lächelte im Vorüberfahren. Bei einer dieser Gelegenheiten stieg Mutisyas Cousin Willy ein und setzte sich hinters Steuer. »Ich habe keinen Führerschein«, erklärte mir Mutisya. »Ich kann gar nicht Auto fahren.«

Das würde auch erklären, warum wir die ganze Zeit Schlangenlinien gefahren waren.

»Man kann sich in Kenia einen Führerschein ganz einfach kaufen«, erzählte er. »Oder man kann eine Prüfung machen, die ganz einfach ist. Man muss fünfzig Meter fahren und vom ersten in den zweiten Gang schalten. Dann hält man an und bekommt seinen Führerschein.«

Ich war allerdings nicht sicher, ob Willy wirklich besser fuhr. Er hatte die etwas nervenaufreibende Angewohnheit, bei Gegenverkehr zu überholen und danach einen unkontrollierten Schlenker über den Gehweg zu machen, wo Hühner und Passanten erschreckt zur Seite sprangen. Willy kam aus Mutisyas Nachbardorf und arbeitete als Fahrer, um das vierte Jahr seiner Ausbildung zum Automechaniker bezahlen zu können. Männer, die Autos fahren *und* reparieren können, sind in Kenia sehr gesucht. Angesichts des Zustands der Straßen und der Fahrkenntnisse wunderte mich das nicht weiter.

Als wir anhielten, um zu tanken, fragte mich Mutisya, ob ich nicht aussteigen und ein Foto der Tankstelle machen wollte.

»Danke, es geht schon.«

Auch den Supermarkt, in dem Mutisya Reis und Öl für seine Familie im Dorf mitnahm, fotografierte ich nicht.

Kurz hinter dem Supermarkt verließen wir die Stadt und brausten über eine Ebene mit Schirmakazien, die mich an *Der König der Löwen* erinnerten (nur ohne musikalische Begleitung). Es dauerte nicht lange und ich sah meine ersten afrikanischen Tiere. Zugegeben, es waren nur ein paar Kühe und Ziegen, aber auch das waren schließlich afrikanische Tiere.

Nach einer mehr als einstündigen Fahrt über die eintönige Ebene bogen wir von der Landstraße ab und fuhren durch Tala, die letzte größere Ortschaft vor Mutisyas Dorf. Und wenn ich sage, wir fuhren durch das Dorf, dann meine ich, wir fuhren mitten durch den Wochenmarkt und trieben Menschen, Kühe, Ziegen und eine ganze Schulklasse von Mädchen in adretten grünen Uniformen auseinander. Die meisten Produkte, die auf dem Markt verkauft wurden – darunter Mais, Kaffeebohnen, Hirse, Süßkartoffeln und Zwiebeln –, wurden in der Region angebaut.

Wir hielten am Ortsrand, um in einem Restaurant mit dem Namen Backyard Club zu Mittag zu essen. Am Eingang wurden wir von einem Kellner mit gestärktem weißem Hemd und Fliege begrüßt und in unsere eigene gekalkte Lehmhütte mit einem spitzen Palmwedeldach geführt. Das Restaurant bestand aus einem guten Dutzend dieser Hütten, die um eine große, offene Bar gruppiert waren. In jeder Hütte standen sechs bis zehn thronartige Stühle um einen kleinen Esstisch. Diese traditionellen Hütten waren nach europäischen Traditionsfußballmannschaften benannt. Wir hatten uns kaum in die Juventushütte gesetzt (ich weigerte mich, in der Arsenalhütte zu essen), als Mutisya die Kellnerin rief, indem er sie angrunzte und dann grunzend gegrilltes Hähnchen und drei Bier mit dem Namen Tusker bestellte.

»Der Vater des Besitzers ist ein hoher Polizeibeamter«, flüsterte Mutisya. »Deswegen kann er sich dieses Lokal leisten.«

Dann beugte er sich zu mir und zwinkerte mir zu. »Korruption ist eben doch eine nützliche Einrichtung.«

»Gibt es in Kenia denn Korruption?«, fragte ich.

Mutisya schnaubte verächtlich. »Kenia ist das korrupteste Land der Welt.«

Der Besitzer Wilson setzte sich auf ein Bier zu uns und gab mir dann eine Führung durch sein neu eröffnetes, reichlich leeres und mit Schmiergeldern finanziertes Restaurant.

»Hier ist alles frisch«, sagte er, als wir an der offenen Küche vorbeikamen. Der Koch rupfte ein Hähnchen, das noch wenige Minuten zuvor glücklich in einem Käfig neben der Küche gegackert hatte.

Als ich wieder in der Juventushütte saß, brachte eine umwerfend aussehende Kellnerin einen Krug mit warmem Wasser, mit dem wir uns die Hände wuschen. »In Kenia essen wir mit den Fingern«, erklärte mir Mutisya und machte eine Geste, als würde er Essen zum Mund führen.

»Ich finde, wir sollten mehr zu essen bestellen«, sagte er dann. »Du musst unbedingt das berühmte kenianische *Nyama choma* probieren. Willst du Kuh oder Ziege?«

»Äh ... keine Ahnung«, stammelte ich.

Ich stellte mir eine Kuh oder Ziege vor, die im Hof saß und nur darauf wartete, dass ihr der Koch das Fell über die Ohren zog.

»Gefällt sie dir?«, fragte mich Wilson, als er sah, dass ich die Kellnerin anlächelte, während sie mir Wasser über die Hände goss. »Willst du sie nicht als Zweitfrau nehmen? Ich kann das für dich arrangieren.«

Die Kellnerin lächelte mich schüchtern an.

»Danke, ist schon gut«, antwortete ich.

Eine zweite Kellnerin brachte das gegrillte Hähnchen, Reis und bergeweise *ugali*, ein Maisgericht, das gewisse Ähnlichkeit mit Polenta hat und in Ostafrika ein Grundnahrungsmittel ist. Willy bestellte eine neue Runde Bier, obwohl ich an meinem ersten kaum genippt hatte.

»Wie viel Bier verträgst du?«, fragte er mich.

»Mhm ... einiges«, antwortete ich.

»Ich kann einen ganzen Kasten leer trinken!«

»Kenianer trinken zu viel«, sagte Wilson kopfschüttelnd. »Sie betrinken sich hoffnungslos.«

»Auf meiner Reise haben sich bis jetzt alle überall hoffnungslos betrunken«, sagte ich.

»Wie kommt das?«

Es macht Spaß.

»Ich weiß nicht«, antwortete ich mit nachdenklicher Miene.

»In Kenia ist es der Stress«, seufzte Wilson. »Vor allem wenn man verheiratet ist. Die Frau bleibt zu Hause und du musst sie ernähren. Und wenn sie arbeitet, musst du trotzdem alles bezahlen und die Frau behält ihr Geld für sich.«

»Was machen die Frauen denn mit dem Geld?«

Wilson zuckte die Schultern. »Sie kaufen Kleider und gehen zum Friseur.«

Nachdem wir Tala verlassen hatten, verwandelte sich die braune in eine feuerrote Staubpiste. Die Straße stieg zwischen saftig grünen Hügeln mit Bananenstauden, Mangobäumen und rosa, violett und gelb blühenden Sträuchern immer weiter in die Berge. Entlang der »Hauptstraße« von Mukuyuni stand eine Reihe von Baracken, in deren Türen mit rotem Staub bedeckte Männer in Jeans und T-Shirts lehnten. Willy fuhr im Schneckentempo, damit Mutisya jeden Einzelnen mit Handschlag und Lächeln begrüßen konnte.

Mutisyas Familie lebte oberhalb eines grünen Tals, in dem Mais und Kaffee wuchsen, in einer Ansammlung von Hütten aus roten Lehmziegeln. Im Hof liefen Hühner, Ziegen und Kühe herum. Hier wohnten nicht nur seine Eltern, sondern auch sein Bruder mit seiner Familie sowie die 96-jährige Großmutter, die Matriarchin, die vor der größten Hütte thronte. Die Großmutter sah aus, als sei sie keinen Tag älter als 70 – bis sie mich anlächelte und mir ihre drei verbleibenden Zähne zeigte.

Die größte Hütte bestand aus einem großen und hell erleuchteten Wohnzimmer. Das Licht stammte von einer mit Solarstrom betriebenen Neonröhre, der einzigen Lampe im gesamten Gehöft und eine der wenigen im ganzen Dorf, in dem es weder Strom noch fließendes Wasser gab.

Mutisya führte mich hinter die Hütte, wo er zwei Räume eigens für Couchsurfer herrichtete. »Ich möchte, dass alle Menschen aus der ganzen Welt in mein Dorf kommen«, sagte er fröhlich. In der Tür stehend, zeigte er auf einen Haufen getrockneter Kuhfladen und erklärte: »Hier kommen ein Grill und eine Bar für die Couchsurfer hin.« Mutisya hatte bereits einige Couchsurfer zu Gast gehabt, darunter Besucher aus Japan, Polen, Neuseeland, den Vereinigten Staaten, Kanada, England, Deutschland, Spanien, Frankreich, Italien und Brasilien. »Es ist gut, wenn Touristen kommen, denn sie geben Geld in unserem Dorf aus«, sagte er. »Und das ist gut für alle.«

Wie ich später erfuhr, hatten einige dieser Couchsurfer auch Geld ausgegeben, um eine Safari bei Mutisya zu buchen. Das war gut für Mutisya. Eigentlich ist es nicht im Sinne des Couchsurfings, seinen Besuchern Geld aus der Tasche zu ziehen. Aber zu Mutisyas Verteidigung kann man anführen, dass er ein ehrliches Interesse daran hatte, seinen Besuchern ein echtes kenianisches Dorf zu zeigen – und eine echte kenianische Safari, ohne Jeep in Zebrastreifen.

Nachdem er mir sein Zuhause gezeigt hatte, fuhren wir zurück ins Dorf. Wir gingen in die Kneipe des Ortes, eine Wellblechhütte mit Betonfußboden. Möbliert war die Hütte mit Tischen und Stühlen, die aussahen, als wären sie hastig aus ein paar Ästen zusammengezimmert worden. Einzige Lichtquelle war eine einsame Gaslaterne auf der Theke. Aus einem uralten Radio, das an einer Autobatterie hing, kam Musik, die wegen des lauten Rauschens kaum zu hören war. Die wenigen Fetzen, die ich vom Refrain des Liedes aufschnappte, passten zum Anlass: »Ich will ein Tusker, keine Frau für mich, ich will ein Tusker.« Die Männer, die in der Kneipe saßen, waren zumeist hackedicht. Mutisya stellte mich allen als weltberühmten Schriftsteller vor. Ich erklärte Mutisya, so weit sei es noch nicht – ich habe noch ein paar Probleme, mir den kirgisischen Markt zu erschließen …

Ich holte einige Flaschen lauwarmen Biers von der Theke (kein Strom, kein Kühlschrank) und setzte mich an einen Tisch zu Mutisyas Vater und dem 80-jährigen Moses, der mir ein zahnloses Lächeln schenkte. Keiner der beiden sprach auch nur ein einziges Wort Englisch. Mutisya erzählte mir, Moses habe drei Frauen und achtzehn Kinder gehabt, doch die Frauen und fünfzehn seiner Kinder seien gestorben – mehr als die Hälfte an Aids. An unserem Tisch saß auch Norman, ein adrett gekleideter Englischlehrer mit buschigen, weißen Koteletten. Als einer der wenigen Anwesenden war er nicht sturzbetrunken.

»Unser Dorf hat viele, viele Probleme«, seufzte er und begann mit einer langen Aufzählung. »Das Wohlergehen des Dorfes hängt vom Wasser ab. Es gibt nur eine zwanzig Meter tiefe Quelle, und in der Trockenzeit stehen die Menschen 24 Stunden Schlange, um ein paar Liter zu bekommen.«

Auch Arbeit gab es kaum. »Die meisten der Dorfbewohner arbeiten als Handlanger auf den Feldern. Die einzige Arbeit ist der Straßenbau, aber die ist hart und man verdient kein Geld. Die Arbeiter werden mit Essen bezahlt.«

»Was das Dorf braucht, ist elektrischer Strom«, fügte Willy hinzu, um auch seinen Senf beizusteuern. Sein Dorf, das zwanzig Minuten entfernt war, hatte Strom. »Mein Vater war ein kluger Mann«, sagte er und tippte sich an die Nase. »Er hat vor zwanzig Jahren dafür gesorgt, dass unser Dorf Strom bekommen hat. Heute ist es viel zu teuer geworden.«

Die Liste der Probleme nahm kein Ende. Das Dorf hatte keinen Anschluss an den Busverkehr und die Straßen waren derart schlecht, dass es kaum möglich war, die Ernte zum Markt zu transportieren.

Nach dieser Aufzählung überraschte es mich nicht, als Norman erwähnte, der Alkoholismus sei ein weiteres schwerwiegendes Problem. Viele der Männer in der Kneipe waren derart betrunken, dass sie sich einige Minuten lang voll konzentrieren mussten, nur um mit ihrem Glas den Weg zum Mund zu finden.

Sie tranken *chang'a*, ein fatales Gebräu aus Methylalkohol, das oft mit Marihuanablättern, Kaktusmaische, Batteriesäure oder Formalin aufgepeppt wird. »Letztes Jahr sind mehr als fünfzig Männer an einer Ladung aus Machakos krepiert«, erzählte Willy.

»Wir sind optimistisch, dass wir etwas verändern können«, erklärte Norman mit energischer Zuversicht in der Stimme. Jede Woche hielten die Männer des Dorfes eine Versammlung ab, um zu diskutieren, wie sie die Situation des Dorfes verbessern konnten. »Es dauert leider sehr lange, um etwas zu bewegen«, fügte er müde hinzu. Um ein Problem zu Gehör zu bringen, musste der DO (Dorfoberste) beim SB (stellvertretenden Bezirkskommissar) vorstellig werden, der sich an den BP (Bezirkspräsidenten) wandte, der wiederum beim RK (Regierungskommissar) vorsprechen musste.

Wir verließen die Kneipe und quetschten uns in Mutisyas Toyota. Der Wagen war voller sternhagelblauer Onkels. Einer konnte nicht einmal stehen – er wäre nicht imstande gewesen, in der absoluten Finsternis den Nachhauseweg zu finden.

Als wir zu Mutisyas Haus zurückkamen und uns zum Abendessen setzten, war es halb elf. Mutisyas Mutter, die geduldig gewartet hatte, dass die Männer nach Hause kamen, servierte eine leckere Mahlzeit aus *ugali* und Kohl mit Tomaten und Zwiebeln.

Mein Bett befand sich in einer anderen Hütte, denn die neuen Zimmer für die Couchsurfer rochen nach frischer Farbe. Ich konnte meine neue Couch allerdings noch nicht bewerten – im Dunkeln konnte ich sie nicht einmal sehen.

Mitten in der Nacht musste ich zur Toilette. Obwohl draußen ein Plumpsklo war, hatte mir Mutisya gesagt, ich solle einfach im Waschraum am Ende des Gangs auf den Boden pinkeln. Der »Waschraum« war eine kleine, leere Kammer mit Betonfußboden. Die zu finden war allerdings leichter gesagt als getan. Als ich aus meinem Zimmer kam, war es so dunkel, dass ich nicht feststellen konnte, ob ich nach links oder rechts gehen musste. Ich denke, ich habe den Waschraum gefunden. Oder sollte ich ins Wohnzimmer gepinkelt haben?

Um acht Uhr klopfte Mutisya an meine Zimmertür. Ich stolperte aus dem Bett und rieb mir die Augen. »Das ist ein bisschen früh für meine Verhältnisse«, klagte ich. Ich fühlte mich noch kläglicher, als Mutisya mir erzählte, seine 96-jährige Großmutter sei schon seit fünf Uhr auf den Beinen und helfe noch immer auf dem Feld bei der Aussaat und der Ernte. Das Feld lag einige Kilometer Fußweg entfernt. Die Großmutter war schon von ihren allmorgendlichen Arbeiten zurück. Sie stand vor der Haupthütte und stieß mit einem langen, hölzernen Stößel in einen großen Mörser, um die getrockneten Maiskörner zu dem weißen Mehl zu zerreiben, mit dem *ugali* zubereitet wird. Nur um meine absolute Kläglichkeit unter Beweis zu stellen, lieh ich mir den Stößel von ihr aus und machte schon nach vier Minuten schlapp, weil ich dachte, mir würden die Arme abfallen.

Mutisya organisierte mir freundlicherweise einen großen Eimer mit warmem Wasser, mit dem ich mich waschen konnte. Er führte mich in einen kleinen, leeren Waschraum – zum Glück nicht den, in den ich in der Nacht gepinkelt hatte, oder auch nicht. Ganz allein war ich allerdings nicht. An der Wand liefen Völker von Riesenameisen auf und ab. »Pass auf, die beißen«, warnte Mutisya.

»Ich habe mein Handtuch in Istanbul vergessen. Könntest du mir bitte eins leihen?«, fragte ich Mutisya.

»Nimm das.« Er reichte mir ein staubiges, stinkendes und zerknittertes Stück Stoff.

Es regnete in Strömen, als wir zu unserer geführten Rundfahrt zu Mutisyas Familie aufbrachen. Erste Station war Onkel Edwins »Metzgerei« in einer Holzhütte ohne Kühlschrank und ohne gläserne Kühltheke. Onkel Edwin war gerade dabei, ein Stück Fleisch zu zerhacken, auf dem Wolken von Fliegen hockten. In einem Käfig hinter ihm hing frisches Ziegenfleisch, von dem das Blut noch heruntertropfte, und auf einem Brett neben der staubigen Straße lagen klein gehackte Leckereien wie Kuhhirn, Kuhleber und Schweinsfüße.

Wir hatten zwar eben erst gegessen, doch der Onkel lud uns in ein Hinterzimmer zu einem zweiten Frühstück ein. Mein erstes Frühstück kam mir allerdings fast hoch, als ich das zweite sah. Es waren »afrikanische Würste«, auch bekannt unter dem Namen Ziegendärme. Die gekochten Därme baumelten grau und schleimig von einem Stock herab. Und weil der Mensch etwas Warmes braucht, gab es dazu eine Suppe, die bestimmt nicht aus der Tüte kam: herzhafte Ziegensuppe mit fettigen Klumpen und grauem Schmodder. Ich esse ja fast alles, aber nachdem das erste Schlückchen meinen gesamten Mund mit einer dicken Fettschicht ausgekleidet hatte, zickte ich (wenn man das so sagen kann) und schob die Schüssel zur Seite.

»Weil du unser Ehrengast bist, habe ich eine besondere Überraschung für dich«, sagte Mutisya und rieb sich die Hände. Es war in der Tat eine Überraschung. Mutisyas Onkel warf einen gekochten und geschwärzten Ziegenkopf vor mich auf den Tisch. Zumindest mussten wir ihn nicht allein aufessen. Aus dem Nichts tauchte eine Menschenmenge auf und zupfte Ohren, Augen, Backen und Lippen ab. Als Ehrengast bekam ich die besten Stücke, weiß der Herrgott, was das war. Es war eine Mischung aus weißem, braunem und rosafarbenem Glibber und etwas, das aussah wie graues Gelee. Einige Häppchen waren sogar recht lecker, andere schmeckten wie ranziger Hai.

Nachdem wir den Kopf bis auf den Schädel abgenagt hatten, holte Mutisyas Onkel eine Machete und hieb ihn in der Mitte durch, dass mir das Ziegenhirn ins Gesicht und auf die Kleider spritzte. Der restliche graue Brei war binnen drei Minuten vertilgt. Übrig blieben nur der Schädel, der Kiefer und die Zähne.

Den restlichen Nachmittag fuhren wir auf unserer großen Verwandten-, Ziegen- und Hühnerrundreise durch Regen und

Schlamm von Haus zu Haus. Mit immer wechselnden Verwandten auf dem Rücksitz besuchten wir einen Bruder, eine Tante und einen dritten Cousin, die sämtlich Menschen, Ziegen und Hunde zu züchten schienen.

Als wir am Vortag Nairobi verlassen hatten, waren wir an zahllosen Sofageschäften vorbeigekommen. Jetzt wusste ich auch warum. Unser letzter Besuch galt Onkel Peter, der fünf Sofas und sechs Sessel in sein Wohnzimmer gequetscht hatte. Peter brauchte ausreichend Sitzmöbel für seine neun Kinder, vierzehn Enkel, zehn Brüder und fünf Schwestern.

Der bequemste Sessel war für Nzioka, Peters 103-jährigen Vater, reserviert. »Er hat so lange gelebt, weil er drei Frauen hatte«, erklärte mir Mutisya. Nzioka, der für einen Hundert-plus-Jährigen noch unglaublich munter wirkte, hatte im Zweiten Weltkrieg in der britischen Armee gedient und danach als Metzger gearbeitet, bis er mit 89 in Rente ging. Auch Peter war pensioniert, nachdem er 36 Jahre lang Polizist gewesen war.

Während die Männer im Wohnzimmer zusammensaßen, bereiteten die Frauen das Essen vor. Ich nahm an, dass es Hähnchen gab, da ich bei unserer Ankunft gesehen hatte, wie eine der Tanten im Hof hinter einem Huhn her rannte. Auch das Huhn war schon im pensionierungsfähigen Alter. So lecker es schmeckte, es kaute sich ein bisschen wie ein Gummihuhn.

Nach dem Essen diskutierten die Männer über Dorfpolitik. Das heißt, Mutisya diskutierte und die anderen hörten zu. Peter erklärte mir später, Mutisya sei ein berufener Politiker und würde eines Tages Premierminister.

Ich hatte Probleme, die Augen offen zu halten. Ich bin mir sicher, dass ich unter einem Couchsurfing-Erschöpfungssyndrom im fortgeschrittenen Stadium litt. Es war noch nicht einmal acht Uhr und meine Augenlider waren schwer wie Blei. Ich versuchte, mir Notizen zu machen, doch ich döste mitten in einem Satz ein. Eine Stunde später wachte ich wieder auf und sah einen langen Strich, der quer über die ganze Seite ging.

»Hast du eine Pistole?«, fragte ich Mutisya.

»Wozu?«

»Damit ich das Tier erschießen kann, das heute Morgen um vier Uhr RRRRROOOOOAAAAAOOOOO gebrüllt hat.«

»Das sind die Kühe.«

»Wenn dein William meine Jasmine heiratet, dann kannst du deine Kühe behalten«, sagte ich.

Die Kühe drückten die Couchwertung etwas:

> *Couchnote: 6 von 10*
> *Minus: Das Zimmer war stockdunkel*
> *Plus: Es war so dunkel, dass ich nicht sehen konnte, wie schmutzig die Laken waren*

Da es noch immer regnete, gingen wir in das »Hotel« an der Hauptstraße des Dorfes, das von Mutisyas Bruder Francis betrieben wurde. In Kenia ist ein »Hotel« ein traditioneller Teeladen. Wegen des Regens war der Raum voller Männer, die Tee mit Milch tranken und *chapatis* aßen. Die Frau von Francis brachte uns Tee, und Mutisya erzählte mir, sie stünde jeden Morgen um halb fünf auf, um die Kühe zu melken, und schenke danach den ganzen Tag im Hotel Tee aus.

»Als Kinder sind wir nur wegen der Milch in die Schule gegangen«, berichtete er mir, während wir unseren heißen Tee schlürften. »Wir haben am Ende des Schultags Milch bekommen, und die Eltern haben ihre Kinder in die Schule geschickt, weil sie sich keine Milch leisten konnten.«

Mutisya, Willy und Francis sollten eigentlich zu einer Beerdigung gehen, aber weil es noch immer regnete, beschlossen sie, sich stattdessen in die Kneipe zu setzen. Es war zwar noch nicht einmal Mittag, doch der Raum war bereits voller betrunkener Männer, von denen einige benommen auf ihren Stühlen hingen.

Just als wir uns an einen Tisch setzten, kam der Dorfoberste herein. Als mich Mutisya vorstellte, nahm er seinen Hut ab. »Es ist ein Zeichen des Respekts, den Hut abzunehmen«, erklärte mir Mutisya.

Ich griff nach meiner Baseballmütze.

»Nein, nein.« Mutisya schüttelte den Kopf. »Er zieht den Hut vor dir, weil du ein weltbekannter Schriftsteller bist.«

Als es endlich aufhörte zu regnen, fuhren wir mit dem Auto los, um die »viel schöne Aussicht« vom Yatta-Plateau aus zu genießen. Wie immer waren wir mit einer Entourage unterwegs, die diesmal aus einer jungen Frau namens Catherine und einem alten Mann aus der Kneipe bestand. Wir fuhren vierzig Minuten lang eine steile Piste hinauf und gingen dann zu Fuß auf einem schmalen Pfad durch einen Eukalyptuswald, der genauso roch wie der australische Busch. Oben angekommen, tasteten wir uns vorsichtig an einer Felskante entlang. Tief unter uns erstreckte sich die weite, braune Ebene bis an den Horizont.

Als wir auf einen Aussichtspunkt namens Thui Rock kletterten, der sich weit über ein Geröllfeld neigte, tastete ich mich noch vorsichtiger vorwärts. Doch es war die Gefahren wert, die wir auf uns nahmen, denn die Aussicht war spektakulär. Die Nachmittagssonne warf lange Schatten, die über den gesamten Kontinent zu reichen schienen. Wir standen so weit oben, dass wir die Geier tief unter uns in den Aufwinden kreisen sahen.

»Das findest du in keinem Touristenführer«, sagte Mutisya stolz.

Er deutete auf einige Höhlen in den Felsen unter uns, in die »Männer Frauen bringen, um sie zu nehmen«. Diese Frauen waren in der Regel mit anderen Männern verheiratet. »Die Frauen sagen, dass sie Feuerholz suchen gehen«, erzählte Mutisya mit einem Augenzwinkern.

Der alte Mann sagte etwas zu Mutisya, und der übersetzte: »Er sagt, das letzte Mal ist er 1960 hier oben gewesen.«

»Um einer Frau beim Feuerholzsuchen zu helfen?«, fragte ich und zwinkerte zurück.

Auf dem Weg zurück ins Dorf hielten wir im Backyard Club, um zu Abend zu essen und *kaltes* Bier zu trinken. In der Kneipe standen die Einheimischen dicht an dicht, um auf einem Großbildfernseher ein Spiel der englischen Premier League zu sehen. Als wir uns an einen Tisch setzten, gab es nicht genug Stühle für alle. Willy setzte sich und nahm Catherine auf den Schoß.

»Wir nennen ihn Mr. Smooth«, meinte Mutisya. »Er hat sogar mit einer von meinen Couchsurferinnen geschlafen.«

Nach dem Essen stand Mutisya auf und verkündete: »Du musst unbedingt einen kenianischen Nachtclub kennenlernen.« Ich hätte dankend verzichtet, wenn ich gewusst hätte, dass wir dazu fünfzig Minuten über eine Schlaglochpiste durch die stockfinstere Nacht fahren mussten. Wir wurden hin und her geschleudert wie Hampelmännchen. Als wir ankamen, war ich vollkommen erschöpft, weil ich mich die ganze Zeit über festklammern musste.

An der belebten Hauptstraße der Ortschaft Machakos reihte sich ein Nachtclub an den anderen. Sie hatten Namen wie Hot Babe Nightclub oder, besonders subtil, Drink Here. Da Horden von bedrohlich aussehenden Jugendlichen durch die Straßen zogen, entschieden wir uns für den einzigen Ort, der einigermaßen sicher klang: den Peace and Love Nightclub.

Auf der Bühne sprang eine kenianische UB40-Coverband auf und ab, während auf einem Großbildfernseher ein Video von kopulierenden afrikanischen Tieren – von heiratenden Tieren, wie Willy sagte – zu sehen war. Der alte Mann aus der Kneipe schlief ein, kaum dass wir uns hingesetzt hatten.

Ich war müde und hatte wenig Lust auf Party, aber ich hatte schließlich doch eine Menge Spaß, trank einige Biere und tanzte vor allem viel. Einmal bemerkte ich, wie mich jemand anstarrte. Der Grund war nicht meine ungelenke Tanzerei. Ich hatte merkwürdigerweise gar nicht bemerkt, dass ich der einzige *mazungo* oder Weiße im ganzen Nachtclub war.

Mutisya raste mit halsbrecherischer Geschwindigkeit zurück. Nicht dass er es besonders eilig gehabt hätte, nach Hause zu kommen. Er war einfach betrunken.

»Die Kamba sind die besten Schnitzer der Welt«, prahlte Mutisya. »Nicht nur in Kenia, sondern in der ganzen Welt.«

Wir fuhren durch die staubige Ebene in der Nähe des Dorfs Wamunyu, in dem sich sämtliche Schnitzer Afrikas versammelt zu haben schienen. »Hier kommen die meisten geschnitzten Giraffen her, die Menschen in aller Welt zu Hause stehen haben«, informierte mich Mutisya, als wir an dem vierten Berg von gelben Holzspänen vorüberkamen, auf dem Schnitzer saßen und Giraffen schnitzten. Auch in den übrigen drei Werkstätten hatten die Schnitzer nichts als Giraffen hergestellt.

Wir hielten vor der größten Werkstatt der Ortschaft, einem langen, offenen Wellblechschuppen, vor dem etwa vierzig alte Männer saßen und ganze Herden von Giraffen grob aus dem Holz herausmeißelten. »Die alten Männer übernehmen den ersten und wichtigsten Teil der Schnitzarbeit«, erklärte mir Mutisya, während wir uns durch die Späne kämpften. »Sie haben die meiste Erfahrung und arbeiten am schnellsten.« In Innern des Schuppens saßen jüngere Männer in langen Reihen feilend und schmirgelnd auf dem Boden. Obwohl es eine extrem fisselige Arbeit war, arbeiteten sie äußerst schnell. Im hinteren Teil des Schuppens saßen kichernde Gruppen junger Frauen und bemalten die Giraffen. »Je länger und je schneller sie arbeiten, desto mehr verdienen sie«, berichtete Mutisya, während wir um einen Berg von Giraffen herumgingen, die darauf warteten, bemalt zu werden. Alle waren fleißig bei der Sache, denn sie besaßen Aktienanteile am Geschäft. Sämtliche Kunsthandwerker waren Mitglieder der Wamunyu-Kooperative, der die Werkstätten gehörten.

Kein Zweifel, die Arbeiter brachten Opfer. Es war Sonntag, doch die Werkstatt war gut besetzt. Die meisten hatten um halb sieben angefangen und arbeiteten zwölf Stunden und länger. Mutisya fragte einen der Schnitzer, warum sie so fleißig waren.

»Wir haben eine Riesenbestellung aus Amerika bekommen«, antwortete der.

In der Werkstatt nebenan befand sich eine Ausstellung von allen nur erdenklichen Tieren aus Ebenholz und Mahagoni. Daneben stand eine kleine Armee von zwei Meter großen Massaikriegern aus Ebenholz.

»Bei eBay bekommt man Tausende Dollar für einen von denen«, flüsterte mir Mutisya zu. »Ich spare, um mir ein paar zu kaufen.«

Mutisya war ein geborener Unternehmer. Auf der Fahrt zum Bauernhof seines Bruders Vincent erzählte er mir, dass der Hof ihm gehörte. »Er war verlassen, als ich ihn gekauft habe«, erzählte er mir. »Dann sind die Leute aus der Region gekommen und haben das Land bestellt. Also habe ich ein Haus gebaut, damit mein Bruder hinziehen und das Land selbst bestellen kann.«

Als ich Mutisya fragte, ob er in Kenia als wohlhabender Mann gelten würde, antwortete er: »Ich habe Glück. Im Vergleich zu anderen Kenianern geht es mir gut. Meine Familie hat ein Haus, wir essen gut und ich habe ein Auto. Die Leute im Dorf sind schockiert, weil ich mir jeden Tag eine Zeitung kaufe. Von dem, was eine Zeitung kostet, könnten viele ihre ganze Familie einen Tag lang ernähren.«

Mutisya hatte hart gearbeitet, um so weit zu kommen. Nach der Mittelschule hatte er eine Touristikschule besucht und danach als Kellner in einem Hotel in Mombasa gearbeitet. Nach zwei Jahren war er in ein Reisebüro gewechselt und hatte nebenher Marketing studiert. So bekam er einen Job als Marketingleiter und schließlich als Geschäftsführer eines Reiseveranstalters. Im Jahr 2004 hatte er sein eigenes Reise- und Safariunternehmen gegründet und drei Familienmitglieder eingestellt: Ein Bruder und eine Schwester arbeiteten im Büro in Nairobi und sein Cousin Willy übernahm Fahrdienste.

Mutisyas Bruder Vincent hatte dagegen wenig zu tun. Er wollte ursprünglich Mais und Bohnen säen, doch das Land war zu trocken. Also ging er mit Pfeil und Bogen auf die Jagd nach Kleinwild, das er auf dem Markt verkaufte. Vincent erzählte mir, vor einigen Wochen habe ihm Mutisya einen irischen Couchsurfer vorbeigeschickt, der zwei Tage bei ihm geblieben sei. »Wir sind jagen gegangen. Er hat drei Tauben und zwei Hasen erlegt. Wir hatten ein leckeres Abendessen.«

Wir setzten uns in den Schatten eines Baumes, blickten hinaus auf die ausgedörrte Staubschüssel, die Vincent bepflanzen wollte, und aßen ein üppiges Mittagessen aus *ugali* mit Kohl und Zwiebeln. Ich hatte kaum die ersten Bissen gegessen, als Mutisya mich rügte. »Du isst nicht genug. Du musst essen wie ein afrikanischer Mann. Dein Stahl wird größer und härter, wenn du viel isst.« Er zeigte auf seine Leiste. Ich war dankbar, dass sich Mutisya nicht weiter über die Größe seines Stahls ausließ, sondern das Thema wechselte.

»Mit seinem zweiten Namen heißt Vincent Mutuka«, erklärte er mir. »Das heißt ›dunkel‹, denn es war dunkel, als er zur Welt kam.« Mutisyas älterer Bruder hieß Mutunga, was so viel heißt wie »sieht dem Großvater ähnlich«. Francis Wambua bedeutet, »in heftigem Regen geboren«.

»Mein Name bedeutet ›zu lang, um geboren zu werden‹«, sagte Mutisya stolz. »Weil meine Mutter sehr lange Wehen hatte.«

Nach dem Essen fuhren wir weiter nach Westen, nach Fourteen Falls an der Grenze des Ol Donyo Sabuk Nationalparks. Fourteen Falls hatte zwar nur zwölf Wasserfälle, aber ich will ja kein Erbsenzähler sein. Schließlich heißt eine der größten Touristenattraktionen in der Nähe von Melbourne »die zwölf Apostel«, obwohl es nur neun sind.

Um zu den Wasserfällen zu kommen, mussten wir über steinige Bachbetten springen und felsige Vorsprünge hinaufklettern. Das hätte fast ein schlimmes Ende genommen. Beim Sprung auf einen großen Stein übersah ich einen Felsvorsprung. Einen gefährlich spitzen und kantigen Felsvorsprung, sollte ich hinzufügen. Ich donnerte mit dem Kopf dagegen. Es tat einen dumpfen Schlag und mir wurde schwarz vor Augen. Wenn Mutisya mich nicht aufgefangen hätte, wäre ich über die Felskante in die Tiefe gestürzt. Als ich wieder zu mir kam, tropfte mir das Blut die Stirn hinunter, doch das spürte ich nicht. Was ich spürte, oder genauer gesagt was ich nicht mehr spürte, war mein Rücken. Er war vollkommen taub und ich konnte kaum gehen. Nur mit Mutisyas Hilfe kam ich zum Auto zurück. Auf der folgenden langen Fahrt zum Lake Naivasha war die Piste derart schlecht, dass ich jedes Mal vor Schmerzen aufheulte, wenn wir durch ein Loch fuhren.

Wir erreichten Naivasha bei Sonnenuntergang. In der hereinbrechenden Dunkelheit wirkte die Hauptstraße bedrohlich. »Dieser Ort ist in Kenia sehr bekannt«, erzählte mir Mutisya. Ich habe allerdings meine Zweifel, ob das, wofür er bekannt ist, einen guten Verkaufsslogan abgeben würde. »In dieser Gegend gibt es mehr Vergewaltigungen als irgendwo sonst in Kenia.«

Wir übernachteten bei einem Freund Mutisyas, der ein Restaurant und eine kleine Pension besaß. Nachdem wir einen Happen gegessen hatten, zeigte uns der Freund einige schmutzige, knotige Matratzen auf dem Boden eines Hinterzimmers. Wir beschlossen, fünf Dollar draufzulegen und in einem der Gästezimmer zu übernachten. Rein technisch war das kein Couchsurfing mehr, aber ich glaube, mein Rücken hätte nicht mitgespielt, wenn ich auf einer dieser Matratzen geschlafen hätte.

Am Straßenrand stand ein großes Schild mit der Aufschrift *Tiere haben Vorfahrt*. Es gab ausreichend Tiere, die von diesem Recht hätten Gebrauch machen können, wenn sie es darauf angelegt hätten. Auf einer Strecke von nur wenigen Kilometern kamen wir an Herden von Zebras, Warzenschweinen, Antilopen, Büffeln und schwarz-weißen Stummelaffen vorbei.

»Die meisten Kenianer haben nie eine Giraffe, einen Löwen oder einen Elefanten gesehen«, sagte Mutisya, als er mir eine weitere Zebraherde zeigte. Diese Herumdeuterei machte mich ganz nervös, denn Mutisya saß am Steuer. Willy war unerwartet für einen Fahrdienst nach Nairobi zurückgerufen worden und schon in aller Frühe mit dem Bus zurückgefahren.

Wir waren unterwegs zum Crater Lake Wildpark, um »Tiere ganz aus der Nähe zu sehen«. Als wir vor dem Kartenschalter auf den Parkplatz fuhren, überrollten wir fast zwei Meerkatzen, die wirklich ganz nah kamen. Ohne sich aus dem Rhythmus bringen zu lassen, blickten die kopulierenden Affen auf, als wollten sie sagen: »Wir haben Grün!« Während sie ungestört ihr Liebesspiel fortsetzten, marschierte Mutisya an ihnen vorbei zum Kartenschalter.

Kaum war Mutisya verschwunden, schwang sich einer der beiden eben noch liebestollen Affen lässig durchs Wagenfenster und setzte sich auf die Rückbank. Er machte es sich bequem und sah mich an, als wollte er sagen: »Von mir aus können wir losfahren.« Als sich der Wagen nicht rührte, schnaubte er mich an und sprang wieder hinaus.

»Du bist ein berühmter Autor«, schimpfte Mutisya, als er zurückkam. »Und die wollen uns keinen Rabatt geben! Also zahlen wir gar nichts!«

Stattdessen fuhren wir auf einem Schleichweg in den Park.

Mutisya bog von der Hauptstraße ab, fuhr einen staubigen Feldweg entlang und schlich sich durch ein Seitentor. Die Pisten im Park waren noch staubiger als draußen, und innerhalb weniger Minuten waren wir über und über von einer roten Schicht bedeckt. Aber es war zu heiß, um die Fenster zu schließen. Vor allem aber hätten wir sonst die grasenden Giraffen, Gnus und Zebras, die galoppierenden Elenantilopen, Gazellen und Impalas und die in den Bäumen spielenden Affen nicht gesehen. Und das alles schon in der ersten Viertelstunde im Wildpark.

Auf einer der ausgewiesenen Pisten begegneten wir einer Wandergruppe, die von einem Parkranger geführt wurde. Der

Crater Lake Wildpark ist einer der wenigen kenianischen Nationalparks, den man zu Fuß besuchen kann, weil hier keine Großkatzen herumlaufen, die Spaziergänger als leckeres Häppchen für Zwischendurch halten könnten. Statt langsam an der Gruppe vorbeizufahren, gab Mutisya Gas, sodass die Wanderer in einer dichten Staubwolke verschwanden.

Zum Glück stießen wir nach dieser Bestäubungsaktion auf keine weiteren Besuchergruppen und vor allem nicht auf Ranger, die hinter Schnorrern wie uns her waren. Eine gute Stunde lang fuhren wir kreuz und quer durch den Park und hielten immer wieder an, um schreitende Giraffen und springende Gazellen zu fotografieren. Leider liefen sie immer weg, wenn wir ihnen zu nahe kamen.

»Gleich bekommst du ein gutes Foto!«, brüllte Mutisya, nachdem wir ein weiteres Mal erfolglos versucht hatten, uns einer Herde zu nähern. Er gab Gas und riss das Steuer herum. Mit einem Satz verließ der Wagen den ausgewiesenen Weg und holperte in Richtung einer Giraffenfamilie. Der alte Toyota machte Sätze wie eine Dose, die eine Treppe hinunterhüpft. Genau wie mein Kopf, der immer wieder gegen die Decke stieß. Auf einem Hindernisparcours zwischen Akazien verfolgte Mutisya erst die Giraffen, dann einige Zebras, ehe er eine Gruppe zu Tode erschreckter Impalas in die Büsche scheuchte. Ich bekam keine guten Fotos, aber wir hätten fast eine Antilopenfamilie mitgenommen.

Ich war froh, als wir endlich den Park verließen, ehe uns die Ranger ins Visier nahmen.

In das Crater Lake Reservat mussten wir uns zum Glück nicht durch die Hintertür schleichen. Der Eintritt war frei. Wir stellten den Wagen ab und kletterten auf allen Vieren zu einem Aussichtspunkt auf einem Felsvorsprung. Unter uns lag der Crater Lake, ein smaragdgrüner See mit einem rosafarbenen Rand. Wie sich herausstellte, bestand der rosa Rand aus Tausenden von Flamingos, die im flachen Uferwasser wateten.

Am Ufer des Sees befand sich das Crater Lake Camp. Es war allerdings kein Campingplatz mit Zweimannzelten und Gemeinschaftsdusche. Es war eher ein Fünf-Sterne-Camp mit schattigen Rasenflächen und gewundenen Kieswegen, die zu versteckten Blockhütten im Wald führten. Von dort aus hatte man einen Ausblick über den gesamten See inklusive Flamingos. Jede Hütte hatte ein riesiges Doppelbett und ein Badezimmer mit Dusche und heißem Wasser. Wenn die Nacht nur 250 Dollar kostete, dann war das vermutlich noch billig.

In einem offenen Restaurantpavillon aus Naturstein und Holz nahmen wir ein teures, aber bitter nötiges kaltes Getränk zu uns und blickten auf den See. Während ich meinen Eistee schlürfte, beobachtete ich etwas Seltsames. Ein Mann in schwarzen Anzughosen, weißem Hemd und Fliege stand am Ufer und zog mit einem langen Stock lässig einige tote Flamingos an Land. Nachdem wir ausgetrunken hatten, gingen wir hinunter ans Ufer, um uns die Sache genauer anzusehen. Der Flamingoangler war einer der Kellner. »Es macht keinen guten Eindruck, wenn die Gäste die ganzen toten Flamingos sehen«, erklärte er uns und warf einen weiteren toten Vogel auf eine bereits gut beladene Schubkarre. Die Flamingos seien verendet, weil das Wasser zu niedrig stand und es zu wenig Algen gebe, die sie fressen konnten. Oder vielleicht gab es auch zu viele Algen und sie konnten ihr Futter nicht finden. Der Kellner schien genauso verwirrt wie wir.

Ein anderer Kellner holte die volle Schubkarre ab und schob sie in Richtung Restaurantpavillon. Mich beschlich der Verdacht, am Abend könnte Flamingofrikassee auf der Speisekarte stehen.

Auf der Rückfahrt nach Nairobi hielten wir zu einem späten Mittagessen an einem Hotdog-Stand neben einer Tankstelle. Eine Horde Paviane gesellte sich zu uns. Ich hatte gerade den ersten Bissen genommen, als der größte und gemeinste von allen auf mich zulief, wie ein pelziger Blitz seine kleinen, dicken Finger um meinen Hotdog legte und ihn mir aus der Hand riss. Mit einem Happs verschlang er das Würstchen und sah mich dann an, als wollte er sagen: »Los, hol dir doch noch einen!« Das tat ich dann auch, aber diesmal setzte ich mich zum Essen ins Auto.

»Ich bin müde«, sagte Mutisya, als wir wieder aufbrechen wollten. »Kannst du nicht weiterfahren?«

Wenn Sie meine Freunde fragen würden, dann würden die Ihnen wahrscheinlich sofort bestätigen, dass ich ein miserabler Fahrer bin. Entsprechend ängstlich bis panisch war ich, als ich mich bereit erklärte, auf der schlimmsten Straße zu fahren, die ich je gesehen habe. Den entgegenkommenden Lastwagen Platz zu machen, ging ja gerade noch – ich fuhr einfach auf den ungeteerten Randstreifen, der oft in besserem Zustand war als die Straße selbst. Aber daneben musste ich auch noch Menschen, Ziegen, Kühen, Eseln und herumstreifenden Pavianen ausweichen. Nicht zu vergessen den badewannengroßen Schlaglöchern. Es hätte nicht schlimmer sein können. Dann fing es an zu regnen. Das vereinfachte die Ausweicherei allerdings wider Erwarten. Jetzt konnte ich nämlich nichts mehr sehen. Ich krallte mich einfach am Steuer fest, als säße ich in der schrecklichsten Achterbahn der Welt. Nur dass ich sehr viel mehr Angst hatte.

»Halt da vorne an«, sagte Mutisya. Der Regen hatte aufgehört, und zumindest konnte ich die Menschenmassen sehen, die am Straßenrand standen und den passierenden Autos Tüten mit Obst und Gemüse hinstreckten.

»Das ist der Irrenmarkt«, sagte er.

»Warum heißt der so?«

»Das wirst du gleich erleben.«

Als ich an die Seite fuhr, stürmte eine schreiende Meute mit Tüten voller Karotten, Erbsen, Zwiebeln, Kartoffeln, Lauch und Kohl auf unser Auto los und presste ihre Gesichter gegen die Scheiben. Mein Seitenfenster war nur einen Zentimeter weit offen, doch einer der hartnäckigen Verkäufer versuchte, eine Tüte mit Karotten durch den winzigen Spalt zu quetschen. »Kauf Karotten!«, fleht er. »Du musst meine Karotten kaufen!«

»Aber ich verlasse morgen das Land«, schrie ich zurück. »Ich kann die Karotten nicht mitnehmen!«

»Wie wär's mit Zwiebeln?«

Todesmutig stieg Mutisya aus, um einige Kohlköpfe zu kaufen. Als er den Kofferraum öffnete, warfen zehn Händler ihre Tüten hinein. Nach einer zehnminütigen lautstarken Diskussion konnten wir schließlich mit nur einer Tüte weiterfahren.

Wir waren eine Stunde lang stetig bergauf gefahren. Doch ich bemerkte erst, auf welcher Höhe wir uns befanden, als wir um eine Kurve fuhren und plötzlich neben dem Straßenrand der Boden wegzubrechen schien. Tief unter uns lag das Great Rift Valley, eine gewaltige Tiefebene, die so weit reichte, wie das Auge sehen konnte. Am höchsten Punkt – auf mehr als 2500 Metern Höhe über dem Meeresspiegel – fuhren wir an einer langen Reihe von Souvenirständen vorbei. Als wir auf den leeren Parkplatz rollten, kam sofort eine Armee von Händlern mit Armen voller Billigschmuck auf uns zugerannt.

»Ich habe kein Geld«, sagte ich ernst.

»Er ist mein Fahrer«, sagte Mutisya. »Er ist ein armer Schlucker.«

Endlich konnten wir in Ruhe die Aussicht genießen, obwohl einige der Händler Mutisya ausquetschten, warum ich denn so arm sei. Er sagte ihnen, ich komme aus der Mongolei und dürfe kein Geld mit ins Ausland nehmen.

Während der Fahrt nach Nairobi machte ich mir ein paar Mal fast in die Hose. Ein ums andere Mal musste ich eine Vollbremsung hinlegen, um nicht einen Bus oder Wagen zu rammen, die mich andauernd schnitten. Einem der Fahrer zeigte ich, was es bedeutet, einen Australier in Rage zu bringen. Als mich ein Kleinlaster schnitt und mich zwang, über eine Verkehrsinsel zu holpern, streckte ich meinen Kopf zum Seitenfenster raus und brüllte: »Du bist ein beklopptes Arschloch!«

»Tu so was nicht. Die erschießen dich«, warnte mich Mutisya sachlich.

Als ich endlich in der Kenyatta Avenue an die Seite fuhr, sprang ich aus dem Wagen und klatschte Mutisya ab. »Ich hab uns nicht umgebracht!«, jubelte ich. Wir hatten keinen Unfall gebaut und waren nicht erschossen worden.

Ich lud Mutisya zu einem Abschiedsessen in ein Restaurant ein und er hatte schon eine Empfehlung parat: »Ich zeige dir, wohin alle Touristen in Nairobi gehen.« Als er mir sagte, wie es hieß, tippte ich, dass es sich nicht um ein vegetarisches Restaurant handeln konnte.

Das Carnivore war riesig. Das Restaurant hatte 500 Plätze, und auf dem Parkplatz standen einige Reisebusse. Das Gebäude selbst war ein moderner Kasten, an den einige Holzpfähle geklebt waren, vermutlich um ihm einen rustikalen Anstrich zu geben. Gleich hinter dem Eingang begrüßte uns ein gewaltiger Holzkohlegrill, um den ein Dutzend Köche mit lächerlich hohen Mützen herumstanden und sich einräuchern ließen.

Auf dem Weg zu unserem Tisch wurden wir an großen Touristenherden, vor allem Japanern und Senioren, vorbeigelotst. Am Nebentisch saßen einige ältere Damen mit Safariwesten (die mit den vielen Taschen), weiten Shorts, weißen Socken und weißen Turnschuhen. Ich wunderte mich nicht, als ich ihren amerikanischen Akzent hörte.

Kaum hatten wir uns gesetzt, als der Kellner auf unserem Tisch eine kleine Papierflagge hisste. Die sollten wir wieder einholen, wenn wir uns sattgegessen hatten.

»Suppe, Sir?«, fragte ein Kellner mit einem Holztablett voller Suppenschüsseln.

»Nimm keine Suppe!«, fuhr mich Mutisya an. »Du brauchst den Platz für das Fleisch!« Das wiederholte er, als uns zwei weitere Kellner Brot und Kartoffeln anboten.

»Das wollen wir alles nicht!«, fauchte er einen Kellner an, der Salatteller auf den Tisch stellen wollte. »Wo ist das Fleisch? Bringen Sie uns Fleisch!«

Es folgte eine Prozession von angekokeltem Fleisch an Spie-

ßen, darunter Rind, Huhn, Lamm, Lammkoteletts, Schweinswürste, Hühnerleber, Kamel, Krokodil und Strauß. Einmal Dorfjunge, immer Dorfjunge. Mutisya aß mit den Fingern und
spuckte Fett und Knochen auf den Teller.

Nach dem letzten Stückchen Straußenfleisch war ich derart
satt, dass nicht einmal mehr ein Nachtisch hineingepasst hätte,
was in meinem Fall viel heißen will.

Mutisya war jedoch noch nicht bereit, die Flagge einzuholen.
Als der Kellner vorbeikam und fragte, ob ich Dessert wolle, antwortete er: »Wir machen nur eine kurze Werbepause. Wir sind
gleich wieder da.«

Die Pause tat Mutisya offenbar gut. Beim Nachtisch nahm er
zweimal Nachschlag.

Als wir zu Mutisyas Hütte in der Stadt kamen, war es schon
nach elf und seine Frau Terry und die beiden Kinder schliefen
im Doppelbett. Mutisya überließ mir die einnehmende braune
Samtcouch und legte sich auf eine dünne Matratze auf den
Boden. Als ich mich schlafen legte, war ich noch immer über und
über mit Staub bedeckt. Er war regelrecht auf meiner Haut fest-
gebacken, und meine Haare waren wie Stroh.

Obwohl ich hundemüde war, konnte ich lange nicht einschla-
fen. Mein Schlafsack war eine Sauna, aber ich hatte die Wahl,
entweder zu schmelzen oder mich mit Malaria zu infizieren.
Einen Moment lang zog ich ernsthaft in Erwägung, zu Terry und
den Kindern unters Moskitonetz zu kriechen.

Um fünf Uhr wachte ich auf. Aufwachen ist eigentlich falsch
gesagt, denn ich hatte ja nicht geschlafen, sondern den größten
Teil der Nacht damit zugebracht, Moskitos zu jagen. Ich fühle
mich ein bisschen mies, wenn ich das jetzt sage, denn Mutisya
war so ein großzügiger und zuvorkommender Gastgeber. Tut mir
leid, Mutisya, aber ich habe Deiner Couch von 10 möglichen
Punkten nur 2 gegeben. Zu Plus und Minus will ich mich gar
nicht weiter äußern, weil es kein Plus gab. Oder vielleicht doch.
Ich habe mir immerhin keine Malaria geholt.

Südafrika

15

»Du kannst nur bei uns übernachten, wenn meine Mutter dich inspiziert und zugestimmt hat.«

Walindah Mosia, 25, Soweto, Südafrika
CouchSurfing.com

Meine Gastgeberin Walindah lebte nicht in einer Wellblechhütte. Das hatte ich zwar nicht unbedingt erwartet, doch die Bilder, die ich aus dem Fernsehen von Soweto kannte, zeigten für gewöhnlich eher verfallene, schmutzige Barackensiedlungen. Ich hatte allerdings auch nicht erwartet, dass Walindah in einem ruhigen Vorort und einem hübschen Backsteinhaus leben würde. Das Einzige, was an die stereotypen Bilder aus Soweto erinnerte, war das Auto von Walindahs Bruder, das in der Einfahrt stand. Straßendiebe hatten den Wagen gestohlen und zu Schrott gefahren. »Sie haben meinem Bruder eine Pistole an den Kopf gehalten und gedroht, ihm das Hirn aus dem Kopf zu pusten, wenn er nicht aussteigt«, erzählte Walindah beiläufig, als wir an dem Wrack vorübergingen.

»Ist es hier ... äh ... ist das eine gefährliche Gegend?«, fragte ich ein wenig nervös.

»Nein, ganz im Gegenteil. Es ist nicht in Soweto passiert«, erklärte mir Walindah fröhlich. »Soweto ist sicherer als Johannesburg. Die haben da die höchste Mordrate der Welt.«

Sie fragen sich vielleicht, wie ich auf die Idee kam, auf meiner großen Couchsurfing-Weltreise ausgerechnet die Mordhauptstadt der Welt zu besuchen. Wie im Falle von Belgien hatte ich mich vor allem deshalb für Südafrika entschieden, weil ich zwar schon da gewesen war, aber nichts vom Land gesehen hatte. Alles, was ich bei meinem einzigen Kurzbesuch kennengelernt hatte, war das festungsartige Hotel am Flughafen von Johannesburg, wo ich auf dem Weg nach Westafrika Zwischenstation machte.

Es gab eine Menge potenzieller Gastgeber in Johannesburg, doch nachdem ich mir einige Profile angesehen hatte, merkte ich, dass ich keine Lust hatte, in einem vornehmen weißen Vorort abzusteigen, in einem vornehmen weißen Restaurant zu essen und in einer vornehmen weißen Bar zu sitzen und mir von vornehmen weißen Besuchern anhören zu müssen, die südafrikanische Rugbymannschaft sei die beste der Welt und vor allem besser als die australische.

Da mein Aufenthalt in Südafrika wegen der Flugverbindungen nur sehr kurz ausfiel und ich Südafrika aus der Sicht von schwarzen Südafrikanern kennenlernen wollte, war Soweto, das schwarze Township südwestlich von Johannesburg, die beste Wahl. Es war allerdings gar nicht so einfach, in Soweto einen Gastgeber zu finden. Auf den drei Websites standen nur vier Couches zur Auswahl. Doch schon auf meine erste Anfrage bekam ich eine Einladung – mit dem Vorbehalt, dass ich mich erst einer Inspektion durch die Mutter meiner Gastgeberin unterziehen musste.

Walindah hatte mir eine detaillierte Wegbeschreibung geschickt. Vom Flughafen fuhr ich mit einem Bus zuerst in die Innenstadt von Johannesburg und von dort mit einem überfüllten Taxibus weiter nach Soweto. Meinen ersten Eindruck von Soweto bekam ich, als das Taxi-Strich-Sardinenbüchse in dem chaotischen Busbahnhof Baragwanath ankam, wo sich Hunderte Minibusse drängten und der zugleich Markt und Imbissmeile war. An den Marktständen verkauften Frauen frisches Obst, Gemüse, Kleidung und jede Menge Plastikkram. An Essensständen grillten Metzger Hühner und Hühnerfüße und scheuchten Fliegen von Schafsköpfen. Überall prallten die Erste und die Dritte Welt aufeinander, etwa als ich sah, wie ein Medizinmann versuchte, einem Mann im Anzug Kräuter und Felle anzudrehen, während dieser in sein Mobiltelefon brüllte.

»Ich finde dich«, hatte Walindah in ihrer Email geschrieben.

Aber wie wollte sie mich in einem überfüllten Busbahnhof entdecken? Es dauerte nicht lange, da war es mir klar: Ich war nämlich der einzige Weiße. Ich hatte kaum den Fuß auf den Boden gesetzt, da stand Walindah, ein zierliches Mädchen in einem leuchtend roten Kleid, auch schon vor mir. Ein Bus könnte uns fast bis vor Walindahs Haustüre bringen, aber ich beteuerte, ich würde gern die halbe Stunde zu Fuß gehen. Leider hatte ich dabei nicht an meinen großen Rucksack gedacht – ich bereute die Entscheidung schon nach vier Minuten.

Walindah war sehr schüchtern, weshalb ich fast unsere gesamte Unterhaltung allein bestreiten musste. »Es leben viele Leute hier in Soweto«, merkte ich an, während wir uns durch die Menge schoben.

»Ja. Aber niemand weiß, wie viele es genau sind«, erwiderte Walindah. »Die Regierung behauptet, es sind eine Million, aber wahrscheinlich sind es eher vier. Die Leute nehmen nicht an den Volkszählungen teil, weil sie der Regierung nicht vertrauen. Deswegen ist es unmöglich zu sagen, wie viele Menschen wirklich hier leben.«

Ich hatte meine liebe Mühe, Walindah zu verstehen. Nicht nur weil sie sehr leise sprach, sondern auch weil aus den Läden, Autos und Marktständen die Bässe einer Mischung aus Stammesmusik und House wummerten. Walindah erklärte mir, die Musik nenne sich *kwaito*, eine afrikanische Variante des Hip-Hop aus Soweto, die inzwischen die beliebteste Tanzmusik des ganzen Kontinents sei.

Jeder Zentimeter einer schmalen Fußgängerbrücke über die Hauptstraße war von Marktständen besetzt. Stände ist zu viel gesagt – es handelte sich um Pappkartons, hinter denen Menschen auf dem Boden saßen. Hier wurden offensichtlich illegale Substanzen verkauft. Zwielichtige Gestalten boten Haschisch, Marihuana, Pillen und Socken an (ich fragte mich, ob die geraucht oder geschnupft werden).

»Und hier arbeite ich.« Walindah zeigte auf eine Reihe großer, hässlicher Gebäude auf der anderen Straßenseite, die aussahen wie halb verfallene Plattenbauten. »Das ist das Chris Hani Baragwanath Hospital, das größte Krankenhaus der Welt. Es hat mehr als 3000 Betten und 7000 Mitarbeiter.« Walindah war eine von 2000 Krankenschwestern.

»Mehr als 2000 Patienten kommen jeden Tag in die Notaufnahme«, erzählte sie weiter. »Mehr als die Hälfte ist HIV-positiv.«

Walindah spulte einige erschütternde Zahlen herunter. Von allen Länder der Welt war Südafrika am schlimmsten von der Aids-Epidemie betroffen: Jeder siebte Südafrikaner, das sind insgesamt mehr als sechs Millionen Menschen, war infiziert. Rund 260 000 der Erkrankten sind Kinder und Jugendliche unter 16 Jahren.

»In Südafrika sterben jeden Tag etwa tausend Menschen an Aids«, berichtete Walindah sachlich. Obwohl sie in der Entbindungsstation arbeitete, kam sie jeden Tag mit den Folgen von Aids in Berührung: 30 Prozent aller schwangeren Frauen in Südafrika sind HIV-positiv.

»Wir haben erst vor zwei Jahren damit angefangen, Aids-Patienten mit Medikamenten zu behandeln«, sagte sie. »In den meisten anderen Länder gab es diese Medikamente schon lange.«

Vor dem Eingang des Krankenhauses kamen wir an einer langen Schlange von Wartenden vorbei. Obwohl jeder weiß, dass das Virus nicht durch Berührung übertragen wird, machte mich der Gedanke ein wenig nervös, dass mit ziemlicher Wahrscheinlichkeit viele von ihnen Aids hatten.

Wir schwiegen, bis wir am letzten Gebäude vorübergegangen waren.

»Bist du in Soweto zur Welt gekommen?«, fragte ich Walindah dann.

»Ja, genau wie mein Vater und meine Mutter.«

Walindah war stolz darauf, aus Soweto zu stammen. Während wir uns durch die Vororte schleppten (okay, nur ich schleppte mich), gab sie mir eine Kurzfassung der Geschichte des Townships. Soweto (eine Abkürzung für Southwestern Township) wurde 1930 gegründet, weil die Regierung zu dem Schluss kam, die schwarzen Vororte Johannesburgs kämen den weißen Vierteln zu nahe. Die Schwarzen mussten ihre Häuser verlassen und wurden zwangsweise in ein achtzehn Kilometer entferntes Dorf umgesiedelt. Das klang allerdings nicht so, als sei es ein sonderlich gutes Geschäft gewesen. Weil es keine Straßen gab, brauchten die neuen Einwohner von Soweto drei Stunden, um zu ihrer Arbeit zu kommen. Auch Geschäfte, Parks, Strom und fließendes Wasser gab es nicht. Im Laufe der kommenden zwanzig Jahre explodierte die Bevölkerung von Soweto, weil immer mehr Zulus und Angehörige anderer Stämme auf der Suche nach Arbeit und besseren Lebensbedingungen in die Stadt kamen. Die »besseren Lebensbedingungen« waren überfüllte Slums. Die Stadtverwaltung beschloss schließlich, 20 000 billige Wohnungen zu errichten, um die billigen Arbeitskräfte besser unter Kontrolle zu halten.

»Soweto hat nur zwei Zufahrtsstraßen«, berichtete Walindah. »Das hat man so gemacht, um die Leute besser kontrollieren zu können. Die Polizei konnte einfach eine der beiden Straßen sperren und verhindern, dass die Leute rein- oder rauskamen.« Doch die Einwohner entwickelten ihre eigenen Methoden des Widerstands gegen die Polizei. Unter dem Apartheid-Regime gab es in Soweto beispielsweise keine Straßenschilder, um der Polizei die Orientierung zu erschweren.

Wir gingen an den endlosen Reihen von billigen Wohnhäusern vorbei, die mir Walindah beschrieben hatte. Die Häuser erinnerten eher an Schuhschachteln mit einem Fenster und einer

Tür. Trotzdem sah es anders aus als das, was ich mir unter Soweto vorgestellt hatte. Es war alles andere als ein Elendsviertel, viele der Häuschen waren frisch gestrichen, hatten gepflegte Vorgärtchen und Satellitenschüsseln auf dem Dach.

Walindahs Viertel war ähnlich, nur dass die Häuser und Satellitenschüsseln hier sehr viel größer waren.

Walindahs Mutter Yolanda, eine kräftige und fröhliche Frau, begrüßte uns an der Tür (ich musste ja noch die Musterung bestehen, ehe ich ins Haus durfte). Yolanda war Lehrerin und ein Jahr jünger als ich, weshalb ich mich plötzlich extrem alt fühlte. Walindah führte mich kurz durchs Haus, das aussah wie ein typisches Vorstadthaus irgendwo auf der Welt, und zeigte mir dann mein Zimmer.

»Nein, ich kann unmöglich hier schlafen!«, wehrte ich ab. Walindah wollte mir ihr Zimmer überlassen und bei ihrer Mutter schlafen.

»Natürlich kannst du das«, erwiderte sie. »Du bist schließlich unser Ehrengast!«

Da bisher niemand Walindahs Vater erwähnt hatte, lenkte ich das Gespräch mit dem mir eigenen Fingerspitzengefühl auf das Thema. »Und wo ist dein Vater?«

»Er ist einfach eines Tages abgehauen«, antwortete Walindah achselzuckend.

Während Yolanda kochte, saßen wir auf der Treppe vor der Haustür und beobachteten die Nachbarn, die von der Arbeit nach Hause kamen oder schwere Einkaufstaschen schleppten, während lachende Kinder auf der Straße Fußball spielten.

Walindah stellte mir eine Menge Fragen über mein Leben in Australien. Sie erzählte mir, sie hätte schon eine ganze Reihe von Couchsurfern zu Besuch gehabt. Weil sie wahrscheinlich nie ins Ausland reisen würde, war dies ihre Möglichkeit, die Welt kennenzulernen.

»Dann hole ich mir die Welt eben zu mir nach Hause«, sagte Walindah und strahlte.

Walindahs älterer Bruder Elijah kam pünktlich zum Essen nach Hause. Elijah war arbeitslos und unterwegs gewesen, um einen Job zu suchen. Er war noch schüchterner als Walindah. »Es ist nicht leicht für Elijah«, sagte Walindah, als wir uns an den Tisch setzten. »In Südafrika sind über 40 Prozent der Bevölkerung arbeitslos.«

Das Essen war ein Auflauf aus einem leckeren, würzigen Hähnchen mit Reis und Kürbis. Während des Essens sprach niemand ein Wort, denn alle starrten wie gebannt auf den Fernseher, wo die Seifenoper *Egoli: Place of Gold* lief.

»Südafrika hat erst 1976 Fernsehen bekommen«, erklärte mir Walindah während einer Werbepause. Das lag vor allem daran, dass die weiße Minderheitsregierung Angst hatte, das Fernsehen könne die englische Sprache über Gebühr bevorzugen und Afrikaans aussterben lassen. Diese Befürchtung schien mir allerdings unbegründet: *Egoli* war viersprachig, die Schauspieler wechselten ansatzlos zwischen Englisch, Zulu, Afrikaans und Xhosa hin und her.

»Die Serie ist sehr beliebt«, sagte Walindah. »Sie haben schon mehr als 4000 Episoden gezeigt.«

Auf meinen Reisen fühle ich mich oft wie ein linguistischer Volltrottel, aber auf dieser ganz besonders. Jeder meiner bisherigen Gastgeber sprach mindestens zwei Sprachen fließend. Walindah beherrschte sogar fünf: Englisch, Afrikaans, Setswana, Xhosa und Zulu.

Es wäre keine Übertreibung zu behaupten, dass Walindah und ihre Mutter gern fernsahen. Nach dem Ende von *Egoli* sahen wir die südafrikanische Version von *Big Brother* und *Wer wird Millionär*. Es war wie das australische Fernsehen. Als ich durch die Fernsehzeitschrift blätterte, sah ich zu meinem Entsetzen *Südafrika sucht den Superstar*, *Der Schwächste fliegt*, *Deal or No Deal* und sogar ein südafrikanisches *Dschungelcamp*.

»Bei den Realityshows stimmen mehr Leute ab als bei den Parlamentswahlen«, sagte Walindah stolz.

Als Walindah zu *Wer nimmt am meisten ab?* umschaltete, gähnte ich demonstrativ und verdrückte mich.

Es war wirklich wie zu Hause. Am nächsten Morgen wachte ich um halb sieben mit demselben Schrecken auf, den ich zu dieser unchristlichen Uhrzeit in Melbourne erlebe. Ich hatte nie damit gerechnet, dass ich in den Straßen von Soweto das Zischen und Surren einer hydraulischen Hebevorrichtung hören würde, mit der ein modernes Müllauto fahrbare Mülltonnen leert.

Die morgendliche Müllabfuhr drückte allerdings die Bewertung der Couch ein wenig.

Couchnote: 8 von 10
Pro: Walindahs Bett war bequem
Minus: Es war mir unangenehm, Walindah das Bett
wegzunehmen

Nach dem Frühstück bot Walindahs Mutter an, uns ihr Auto zu leihen (die Gute fuhr mit dem Bus zur Arbeit). Zu meinem Glück hatte Walindah den Tag frei – ich war ehrlich gesagt ein bisschen besorgt gewesen, ich müsste allein durch die Straßen von Soweto streifen.

Unser Ausflug begann mit einer ernsten Note. Erster Halt war der Vorort Orlando West, wo sich das Hector Pieterson Museum befindet. Das Museum ist nach einem Schuljungen benannt, der während der berüchtigten Unruhen des Jahres 1976 von der Polizei erschossen worden war. Was als friedlicher Protest von Jugendlichen gegen die Verwendung von Afrikaans als Unterrichtssprache in den schwarzen Schulen von Soweto begann, verwandelte sich in eine Gewaltorgie, als die Polizei das Feuer auf 10 000 Schüler eröffnete, die von der Naledi High School zum Stadion von Orlando zogen. Walindahs Mutter hatte an dieser Demonstration teilgenommen.

»Sie war damals 14 Jahre alt«, erzählte mir Walindah, während wir vor einem Foto standen, auf dem verängstigte Schulkinder sich unter einer Wolke von Tränengas duckten. »Sie ist entkommen, bevor die Polizei angefangen hat, in die Menge zu schießen.«

In bewegenden Fotos und Multimediapräsentationen zeigte das Museum die Bedingungen, welche die Streiks der Schüler provoziert hatten, und die brutale Reaktion der weißen Minderheit. Das verstörendste Bild war das berühmte Foto, das weltweit für Proteste gegen das Apartheid-Regime gesorgt hatte. Es zeigte Mbuyisa Makhubu, der mit von Schmerz und Fassungslosigkeit verzerrtem Gesicht durch eine Straße von Soweto läuft und den blutüberströmten, leblosen Körper des 12-jährigen Hector Pieterson auf den Armen trägt. Hector war auf der Flucht vor der Polizei in den Rücken geschossen worden. Er war einer von 556 Schülern, die von der südafrikanischen Polizei erschossen wurden.

Die Auswirkungen der Unruhen von Soweto hatten das gesamte Land erschüttert und die Aufmerksamkeit der Welt auf die Unterdrückung der schwarzen Südafrikaner gelenkt. Die Folge waren internationale Sanktionen und Jahre später schließlich das Ende der Apartheid.

Vor dem Museum, an der Stelle, an der Hector erschossen worden war, stand ein Gedenkstein.

»Das hätte auch meine Mutter sein können«, sagte Walindah. »Sie hatte Glück.«

Vom Museum aus fuhren wir in die nahe gelegene Vilakazi Street, eine gewöhnliche und doch berühmte Vorortstraße. Hier lebten gleich zwei Friedensnobelpreisträger: Nelson Mandela und Erzbischof Desmond Tutu.

Das frühere Wohnhaus von Nelson Mandela ist heute ein Museum, das von Winnie Mandela geleitet wird. Walindah erzählte, Winnie lebe heute in einer stark bewachten Villa zwei Straßen entfernt und fahre gelegentlich mit ihrem weißen, gepanzerten Mercedes durch das Viertel.

Die Wände des Museums waren mit Fotos und Urkunden tapeziert, darunter zahlreiche Ehrendoktorwürden und ein offizielles Entschuldigungsschreiben des amerikanischen Geheimdienstes CIA für seine Beteiligung an der Verfolgung Mandelas. Um ehrlich zu sein, fand ich das Haus mit seiner Bettdecke aus falschem Fell und Winnies Armeestiefeln am Fußende des Bettes reichlich kitschig. Vor allem die fliegenden Händler, die vor der Tür Nelson-Mandela-T-Shirts, Tassen und Plastikdosen mit »Erde aus dem Garten von Nelson Mandela« verhökerten.

Erzbischof Tutu lebt noch heute in seinem grauen, zweigeschossigen Haus, und ich kann mir vorstellen, dass er ein bisschen neidisch ist. Vor seiner Tür verkaufte nämlich niemand Erzbischof-Tutu-Tassen.

»Das ist der gefährlichste Teil von Soweto«, informierte mich Walindah, als wir wenig später durch die Straßen der Gettos von Zola und White City fuhren. Zerlumpte Händler saßen vor ihren Hütten auf den Gehsteigen und boten einige armselige Produkte zum Verkauf an. Ihre Hütten waren improvisiert und aus Wellblech und Draht zusammengeflickt.

»Diese Gegend ist berüchtigt für Banden und Autoüberfälle«, fügte sie gelassen hinzu.

»Sollten wir hier ... im Auto herumfahren?«, fragte ich ein wenig panisch.

»Jetzt ist es sicher. Aber wir wären verrückt, wenn wir nachts hier durchfahren würden.«

Es wunderte mich nicht, als Walindah sagte: »Die Reisebusse kommen nicht hierher.«

»Und wo fahren die Reisebusse entlang?«

»Wenn du willst, zeige ich dir ein paar Touristenslums«, strahlte Walindah.

Wenig später bogen wir neben einem Reisebus auf einen Parkplatz der »Touristenslums«. Schon auf dem Parkplatz standen Souvenirstände. Einer der Händler verkaufte »original südafrikanische Schnitzereien«. Die Figuren waren überwiegend

Giraffen und hatten verdächtige Ähnlichkeit mit denen des Wamunyu-Kollektivs in Kenia.

Nach kurzen Verhandlungen mit einem Jungen namens Brilliant und einer etwas heftigen Spende meinerseits besuchten wir eine Hütte, in der er mit seiner Mutter und einer Schwester lebte. Obwohl ich wusste, wie wichtig die »Spende« für die Familie war, fühlte ich mich unwohl, im Haus von wildfremden Menschen herumzuschnüffeln.

»Das ist schon okay«, flüsterte Walindah, während uns der Junge an winzigen Hütten vorbeiführte, deren Dächer mit Steinen beschwert waren. Über den Weg war eine Plane gespannt, damit er sich bei Regen nicht in einen Sumpf verwandelte. »Damit verdienen sie ihren Lebensunterhalt.«

Frauen in weiten, bunten Roben lächelten uns zu, während wir an Höfen vorbeigingen, in denen Mais in der Sonne trocknete und Autowracks vor sich hin rosteten. Die Hütte von Brilliants Familie war feuerrot gestrichen und hatte hübsche Häkelvorhänge in den Fenstern. Auf den wenigen Quadratmetern standen ein Tisch und ein Bett. Da es keinen Strom und kein fließendes Wasser gab, wurde das Haus mit einem Paraffinofen geheizt. Als Dusche dienten ein paar Wassereimer. Die Familie hatte allerdings einen Fernseher, der an einer Autobatterie hing. »Siehst du, sie können auch Seifenopern schauen«, sagte Walindah.

Auf dem Rückweg zum Parkplatz kamen wir an einer Kirche vorbei, die eher aussah wie ein Blechschuppen. Dass es eine Kirche war, erkannten wir lediglich, weil Gospelhymnen in Xhosa und Englisch auf die Straße drangen. Wir lugten durch einen Spalt in der Tür und wurden sofort von einem Priester mit grauem Bart, einer weiten, gelben Robe und einem roten, mit weißen Bommeln behängten Umhang hineingezerrt. Frauen in langen, weißen Roben und weißen Hüten sangen, klagten und klatschten in derart überbordernder Inbrunst, dass sie den dunklen Raum regelrecht zum Glühen brachten. Die Kirche war wie eine Sauna und binnen weniger Minuten floss mir der Schweiß in Strömen von der Stirn.

Als wir wieder hinaus ins Freie kamen, erzählte mir Walindah, Bill Clinton habe bei seinem Besuch in Soweto ebenfalls an einem Gottesdienst teilgenommen. »Der Pfarrer hat über Ehebruch gepredigt«, kicherte sie.

Als Kontrastprogramm fuhren wir nach Diepkloof, »wo die Millionäre und Verbrecherbosse von Soweto leben«. Es war der nobelste Teil von Soweto. Hinter hohen Mauern und elektrischen Toren verbargen sich dreistöckige Villen, genau wie in den weißen Vororten von Johannesburg. Die Straßen waren frisch geteert, in den Einfahrten standen BMWs und in den Gärten spielten adrett gekleidete Kinder.

Auch vor dem Restaurant Sakhumzi, in dem wir zu Mittag aßen und das wenige Meter von Erzbischof Tutus Haus entfernt liegt, parkten BMWs und chromblitzende Toyota-Geländewagen. Wir setzten uns in den Garten, in dem junge Männer in Designeranzügen mit jungen Männern in coolen Getto-Outfits zusammensaßen.

»Möchtest du ein traditionelles südafrikanisches Essen probieren?«, fragte mich Walindah, nachdem wir uns gesetzt hatten.

Unsere traditionelle südafrikanische Vorspeise bestand aus einem Teller dicker, glibberiger, schwarzer Würmer, die »schonend gedämpft« und mit Erdnussbutter und Tomatensoße serviert wurden. Ich muss wohl eine Grimasse geschnitten haben, denn Walindah versicherte mir: »Es sind eigentlich keine Würmer, sondern Mopani, die Raupen des Nachtpfauenauges.«

Das machte sie mir doch gleich viel schmackhafter.

»Die Mopanis sind extrem nahrhaft«, fuhr sie fort, während ich mit äußerster Vorsicht einen der Würmer aufspießte. »Sie bestehen zu 60 Prozent aus Proteinen und haben eine Menge Kalzium.« Bei der ersten Kaubewegung war der Wurm gar nicht so übel. Der Geschmack erinnerte mich ein bisschen an verbrannte Wurst. Die zweite Kaubewegung setzte die schleimigen Innereien frei, die genauso schmeckten, wie ein Wurm in meinen schlimmsten Albträumen schmeckte: Als hätte jemand in meinen Mund gerotzt.

Nachdem ich ein paar davon hinuntergewürgt hatte, bemerkte ich, dass Walindah die Würmer nicht anrührte.

»Ich esse die Dinger nicht.« Sie verzog das Gesicht. »Ich finde die total eklig.«

Ich befürchtete, dass ich das traditionelle Hauptgericht nicht herunterbekommen würde. Es war *omgodu* oder Magen und handelte sich um gummiartige Kutteln mit *umxushu* (Bohnen), Brot und zerdrücktem Mais. Der Mais und die Bohnen waren köstlich. Ich schob die Kutteln ein wenig auf dem Teller hin und her, damit es so aussah, als hätte ich davon gegessen.

»Können wir in einen *shebeen* gehen?«, fragte ich Walindah, als wir wieder bei ihr zu Hause waren. Ich hatte nämlich gesehen, dass sich ganz in der Nähe von Walindahs Haus ein *shebeen* (eine Kneipe ohne Lizenz) befand.

Vor dem *shebeen* angekommen, sagte Walindah: »Ich bleibe nicht. Hier haben nur Männer Zutritt. Aber ich suche jemanden, der sich um dich kümmert.« Sie scannte die kleine Gruppe vor der Tür und ging auf einen jungen Mann zu, dessen Oberarme so kräftig waren wie meine Hüfte. »Das ist der Cousin einer Freundin. Der kümmert sich um dich und bringt dich später nach Hause«, sagte sie. »Es ist wahrscheinlich besser, wenn du draußen bleibst«, fügte sie im Gehen hinzu. »Da drin sind eine Menge besoffener Irrer.«

Kaum war Walindah gegangen, sagte mein neuer Freund: »Komm, gehen wir rein.«

Als ich die Bar betrat, starrten mich die Gäste an, als wollten sie sagen: »Was will der denn hier?« Es war kein ärgerliches: »Was zum Teufel hast du hier zu suchen?«, sondern eher ein: »Wie konntest du dich nur derart verlaufen?« Es wunderte mich kaum, dass ich der einzige *umlungu* (Weiße) im *shebeen* war und vielleicht sogar der erste, der je seinen Fuß über die Schwelle gesetzt hatte.

Ein Mann mit blutunterlaufenen Augen und einem blauen Arbeitskittel torkelte auf mich zu und gab mir die Hand. »Ich bin dein Freund«, lallte er.

Wir holten uns ein Bier und setzten uns nach draußen, wo ich sofort von einer Gruppe junger Männer umringt wurde. Sie redeten alle gleichzeitig auf mich ein, fragten, ob ich ihnen ein Bier ausgebe und ob ich eine »afrikanische Frau« wollte. Zwei gaben mir Zettel mit ihrer Adresse und baten mich, ihnen zu schreiben und ihnen eine Reise nach Australien zu sponsern. Mein Aufpasser ging wieder hinein und ließ mich in der Obhut eines großen, aber ziemlich weichlichen jungen Kerls zurück. »Wusstest du, dass afrikanische Männer die größten Schwänze der Welt haben?«, fragte mich mein neuer Beschützer und zwinkerte mir zu.

»Du hast es aber nicht lange ausgehalten«, begrüßte mich Walindah. Ich hatte nicht einmal auf meinen Aufpasser gewartet, sondern war flott allein nach Hause gelaufen, nachdem ich mein Bier ausgetrunken hatte.

»Ach, ich muss morgen früh raus und zum Flughafen«, murmelte ich.

»Gleich fängt *Dschungelcamp* an, wenn du mitschauen willst«, sagte Walindah und drehte sich wieder zum Fernseher um.

Indien

16

»Unsere Kuhherde erwartet dich am Eingangstor. Dort nimmt dich auch unser Wachmann in Empfang, der während seiner Schicht gern mal ein Nickerchen einlegt.«

Penelope Walker, 26, Neu-Delhi, Indien
GlobalFreeloaders.com

»Wo soll das Haus denn sein?«, fragte mich der Taxifahrer mürrisch, nachdem wir bereits zum vierten Mal um den Block gefahren waren.

»Ich weiß es nicht, ich war noch nie hier.«

»Und ich weiß es erst recht nicht«, schnaubte er, ehe er mich in einer der dunklen und staubigen Seitenstraßen von Kalkaji im Süden von Delhi absetzte.

Die Häuser und Apartmentkomplexe der Straße waren hinter hohen Backsteinmauern verborgen. Das war allerdings nicht das Problem. Das Problem war vielmehr, dass auf den Mauern keine Hausnummern standen. Mir blieb also nichts anderes übrig, als an jeder Tür zu klingeln, bis ich die richtige gefunden hatte. Damit würde ich mir vermutlich nicht allzu viele Freunde machen, denn es war schon nach Mitternacht. Mit einem lauten Seufzer trottete ich auf das erstbeste Stahltor zu und klingelte. Als niemand antwortete, klingelte ich noch einmal. Und noch einmal. Als schließlich ein benommener Wachmann öffnete, fragte ich: »Kann es sein, dass hier eine Penelope und eine Sarah leben?«

»Ja.«

Ja!

Ich hatte es auf Anhieb gefunden und dies war der berühmte Wachmann, der gern ein Nickerchen einlegte.

Penelope und Sarah sind nicht gerade typisch indische Namen. Das liegt daran, dass die beiden Mädels aus Sydney waren, aber in Delhi arbeiteten. Als ich über das Profil der beiden gestolpert war, reizte es mich, herauszufinden, wie das Leben der Expats in einer der größten, lautesten, heißesten, übel riechendsten, schmutzigsten und überlaufensten Städte der Welt aussah. Außerdem konnte ich mir doch die fürstliche Residenz nicht entgehen lassen:

Bequeme, flaschengrüne Couch in fürstlicher Residenz mit Marmorfußböden und hohen Decken. Wir arbeiten tagsüber in einem Callcenter in Delhi und gehen fast jeden Abend essen oder trinken, weil das Leben hier so billig ist.

Penelope, 26

Ich verschickte auch ein paar Anfragen an Einheimische für den Fall, dass die bequeme, flaschengrüne Couch bereits vergeben war. Schade, dass ich keine Frau bin, denn dann hätte ich die Auswahl unter einigen vielversprechenden Gastgebern gehabt:

Unser Haus ist nicht unbedingt im besten Zustand, aber es bietet alle modernen Annehmlichkeiten. Ich lebe bei meiner Familie, das heißt, es können nur Mädchen bei mir unterkommen, die sich gut benehmen. Außerdem erwarte ich angemessene Hygienestandards (nicht auf den Fußboden pinkeln).

Shashank, 25

Geschlecht des Gastes: Nur Frauen
Schlafgelegenheit: Mein Doppelbett, zusammen mit mir!

Suresh, 43

Ich teile mein Zimmer mit einer Nichtraucherin. Ich kann
vieles bieten, von Kochgeschirr bis Matrazen und Kissen.
Illegaler Sex streng verboten!

Praveen, 30

Penelope und Sarah begrüßten mich an der Wohnungstür. »Wie
schön, dich zu sehen«, kicherten die beiden. »Wir sind ein bisschen betrunken.« Beide waren unglaublich groß und schlank.
Sarah hatte blondes Haar und blaue Augen, Penelope Sommer-
sprossen und langes, rotbraunes Haar. Selbst wenn sie es darauf
angelegt hätten, sie hätten in Indien kaum mehr aus der Menge
stechen können.

»Komm rein«, sagte Penelope, nahm meine Hand und führte
mich durch einen langen Flur in ein dämmerig erleuchtetes
Wohnzimmer. Der Raum hatte zwar Marmorfußboden und hohe
Decken, aber sonderlich fürstlich wirkte er nicht. Überall lagen
leere Bierflaschen, Pizzaschachteln, Chipstüten und überquel-
lende Aschenbecher herum. Und auf meiner bequemen, flaschen-
grünen Couch hinter einem dichten Rauchvorhang fläzten zwei
Typen, die einen fetten Joint rauchten und die Asche auf den weichen Samt schnippten. Die beiden wurden mir als »John aus
England« und »der Typ aus Holland« vorgestellt. Sie sahen nicht
so aus, als wollten sie in absehbarer Zeit von meinem Bett aufstehen oder als wären sie auch nur in der Lage dazu.

Dann sagte Penelope etwas, für das ich sie vor Freude fast
umarmt hätte. »Du musst nicht auf der Couch übernachten. Wir
haben dir deine eigene Wohnung organisiert.« Einige Tage zuvor
war ein anderer Expat aus einer Wohnung im obersten Stock-
werk ausgezogen, und die beiden hatten den Wachmann beschwatzt, einen »Ehrengast« dort übernachten zu lassen.

Auf dem Weg in meine Wohnung erzählte mir Penelope von
ihrem Job in Delhi. Die beiden Mädels und »John aus England«
arbeiteten für das Callcenter eines britischen Reisebüros, das
Pauschalreisen nach Australien verkaufte. »Die Arbeitszeiten

sind genial«, strahlte Penelope. »Wir fangen um ein Uhr nachmittags an und machen um neun Uhr abends Feierabend.« Der Grund für die merkwürdigen Arbeitszeiten war, dass sie nach britischer Zeit arbeiteten. Die Anrufer dachten, sie riefen eine Nummer in England an. Penelope saß seit sechs Monaten am Telefon und hatte ihre beste Freundin Sarah erst vor Kurzem überredet, nach Indien nachzukommen. »Ich bleibe noch sechs Monate hier, dann fahre ich nach Hause und suche mir eine richtige Arbeit«, sagte Penelope. »Die Arbeit ist aber nicht schlecht. Wir haben einen Fahrer, der uns jeden Tag an der Tür abholt und wieder nach Hause bringt, und die Firma hat einen eigenen Koch, der uns jeden Abend Currys kocht.«

»Du bist unser erster Hausgast«, antwortete Penelope, als ich sie fragte, ob sie vor mir schon Besuch von Couchsurfern gehabt hatten. »Wir hatten eine Menge Anfragen, aber vor allem von schmierigen indischen Geschäftsleuten.«

Meine Wohnung war riesig. Ich hatte drei Schlafzimmer zur Auswahl plus Wohnzimmer, Küche und zwei Badezimmer. Gerade als ich sehnsüchtig auf eines der Betten schielte, sagte Penelope: »Wir haben extra auf dich gewartet, um dich zu einer Party mitzunehmen.«

Die Party fand in einer weiteren Expat-Wohnung im selben Apartmentkomplex statt. Es waren ungefähr zwanzig Gäste da, darunter Schweden, Finnen, Franzosen, Spanier und einige Inder. Alle waren betrunken. Es macht wenig Spaß, der einzig Nüchterne auf einer Party zu sein, und ich verspürte wenig Lust, den Rückstand aufzuholen. Ich führte ein paar dieser wunderbaren Unterhaltungen, wie man sie mit Sturzbesoffenen führt, die entweder sinnloses Zeug reden oder jede Geschichte fünf Mal erzählen.

Als jemand eine Gitarre auspackte, hatte ich wenigstens etwas zu tun. Ich war als Einziger nüchtern genug, um zu spielen.

Es war ein bisschen unheimlich, allein in meine leere Wohnung zu kommen. Das Apartment war möbliert und es wirkte, als habe der Mieter es überstürzt verlassen – oder als wäre seine Leiche in irgendeinem der Schränke versteckt.

Ehe ich mich schlafen legte, ging ich in jedes Zimmer, schaltete das Licht ein – und sah in jeden Schrank.

»Du bist aber früh dran.«

Mit diesen Worten begrüßte mich John, als ich ihm auf dem Weg zur Wohnung der Mädels begegnete.

Es war halb elf.

»Die Mädels stehen nie vor zwölf auf«, meinte er und lud mich in sein Apartment ein.

Der Fußboden in Johns Wohnung war vollständig mit Zeitungspapier ausgelegt. »Ich erziehe Vindaloo«, erklärte John, als ein haarloses, rattenähnliches Wesen, das entfernt an ein Hundebaby erinnerte, in die Küche getapst kam. John hatte ihn zusammengekauert auf einem Müllhaufen am Straßenrand gefunden. Er hatte ein Vermögen (zumindest nach indischen Maßstäben) für den Tierarzt ausgegeben, um das arme Ding am Leben zu erhalten.

Da Penelope und Sarah in nächster Zeit nicht aufstehen würden, schloss ich mich John an, der ein spätes Frühstück zu sich nehmen wollte. Mein erster Eindruck von Indien bei Tageslicht war ein vornehmes, wenngleich etwas in die Jahre gekommenes Viertel mit Apartmenthäusern der Oberschicht, durch das wir gingen, um an der Hauptstraße eine Auto-Rikscha zu finden. Mein zweiter Eindruck war das krasse Gegenteil. Auf dem Grünstreifen der Hauptstraße lebten Familien in Hütten aus Wellblech und Plastikplatten.

Dieser Anblick von Not war jedoch nur ein kurzes Intermezzo. Unsere Auto-Rikscha bog bald von der Hauptstraße ab und hielt vor einem szenigen Café, in dem Inderinnen in Designerjeans und mit Mobiltelefonen am Ohr saßen. Obwohl die Frauen Mitte zwanzig sein mussten, kicherten sie wie Teenies. Als wir uns setzten, tuschelten einige von ihnen am Nebentisch, welche Jungs ihnen gefielen, und als eine erzählte, ein Junge habe ihre Hand gehalten, staunten die anderen: »Ohhh!«

»Sie tragen dieselbe Kleidung wie die Frauen im Westen und sie benehmen sich auch so. Aber sie richten sich streng nach den indischen Traditionen«, erklärte John. »Sie küssen ihren Freund nicht mal und haben keinen Sex vor der Ehe.«

John sah zu den hübschen Mädchen am Nebentisch hinüber. »Das ist schade, denn ich würde zu gern mal ein indisches Mädel ins Bett bekommen.«

Während wir unser leckeres Omelett aßen und riesige Tassen würzigen *masala chai* tranken, erzählte mir John, er reise seit sechs Jahren um die Welt und arbeite. »Ich weiß nicht, ob ich mich jemals irgendwo niederlassen werde. Ich liebe die Extreme.«

Bevor wir in die Wohnung zurückgingen, musste John noch schnell ein paar Sachen besorgen. In der Nähe des Cafés war ein Einkaufszentrum mit schäbig-eleganten Läden, die Schuhe, Geschirr, Elektrogeräte und Flohhalsbänder verkauften. Wir betraten eine Zoohandlung, in der John ein Flohhalsband, zwei riesige Säcke Hundefutter, eine Leine und verschiedene Hundespielsachen kaufte. Unwillkürlich musste ich denken, dass das Geld, das John für einen räudigen Straßenköter ausgab, vermutlich ausreichen würde, um eine Familie auf dem Grünstreifen der Hauptstraße einen Monat lang zu ernähren.

Auf dem Rückweg musste John noch eine weitere Besorgung machen. »Ich brauche noch was zu rauchen«, sagte er und winkte eine Auto-Rikscha heran. Als wir zwanzig Minuten später ausstiegen, waren wir in einer anderen Welt: den Slums. Eilig gingen wir über eine Brücke, unter der ein ölig-grauer Fluss abstand. Am Ufer türmte sich der stinkende Abfall einen guten Meter hoch und im knietiefen Wasser planschten lachende Kinder neben einem aufgedunsenen Hundekadaver. Es war ein niederträchtiger Anschlag auf sämtliche Sinne. Das war der Slum der Slums. Im Vergleich zu dem, was ich hier sah, waren die

Slums von Soweto ein Wohnviertel der Mittelschicht. Als wir das stinkende Labyrinth betraten, rannten vor Schmutz starrende Kinder hinter uns her und Jugendliche warfen uns verstohlene Blicke zu. »Hello Mr. John.« Mister John machte offenbar schon länger Geschäfte hier. Fünf Minuten später saßen wir wieder in der Auto-Rikscha und John trug ein dickes Paket Haschisch unter seiner Jacke.

Als wir in die Wohnung zurückkamen, waren die Mädels gerade am aufstehen. Die beiden sahen ein bisschen zerzaust aus, aber die Wohnung war picobello sauber. Die Pizzaschachteln und Bierdosen waren verschwunden und die bequeme, flaschengrüne Couch sah aus wie neu. »Zu unserer Bezahlung gehören auch ein paar Heinzelmännchen, die jeden Morgen zum Saubermachen kommen«, sagte Penelope.

Die Mädels hatten das Wochenende frei und freuten sich darauf, mich in Delhi herumzuführen. Oder besser gesagt in der Kneipenszene von Delhi, in der sie sich in den kommenden beiden Tagen vorwiegend aufhalten würden.

Die Straße nach Old Delhi war ein verrücktes und lautes Chaos von Ochsengespannen, Motorrädern, Auto-Rikschas, Fahrrädern, Autos, Fahrrad-Rikschas, Lastwagen und Bussen, durch das einige gleichgültig dreinblickende Kühe schlenderten. Ich kannte beängstigende Menschenmengen schon aus anderen Großstädten, aber so etwas hatte ich noch nie gesehen. Nirgends schien es auch nur ein freies Fleckchen zu geben. Egal wo ich hinsah, überall stand, hockte, saß, lag oder ging jemand beziehungsweise stolperte über jemand anderen, der schon da stand, hockte, saß oder lag. In Old Delhi waren die Gehwege derart überfüllt, dass die Leute mitten im dahinkriechenden Verkehr auf der Straße gingen. Aber diese Fußgänger spielten weniger mit dem Tod als wir in unserer Rikscha. Während wir uns langsam durch den fast stehenden Verkehr quälten, erstickten wir ganz allmählich. Die Auspuffrohre der uralten Busse waren exakt auf Nasenhöhe und bliesen uns ihre schwarzen, hochgiftigen Abgaswolken in die Lungen. Jedes Mal wenn wir anhielten, und sei es nur für eine Sekunde, wurde unsere Auto-Rikscha von Schwärmen von Bettlern umringt, die uns Zeitungen, Streichhölzer und Spielsachen hinhielten oder einfach um Geld baten. Ich habe es inzwischen gelernt, Bettler zu übersehen, doch die Expats von Delhi hatten es in dieser Disziplin zu einer wahren Meisterschaft gebracht. Sie blinzelten nicht einmal, wenn ihnen jemand einen flügelschlagenden Plastikvogel direkt unter die Nase hielt.

Schließlich erreichten wir das Rote Fort, dessen hohe Sandsteinmauern über das Chaos von Old Delhi ragten wie ein Leuchtturm. »Das Rote Fort stammt aus dem 17. Jahrhundert. Es wurde von dem Großmogul Shah Jahan errichtet und diente ihm als Residenz in seiner neuen Hauptstadt Shahjahanabad, die er von Agra hierher verlegt hatte«, informierte uns John, als wir auf das eindrucksvolle Haupttor zugingen. »Das Fort wurde 1857 von den Briten eingenommen und war bis zur indischen Unabhängigkeit im Jahr 1947 das Hauptquartier der britischen Armee. Im Dezember 2003 gab die indische Armee das Fort auf. Seither ist es für Touristen geöffnet.« John war kein Experte in indischer Geschichte. Er hatte einen Reiseführer mitgebracht. Im Fort drängten sich Familien und Paare, aber es war unglaublich entspannend, einfach nur durch die friedlichen Gärten und Pavillone zu schlendern, keine giftigen Abgase einzuatmen und für einen Moment dem Wahnsinn zu entkommen, der draußen tobte.

Es wurde allmählich dunkel, als wir die breiten, steilen Stufen zur Jama Masjid Moschee, der größten Moschee Indiens, hinaufstiegen. Im Innern des Gebetshauses finden 25 000 Besucher Platz. Und auf der Treppe finden 2000 Bettler Platz. Ich habe noch nie so viele abgemagerte Menschen gesehen, die ihre dürren Hände ausstrecken und um Geld betteln. »Eigentlich ist es in Indien verboten, Bettlern Geld zu geben«, erklärte Penelope und schob einen Arm vor ihrem Gesicht weg. »Wer einem Bett-

ler Geld gibt, kann bis zu drei Jahre ins Gefängnis kommen.«
Die Bettler schreckte das verständlicherweise nicht ab.

Nachdem uns vermutlich fast jeder Bettler von Old Delhi die
Hand entgegengestreckt hatte, fuhren wir in die Altstadt. John
führte uns immer wieder dieselben engen Gassen auf und ab und
suchte nach einem Restaurant, das er »schon hundert Mal« besucht hatte. Dabei war Karim's Restaurant mühelos zu finden.
Vermutlich können es sogar die Astronauten vom Spaceshuttle
aus sehen. Das Neonlicht im Innern war derart gleißend hell,
dass ich schon meinte, wir würden beim Essen einem Polizeiver-
hör unterzogen werden. Die Gäste waren ausschließlich Männer, die an langen Tischen saßen und sich Teller und Schüsseln
mit intensiv gefärbten und aromatischen Speisen teilten.

Wir bestellten eine Auswahl von Gerichten, darunter ein
köstliches Mughlai-Hähnchen, Lamm Korma, ein süßes Hähn-
chen-Jahangiri, Ziegencurry, *romali rotis* und Reis (wir hätten
gern *tandoori bakra* gegessen, eine mit getrockneten Früchten,
Basmatireis, Hackfleisch und Gewürzen gefüllte Ziege, die etwa
50 Euro kostete, aber die musste man leider einen Tag im Voraus
bestellen). John, der offenbar auch in kulinarischer Hinsicht die
Extreme liebte, bestellte sich zusätzlich ein Hirncurry.

Als wir uns über unser Essen hermachten, beobachtete ich,
dass Sarah nur Reis und Rotis aß. »Bist du Vegetarierin?«, fragte
ich sie.

»Nein«, antwortete sie. »Ich kann Curry und indisches Essen
einfach nicht ausstehen.«

»Was machst du denn bei der Arbeit? Bekommt ihr nicht
jeden Tag Curry vorgesetzt?«

»Na ja, ich esse ein bisschen Reis, und wenn wir nach Hause
kommen, bestelle ich mir eine Pizza.«

Ich will ja nicht oberlehrerhaft klingen, aber als Sarah auf die
Idee kam, für sechs Monate nach Indien zu ziehen, hätte sie sich
eigentlich darüber im Klaren sein können, dass man in Indien
indisches Essen aß.

Nach dem Essen stürzten wir uns in das überfüllte mittelalterliche Labyrinth von Chandni Chowk, in dessen engen Gassen sich Schmuck-, Parfüm-, Gewürz-, Teppich- und Textilläden aneinanderreihten. Hingerissen stöberten die Mädels in Goldschmuck, Perlen und Rubinen. Doch das war noch nichts gegen die Begeisterung, mit der John und ich eine Straße entdeckten, in der nur Feuerwerkskörper verkauft wurden. Als wären wir wieder zehn Jahre alt, besahen wir mit großen Augen die Feuerräder, Knallfrösche, Vulkane, römischen Fontänen und Raketen. John übertrieb es dann allerdings ein bisschen mit der Begeisterung. Als einer der Händler ihm einen »Sonderpreis« versprach, kaufte er eine Schachtel riesiger Raketen mit dem Namen »MEGA WOW«.

»Wie viel kostet die Fahrt nach Kalkaji?«, fragte Penelope einen Auto-Rikscha-Fahrer, der ungefähr halb so groß war wie sie.

»Nur 150 Rupien!«, bellte der Mann.

»Ich biete dir 50.«

»Nein!« Der Mann schüttelte empört den Kopf. »Die Fahrt kostet 150.«

»Dann fahren wir mit Taxameter.«

»Das ist kaputt.«

»Du fährst uns für 50 oder ich rufe die Polizei«, drohte Penelope.

»Dann hol doch die Polizei«, schniefte der Mann.

Wenige Minuten später kam Penelope mit einem breiten Grinsen im Gesicht und einem Polizisten im Schlepptau zurück.

»Du musste sie für 50 Rupien fahren«, ordnete der Polizist an.

John hielt es für eine ausgezeichnete Idee, erst einen dicken Joint zu rauchen und ein paar Gläser Whiskey zu trinken, ehe er die Raketen abfeuerte. Wir übrigen beäugten die MEGA WOW-Raketen mit einem gewissen Misstrauen. Als John die erste im Vorgarten in eine leere Bierflasche steckte und anzündete, flüchteten wir uns daher hinter einen Baum. Allerdings hätten wir uns weniger um unsere Sicherheit Sorgen machen sollen. Während des Starts kippte die Flasche um und die Rakete schoss über den Zaun in den Apartmentkomplex auf der gegenüberliegenden Straßenseite und dort genau in das offene Häuschen des Wachmanns. Als die Rakete mit einem ohrenbetäubenden Knall explodierte, bekam der Wachmann vermutlich einen Herzinfarkt.

John ließ sich jedoch nicht beirren. Auch bei der nächsten Rakete kippte die Flasche um und die Rakete donnerte krachend an die Wand des Nachbarhauses. »Scheiß drauf!«, schrie John, nahm die nächste Rakete, zündete sie an und hielt sie in der Hand.

»Vielleicht hast du's ja schon selbst bemerkt«, raunte mir Penelope zu. »Aber John spinnt ein bisschen.«

Bevor die Rakete in die Luft schoss, ging ein Funkenregen auf Johns Arm nieder. Doch der hatte nach wie vor dasselbe irre Grinsen im Gesicht.

Es schien ihm trotzdem recht wehgetan zu haben, sich als menschliche Abschussrampe zu betätigen, denn die nächste Rakete ließ er viel zu früh los. Sie schoss wieder über den Zaun und traf die Windschutzscheibe eines vorüberfahrenden Autos. Die Schreckensschreie und Verwünschungen aus dem Wagen waren fast so laut wie der Knall der Rakete.

Kaum war John mit seinem Nachbarschaftsterror fertig, tauchte Sarahs Lover Shiv auf, den sie als »heißes fashion model« beschrieben hatte. Er war groß, dunkelhäutig und attraktiv, aber Fashion konnte ich nicht an ihm entdecken. Als er hörte, dass ich früher Art Director in einer Werbeagentur gewesen war, ging er zum Auto, um sein Portfolio zu holen.

Als sich Shiv zu uns an den Tisch setzte, flüsterte Penelope: »Lach bitte nicht.«

Das war gar nicht so einfach.

Seine Posen erinnerten mich an einen Sears-Katalog aus den Fünfzigern oder eine Ausgabe von *Gay Weekly*. Dazu trug er Klamotten wie Pluderhosen aus Seide oder eine Häkelweste, durch die seine Brustbehaarung leuchtete.

John hielt sich nicht zurück. Er lachte sich halb tot, während Shiv durch sein Portfolio blätterte. Eine Fotoserie ließ ihn fast vom Sessel fallen: Shiv trug eine Art Militär-Outfit und bemühte sich derart angestrengt um einen strengen Gesichtsausdruck, dass er aussah, als litte er unter Verstopfung.

Shiv war in normalen Jeans und ohne Häkelweste gekommen, um uns abzuholen und in einen Club mitzunehmen, »in dem die Modeszene von Delhi ein und aus geht«. Ich hatte keine Pluderhosen mit und hoffte, dass ich szenig genug für den Laden war.

Nicht szenig genug für den Club, der sich im Keller eines vornehmen Hotels befand, waren offenbar die traditionellen und jahrhundertealten indischen Saris. Über dem Eingang hing ein großes Schild mit der Aufschrift »KEINE SARIS«. Drinnen sah der Club aus, wie Clubs eben so aussehen. Das Szenige waren vor allem die Getränkepreise. Die Frauen im Club sahen umwerfend aus, sie hatten große, braune Augen, porentief reine Haut und trugen die neueste und aufreizendste Designermode. Trotzdem hatte ich das Gefühl, in einer Teenie-Disco zu sein. Die Mädels standen in kleinen Grüppchen zusammen, tuschelten, tanzten miteinander und schielten verstohlen kichernd nach den Männern.

Der Club war meilenweit von den isländischen Discos entfernt, von den brasilianischen ganz zu schweigen. Keine Knutschereien, kein Dirty Dancing. Der Laden wirkte nett und zahm. Der einzige Mann, der mit einer Frau tanzte, war der breit grinsende Shiv, der Sarah im Arm hielt.

Später unterhielt ich mich an der Bar mit einem Inder, der mir erzählte, er sei schon seit zwei Jahren mit seiner Freundin zusammen und habe sie noch kein einziges Mal geküsst. Kein Wunder, dass Shiv über beide Backen strahlte. Er hatte schon am zweiten Abend mit Sarah geschlafen.

Ich hatte einen schrecklichen Albtraum, in dem die Leichen aus den Kleiderschränken auferstanden waren und in der Küche herumtanzten. Das drückte meine Couchbewertung ein klein wenig.

Couchnote: 8 von 10

Plus: Eine Wohnung ganz für mich allein

Minus: Die Leichen in den Schränken

Am nächsten Morgen wartete ich auf ein Lebenszeichen aus den anderen Wohnungen. Schließlich gab ich auf und ging allein in die Stadt. Ich hatte keine Ahnung, was ich mir ansehen konnte, doch ich erinnerte mich, dass Penelope etwas von einem unterirdischen Basar in einem Viertel namens Connaught Place erzählt hatte.

Mit seinen halbkreisförmigen Straßen und viktorianischen Reihenhäusern, in denen sich Pizza Hut, Domino's, McDonald's und Wimpy's eingemietet hatten, erinnerte mich Connaught Place an England. Mit dem Unterschied, dass überall Inder und indische Restaurants waren. Aber Moment mal. Das ist ja genau wie in England. Kaum war ich aus der Auto-Rikscha gestiegen, als sich ein Schlepper an meine Fersen heftete. »Ich bin dein sehr guter Führer«, verkündete er. »Ich bringe dich in ein sehr gutes Geschäft.« Er verfolgte mich gute zehn Minuten lang, dann gab er mich an einen anderen, ähnlich hartnäckigen Kollegen ab. Es machte mir allerdings wenig aus. Ich sagte mir, dass es einfach zu einer authentischen Indien-Erfahrung gehörte, unablässig von Händlern behelligt zu werden.

Im Palika Bazar, einem riesigen unterirdischen Einkaufszentrum am Connaught Place, ging die Nerverei weiter. Jeder einzelne Ladenbesitzer sprach mich an und sagte: »Hello Mister, kauf hier. Ich mache guten Preis.«

Abgesehen von einigen wenigen Ständen, an denen Saris ver-

kauft wurden, hatten alle dieselben T-Shirts von globalisierten
Marken wie Levi's, Nike, Adidas, Ralph Lauren, Gap und so weiter im Angebot. Was sind wir doch für geistig arme und uni-
formierte Konsumenten geworden.

Im Laufe der nächsten Stunde kaufte ich einige T-Shirts von
globalisierten Marken zu einem nicht ganz so guten Preis und
diskutierte mindestens zehn Minuten mit einem Typen, der sich
an meine Fersen geheftet hatte. Ich muss ihm ungefähr tausend
Mal gesagt haben, dass ich nicht das geringste Interesse an
einem grellorangefarbenen Bademantel hatte.

Nachdem ich oberirdisch in einem Kwality-Restaurant ein
Kwality-Mittagessen aus Tandoori-Shrimps und Reis zu mir genommen hatte, setzte ich mich in ein Internetcafé, um eine
Couch in Agra zu suchen. John hatte mir dringend empfohlen,
das Taj Mahal zu besuchen: »Das ist voll durchgeknallt.« Ich
sagte ihm, ich würde nach Agra fahren, wenn ich dort eine
Couch fand. »Im Taj Mahal stehen bestimmt ein paar nette Sofas
herum«, meinte John.

Außerhalb des Taj Mahal standen in Agra nur eine Handvoll
Sofas zur Auswahl. Einige der Profile lasen sich nicht sonderlich
einladend.

*Gäste sollten Toleranz mitbringen, denn ich bin ein starker
Raucher.*

Arijit, 27

*Ich lebe bei meiner Mutter, einer elenden Nörglerin. Sei also
vorgewarnt!*

Mukesh, 48

*Ich würde mich gern mit dir über Gott unterhalten. Wir können
uns über seine unendliche Liebe zu den Menschen und seinen
großartigen Rettungsplan für die gefallene Menschheit
unterhalten. Ich möchte diese frohe Botschaft verbreiten und*

Menschen zu Gott führen, um ihnen ein glückliches und
friedliches Leben zu ermöglichen. Gott liebt dich und will dich
an seine Hand nehmen.

Subash, 45

Nachdem ich einige Anfragen verschickt hatte, stieg ich in ein
Taxi und fuhr den langen, heißen, staubigen und übel riechenden Weg zur Wohnung zurück. Kaum war ich zur Tür hereinge-
kommen, verkündete Penelope: »Brechen wir auf! Wir gehen in
eine Bar in Connaught Place!«

Auch John war wieder mit von der Partie und erklärte mir,
wir würden »Amok laufen«. Misstrauisch nahm ich seine Taschen in Augenschein, um sicherzugehen, dass er keine Raketen einstecken hatte. Die erste Bar, in die wir gingen, sah der
zweiten und dritten zum Verwechseln ähnlich. Mit ihren Holz-
vertäfelungen, Chrom, uniformierten Kellnern und Papierbier-
deckelchen erinnerten sie mich an Hotelbars. Die Preise waren
entsprechend.

Die erste Bar hatte es Sarah allerdings besonders angetan.
Wie jede gute Hotelbar hatte sie Hamburger auf der Speisekarte.

Als wir in der dritten der verwechselbaren Bars saßen, verkündete John unvermittelt: »Ich klaue das Motorrad.«

John hatte das große Modell einer Enfield im Auge, das in
einer Vitrine an der Wand stand. Und er meinte seine Ankün-
digung ernst.

»Wozu brauchst du das Motorrad?«, fragte ich ihn.

»Das stell ich bei mir in der Wohnung auf.«

John trank sein Bier aus und stand auf.

»Eine von euch Mädels muss die ganze Aufmerksamkeit auf
sich lenken«, sagte er.

Die Mädels hatten recht. John war verrückt.

»Findest du das gut?«, fragte ich nervös.

John fragte mich, ob ich ihm helfen würde. Als Jugendlicher
war ich ein geübter Ladendieb gewesen, aber die Zeiten sind

lange vorbei. »Dann stell dich einfach an die Tür und lauf los, wenn's so weit ist«, sagte John und brachte sich in Stellung.

Sarah stand auf, verkündete laut, es sei australischer Nationalfeiertag und begann, *Advance Australia Fair* zu gröhlen.

Ich rannte die Straße hinunter, als John mit dem Motorrad unter dem Arm an mir vorbeiflitzte. Dann vernahm ich eine laute männliche Stimme hinter mir und hörte, wie die beiden Mädels nach uns riefen. Ich blieb stehen.

»Such John und bring ihn zurück«, flüsterte Penelope, während Sarah versuchte, den wütenden Manager zu überreden, nicht die Polizei zu rufen.

»Es war nur ein Streich«, bettelte sie. »Der Typ spinnt einfach ein bisschen.«

Hinter der nächsten Straßenecke fand ich einen keuchenden und schnaufenden John. »Das war voll geil!«, stieß er hervor.

»Du musst das Ding zurückbringen«, sagte ich.

»Nein, ich behalte es.«

»Du musst es zurückgeben. Der Manager hat die Mädels.«

Ich musste ein paar Minuten auf ihn einreden, bis er das Motorrad herausrückte. Penelope und Sarah nutzten die Zeit, um den Manager davon zu überzeugen, dass John geistig unzurechnungsfähig war.

17

Höchstzahl der Couchsurfer pro Nacht: 99
Vikram Gupta, 29, Agra, Indien
CouchSurfing.com

Es kam mir doch ein wenig ehrgeizig vor, wenn Vikram schrieb, er wollte 99 Couchsurfer in seiner Einzimmerwohnung unterbringen. Bis ich sah, dass sich mindestens ebenso viele Leute in ein Zugabteil der Zweiten Klasse quetschen wollten. Da war ich heilfroh, dass ich mich zwei Stunden am »Fahrkartenschalter für Ausländer« angestellt hatte, um für meine dreistündige Fahrt zum Taj Mahal in Agra ein Ticket der Ersten Klasse zu bekommen.

Auf meine Anfragen hatte ich nur eine Antwort bekommen, aber mehr brauchte ich ja auch nicht. Vikrams Profil klang halbwegs normal, obwohl ich meine Befürchtungen hatte, er könne auf dem Gang schlafen:

> *Ich habe einen Flur mit Couch. Ich bin ein optimistischer und offener Mensch, der sich schnell mit anderen anfreundet und gern zuhört, was andere zu sagen haben. Ich rauche und trinke nicht, aber ich bin gern mit anderen zusammen, wenn sie trinken.*

Wahrscheinlich blieb ihm nicht allzu viel Zeit, mir beim Trinken zuzuschauen, denn ich wollte nicht lange bleiben. Bis ich aus dem Bett gekrochen war und in einem Internetcafé meine Emails gecheckt hatte, war es Mittag. Das hieß, dass ich nicht vor fünf Uhr in Agra ankommen würde. Dort wollte ich vor Sonnenaufgang aufstehen, um das Taj Mahal zu besichtigen, und dann direkt mit dem Zug nach Delhi zurückfahren.

Ich war versucht, im Zug etwas zu schlafen, denn ich hatte sogar meine eigene Pritsche. Aber draußen vor dem Fenster gab es einfach zu viel zu sehen. Die Landschaft selbst war wenig spektakulär – in endloser Folge reihten sich staubige Felder und Barackensiedlungen aus wehenden Plastikplanen aneinander. Aber überall waren Menschen. Was bei einer Bevölkerung von 1,3 Milliarden Menschen vermutlich nicht weiter verwunderlich ist. An den Straßen stutzten Barbiere und Friseure Bärte und Haare, in braunen Bächen badeten Mütter ihre Kinder und wuschen die Wäsche, Frauen wanderten mit Bündeln auf dem Kopf durch die Felder, Radfahrer radelten auf klapprigen Fahrrädern über Feldwege und schier endlose Massen von Menschen waren zu Fuß unterwegs. Und überall hockten Männer und verrichteten ihre Notdurft. Ich hatte den Eindruck, ganz Indien sei eine offene Latrine. Ich hatte noch nie zuvor so viele nackte Hinterteile gesehen – nicht einmal am Christopher Street Day in Sydney. Entlang der Schienen hockten sich überall Männer lässig auf den Boden und düngten das Grünzeug. Ein Freund, der durch Indien gereist war, hatte Indien als »Scheißloch« beschrieben. Jetzt stellte ich fest, dass er es wörtlich gemeint haben könnte.

Als ich in Agra aus dem Zug stieg, waren die Rikschafahrer derart hartnäckig und lästig, dass selbst Ignorieren nichts brachte. Schließlich nahm ich den einzigen Rikschafahrer, der mich nicht behelligt hatte. Was allerdings daran lag, dass er mich nicht gesehen hatte. Der Professor, wie ich ihn sofort taufte, hatte eine derart dicke Brille, dass seine Augen so groß wie Untertassen waren. Der Nachteil war nur, dass er den übrigen Verkehr kaum wahrnahm, während er mich langsam durch die staubigen, schmutzigen und wenig charmanten Straßen von Agra radelte.

»Welches Hotel?«, brüllte der Professor über den Verkehrslärm.

»Kein Hotel.«

»Ich kenne ein schönes Hotel für Sie.«

»Ich wohne nicht im Hotel.«

»Wo wohnen Sie denn dann?«, fragte er und sah mich verwirrt an.

»Ich übernachte auf einer Couch.«

Das brachte ihn nur einige Sekunden lang aus dem Konzept. »Morgen bringe ich Sie zum Taj Mahal. Um wie viel Uhr wollen Sie hin?«

Mir gefiel der Professor. Er sah aus wie das indische Double von Jerry Lewis als verrückter Professor.

»Holen Sie mich um fünf Uhr ab«, sagte ich ihm, als er mich vor Vikrams Wohnblock aussteigen ließ, der so windschief wirkte, dass ich meinte, er wäre aus Pappmaschee.

Vikram wiederum sah aus wie der jüngere indische Bruder von Danny DeVito. »Willkommen in der Stadt des Taj Mahal, des Symbols der Liebe!« Mit diesen Worten begrüßte er mich an der Tür seiner winzigen Wohnung. »Das ist deine Couch«, sagte er und zeigte auf ein Möbel, das kaum Platz für einen bot, geschweige denn für 99.

Da es schon spät war, verließen wir die Wohnung gleich wieder, um essen zu gehen. In seiner Antwortmail auf meine Bestätigung schien sich Vikram sehr zu freuen, dass ich ihn zum Essen einladen wollte.

»Was arbeitest du?«, fragte ich Vikram, als wir uns einen Weg durch die Krater und Betonbrocken auf dem Gehsteig bahnten. In seinem Profil hatte er unter der Rubrik Tätigkeit nur »Geschäft« angegeben.

»Ich restauriere und verkaufe Kunsthandwerk«, antwortete er. »Ich zeige dir etwas ganz Besonderes.«

Das Besondere, das er mir zeigen wollte, war das große »Marmorkaufhaus« der Familie, wo er mir »einmalige Marmorkunstwerke« andrehen wollte. Darunter einen riesigen Marmortisch für tausend Dollar. Nachdem ich ihm verklickert hatte, dass der wohl kaum in meinen Rucksack passen würde, reichte er mich an seinen Onkel weiter, der mir Marmornippes für 50 Dollar verkaufen wollte. Zum Abschied wurde ich noch in einen Basar mit »Sonderangeboten« geschleppt, der vor billigem Marmorschund aus allen Nähten platzte – nur dass das Zeug nicht billig war.

Diese Art Abzocke ist nicht im Sinne des Couchsurfing, und im Geiste schrieb ich bereits eine negative Beurteilung für Vikrams Profil. Vikram schien ein netter Typ zu sein, aber ich nahm es ihm übel, dass er die Einladung missbrauchte, um mich in seinem Laden zu neppen. Man muss allerdings dazu sagen, dass dieser Trick noch harmlos ist gegen das, was andere Couchsurfer erleben.

Die schlimmsten Gastgeber sind überteuerte Reiseveranstalter, die sich als Couchsurfing-Gastgeber ausgeben, lüsterne alte

Säcke, Spanner und ein Typ, den ein Gast als »Depp, Lügner und Scheißidiot« beschrieben hatte. Die Mehrzahl der negativen Bewertungen traf allerdings Gäste, die ihre Gastgeber versetzten und an Flughäfen oder Bahnhöfen warten ließen – und natürlich auch umgekehrt.

Ich sollte vielleicht hinzufügen, dass ich eine Weile suchen musste, um diese negativen Beurteilungen zu finden. Unter den zahllosen Couchsurfern gibt es nur eine winzige Minderheit von schwarzen Schafen: 98,8 Prozent aller Nutzer beurteilen ihre Erfahrung als Gast oder Gastgeber positiv.

Während des Essens steigerte sich Vikram von »negativ« zu »neutral«. Wenn er nicht gerade versuchte, mir Marmorschund anzudrehen, war er ein ganz angenehmer Zeitgenosse. Auch das Restaurant mit dem Namen Dasaprakash, in das er mich führte, war nett und vor allem erstaunlich preisgünstig. Wir aßen *thali,* was einfach »Teller« bedeutet. Dabei handelte es sich um ein großes, rundes Metalltablett mit zahlreichen Schälchen, die mit Reis, *dal, sambhar,* Gemüse mit Curry, *chapattis,* Joghurt, Chutney und *pappadums* gefüllt waren. Leider konnte Vikram mir nicht beim Trinken zusehen, denn das Restaurant schenkte keinen Alkohol aus.

Während unsere Kellner die Schüsselchen immer wieder auffüllten, erzählte mir Vikram von seiner Familie und dem Leben in Indien. Er war eines von fünf Kindern und seine Familie war im Marmorgeschäft, »seit das Taj Mahal erbaut wurde«. Vikram galt als Rebell der Familie, weil er mit 28 Jahren zu Hause ausgezogen war. Sein älterer Bruder, der inzwischen 35 Jahre alt war, lebte noch immer bei seinen Eltern. »Normalerweise zieht man erst bei der Heirat aus«, sagte er. »Aber ich wollte frei sein.«

Während ich die dritte oder vierte Portion in mich hineinschaufelte, sagte Vikram plötzlich: »Wusstest du, dass Agra für vergiftete Lebensmittel bekannt ist?«

»Nein«, schmatzte ich mit dem Mund voller *dal.*

»In einigen Restaurants bekommen Touristen vergiftetes Essen vorgesetzt und werden dann zur Behandlung in eine Privatklinik gebracht. Die Versicherung bekommt eine Rechnung über tausende Dollar.«

Vikram muss wohl gesehen haben, dass ich entsetzt auf meinen Teller starrte und daran dachte, wie viel ich gerade gegessen hatte. »Es ist allerdings schon länger nicht mehr vorgekommen«, fügte er wenig überzeugend hinzu.

Ich wollte auf Nummer sicher gehen. »War dieses Restaurant an diesen Vergiftungsaktionen beteiligt?«

»Nein!«

Gut.

»Glaube ich zumindest.«

Auf dem Rückweg zu Vikrams Wohnung brach ich nicht zusammen. Doch als ich auf der viel zu kurzen Couch im viel zu heißen Zimmer lag, hätte ich nichts gegen eine Ration Betäubungsmittel und eine kleinere Ohnmacht gehabt. Vikram hatte sich auf »neutral« gesteigert, aber seiner Couch half das nicht.

Couchnote: 5 von 10
Minus: Eine sehr kurze Couch
Plus: Ein sehr kurzer Aufenthalt auf der sehr kurzen Couch

Pünktlich um fünf Uhr morgens stand der Professor vor der Tür und versuchte prompt, noch das eine oder andere Anschlussgeschäft herauszuschlagen. »Nach dem Taj Mahal fahren wir zum Roten Fort.«

»Nein, ich muss wieder zurück nach Delhi.«

»Gut. Dann fahren wir zum Grab von Akbar. Das wird Ihnen gefallen.«

Die Straßen auf dem Weg zum Taj Mahal waren dunkel und menschenleer. Ich wollte als Erster durch das Tor gehen, wenn es geöffnet wurde. John hatte mir empfohlen, durch den Vorhof zum Tor des Taj Mahal zu spurten. Dann hätte ich die Anlage ganz für mich allein. Zumindest ein paar Minuten lang.

Die letzten paar Hundert Meter zum Eingang musste ich zu Fuß gehen. Erleichtert stellte ich fest, dass die endlosen Reihen von Souvenirständen noch geschlossen waren und niemand da war, um mir »einmalige Marmorkunstwerke« aufzuschwätzen.

Als ich die für ausländische Besucher fälligen 20 US-Dollar bezahlte, erhielt ich gratis eine Flasche Wasser. Ich fragte mich, ob indische Besucher auch in diesen Genuss kamen – die Flasche Wasser war vermutlich teurer als die umgerechnet 50 Cent, die sie am Eingang bezahlten. Außerdem kaufte ich eine Informationsbroschüre. Ich wollte ein bisschen über die Geschichte des Taj Mahal erfahren, ohne den ganzen Morgen über einen Führer im Nacken zu haben.

Und hier die Geschichte in Kurzfassung: Shah Jahan baute das Taj Mahal im 17. Jahrhundert für seine Lieblingsfrau Mumtaz Mahal, die nach der Geburt ihres 14. Kindes gestorben war. Der Bau begann im Jahr 1631, und 20 000 Arbeiter brauchten 22 Jahre, um ihn zu fertigzustellen. Der Legende nach ließ Shah Jahan dem persischen Architekten Ustad Ahmad Lahori und den Bauarbeitern nach der Vollendung die Hände abhacken, damit sie nie mehr wieder ein anderes Bauwerk errichten konnten.

Kaum hatte ich das Gelände betreten, sprintete ich los. Bis zum letzten Augenblick versperrte mir ein rotes Sandsteintor die Sicht auf das Taj Mahal. Und dann, mit einem Zimbelwirbel, stand ich plötzlich vor einem Tempel von überirdischer Schönheit. Ich hatte fast erwartet, beim Anblick dieses weltberühmten Mausoleums enttäuscht zu werden, weil es hinter den legendären Fotos zurückblieb, die natürlich immer aus dem perfekten Winkel geschossen werden, und weil man in Wirklichkeit sämtliche Runzeln und Falten sieht. Die Schönheit des Taj Mahal traf mich vollkommen unvorbereitet.

Mein Timing war perfekt. Die ersten Strahlen der Morgensonne trafen auf den weißen Marmor, dessen Farben von Blau zu

Orange und Gelb wechselten. Vor allem aber hatte ich diese traumhafte Szenerie ganze neuneinhalb Minuten lang für mich allein. So hatte ich die Chance, ein Foto zu schießen, wie es nicht viele Besucher bekommen: das menschenleere Taj Mahal.

Aus der Nähe war es atemberaubend. Auf den marmornen Wänden glitzerten Blumen aus eingelegten Edelsteinen. Ich ging wieder und wieder an dieselben Stellen zurück, während der Marmor mit der aufgehenden Sonne seine Farbe wechselte. Ich hatte gedacht, dass ich mich höchstens eine Stunde lang dort aufhalten würde, aber als es mir endlich gelang, mich loszureißen, hatte ich drei Stunden im Taj Mahal verbracht.

Auf dem Rückweg musste ich mich regelrecht durch die Touristenmassen kämpfen.

Draußen wartete der Professor auf mich. Das heißt, ich musste mich direkt vor ihn hinstellen und ihm vor dem Gesicht herumfuchteln, damit er mich erkannte.

»Das müssen Sie unbedingt noch sehen«, sagte der Professor, als er auf dem Weg zum Bahnhof von der Hauptstraße abbog und in eine lange Einfahrt radelte.

»Das ist das Marmorgeschäft meines Freundes«, prahlte er. »Es ist sehr gut, wenn Sie hier etwas kaufen.«

Ich teilte dem Professor mit, ich fände es sehr gut, wenn er mich auf kürzestem Wege zum Bahnhof bringen könnte.

Dort angekommen, sah es einen Moment lang so aus, als würde ich noch eine Nacht auf Vikrams Couch verbringen müssen. Es gab nämlich keine Fahrkarten mehr für den Zug nach Delhi. Das heißt, es gab keine Karten der Ersten Klasse. »Die müssen Sie mindestens drei Stunden vorher buchen«, motzte mich der Mann am Kartenschalter an. Es gab nur noch Fahrkarten der Zweiten und der Dritten Klasse (mit Ziegen und Hühnern).

Es hat seine Vorteile, als Ausländer durch Indien zu reisen. Ich kaufte eine Fahrkarte der Dritten Klasse (für die ich ein Zehntel dessen bezahlte, was eine Fahrkarte der Ersten Klasse kostete) und setzte mich einfach in die Erste Klasse. Es gab jede Menge freie Abteile, und alle nahmen automatisch an, dass ich ein Ticket der Ersten Klasse haben müsste, weil ich ein Ausländer war. Alle, bis auf den Schaffner. Ich tat so, als schliefe ich, doch er stieß mich an, bis ich »aufwachte«. Er wunderte sich zwar nicht schlecht, als ich ihm meine Karte der Dritten Klasse zeigte, doch das hinderte ihn nicht daran, mich aus dem Abteil zu schicken. Ich versteckte mich in der Toilette, bis er gegangen war. Damit hatte ich zumindest einen Eindruck von der Dritten Klasse bekommen, denn ich nahm an, dass es dort genauso roch.

Als ich in Delhi aus dem Zug stieg, regnete es. Regen ist allerdings nicht ganz das richtige Wort. Es war eher eine biblische Flut. Die Auto-Rikscha hatte zwar ein Dach, doch 15 Sekunden nachdem wir losgefahren waren, war ich patschnass. Da Penelope und Sarah arbeiten mussten, hatten sie mir ein indisch-afghanisches Restaurant empfohlen, das »irgendwo auf dem Weg vom Bahnhof zur Wohnung« lag. Ich war sehr beeindruckt, dass der Auto-Rikscha-Fahrer sofort wusste, wo das Restaurant war – bis ich das Schild über dem Eingang sah: »Zweimaliger Gewinner des Nationalen Tourismuspreises für das beste Restaurant Indiens«. Das Park Balluchi Restaurant befand sich in einem Wildpark, und während ich über den gewundenen Pfad durch den Regen ging, hopsten Hasen, Rehe und Pfaue neben mir über den Rasen.

Am Eingang wurde ich von einer ganzen Schar von Kellnern mit Turbanen, Westen und langen Hemden in Empfang genommen und an einen einladenden Tisch geführt. Ehe ich mich setzte, schaute ich allerdings nach, ob ich meine Kreditkarte dabeihatte. Das Essen war nach indischen Maßstäben reichlich teuer, aber es war jede Rupie wert. Als Vorspeise aß ich *khumbh bharwan*, große, frische Pilze, die mit Koriander, Käse und Spinat gefüllt und im Tandoor gegrillt wurden, und dazu eine große Portion *peshwari naan*, Fladenbrot mit Mohn und Koriandersamen.

Ich war eigentlich schon satt, als mit einem Paukenschlag das Hauptgericht aufgetragen wurde. Hinter dem afghanischen Namen *murgh-potli* verbarg sich eine mit Lammhackfleisch gefüllte Tandoori-Hähnchenbrust. Serviert wurde das Ganze flambiert und auf einem Schwert steckend. Nach dem Essen trank ich noch zwei Biere der Brauerei Kingfisher und wartete, dass der Wolkenbruch aufhörte. Doch der schien eher noch heftiger zu werden.

Als ich schließlich in eine Auto-Rikscha stieg, hatten sich die Straßen in reißende Flüsse verwandelt. Kaum hatten wir die Hauptstraße erreicht, versank die Stadt plötzlich im Dunkel. Der Stromausfall verwandelte die ohnehin schon gefährliche Fahrt in ein beängstigendes Blinde-Kuh-Spiel.

Schließlich gab mein Fahrer auf. Er hatte schon mehrmals die Route geändert, um gewaltigen Wasserlachen auszuweichen. Doch als wir an eine vollkommen überflutete Kreuzung kamen, setzte er mich am Straßenrand ab. Zum Glück waren wir in der richtigen Gegend. Und zum Glück hatte John so viele Feuerwerkskörper kreuz und quer durch die gesamte Nachbarschaft geballert. Nur dank seiner abgebrannten Raketen am Boden fand ich schließlich den richtigen Wohnblock.

Ich drückte ein paar Mal die Klingel, bis mir schließlich einfiel, dass die ohne Strom natürlich nicht funktionierte. Also tat ich, was man in Situationen wie diesen eben so tut, und brüllte wie am Spieß. Gerade als ich über die Mauer klettern wollte, öffnete mir der schläfrige Nachtwächter die Tür.

Die Mädels hatten mich nicht gehört, weil sie in einer Wohnung im obersten Stock eine »Black-out-Party« feierten. Sämtliche Bewohner des Gebäudes (insgesamt zwölf, Vindaloo eingeschlossen) saßen bei Kerzenlicht zusammen und leerten riesige Bierflaschen.

»Der Nachtwächter schläft wirklich dauernd, oder?«, fragte ich, als ich mich neben Penelope setzte.

»Er hat ja auch zwei Jobs und arbeitet 24 Stunden am Tag«,

erklärte Penelope. »Wenn er mit seiner 12-Stunden-Schicht hier fertig ist, fängt er in einem anderen Wohnblock mit seiner zweiten 12-Stunden-Schicht an. Deswegen schläft er am Arbeitsplatz.«

Was mich noch mehr verwunderte war, dass der Mann Frau und Kinder hatte. Ich konnte mir kaum vorstellen, wann er seine Kinder zu Gesicht bekam, geschweige denn wann er sie gezeugt hatte.

Als ich mich im Raum umsah, bemerkte ich, dass etwas mit Sarahs Bein nicht in Ordnung war. Ihre Wade zierte eine lange, tiefrote Schürfwunde.

»Was ist denn mit dir passiert?«, rief ich aus.

»John hat versucht, mich umzubringen.«

John sah mit einem dümmlichen Grinsen zu uns herüber.

Am Abend zuvor waren alle einen trinken gegangen. Auf dem Rückweg kam John auf die Idee, das Steuer der Auto-Rikscha zu übernehmen. Das war vielleicht ein bisschen ungewöhnlich, doch die Rikschas sind selbst in betrunkenem Zustand einfach zu fahren. Wenn man nicht so tut, als würde man einen Motorrad-Grand-Prix fahren. Die Rikscha kippte um und Sarah wurde einige Meter über den Asphalt geschleift.

Sie zuckte die Schultern. »Was soll ich dazu sagen? John spinnt eben.«

»Wir gehen noch auf eine andere Party. Willst du mitkommen?«, fragte Penelope, während die anderen schon Anstalten machten zu gehen.

Aber ich war froh, mich einfach ins Bett zu legen. Die Leichen in den Kleiderschränken waren mir egal.

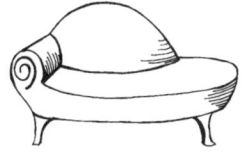

Philippinen

18

*»Ich verspreche jedem Couchsurfer, der mich besucht, eine
Einladung zu einem kostenlosen Festessen in einem beliebten
Restaurant in Manila.«*

Jude Defensor, 27, Manila, Philippinen
CouchSurfing.com

Damit hatte er mich geködert. Selbst wenn frühere Gäste Jude
auf der Seite von CouchSurfing als gefährlichen Irren beschrieben hätten – ein kostenloses Festessen in einem beliebten Restaurant in Manila konnte ich unmöglich ausschlagen.

Doch Judes Bewertungen waren obendrein alle extrem positiv und lasen sich ungefähr so:

*Stellt diesen Mann als Reiseleiter ein. Jude ist die
Gastfreundschaft in Person. Er hat mich sogar zu einem
philippinischen Festessen eingeladen.*

Jude, der seine Beschäftigung als »Schriftsteller, Student und
Musiker« angab, lebte in Malate, dem Künstlerviertel Manilas.
Als ich mit dem Taxi vom Ninoy Aquino Flughafen in die Innenstadt fuhr, erlebte ich Manila genau so, wie ich es mir vorgestellt
hatte: staubig, feucht, hektisch und laut.

»Ist der Verkehr immer so schlimm wie heute?«, fragte ich
den Fahrer.

»Ach, das ist noch gar nichts! Heute ist ein Feiertag. Es ist
Allerheiligen und die meisten Leute sind auf dem Friedhof.«

»Auf dem Friedhof?«

»Ja, die Familien sind den ganzen Tag auf dem Friedhof, um mit ihren verstorbenen Verwandten zu essen und zu trinken.«

»Und Sie gehen nicht hin?«

»Nein.« Der Taxifahrer schüttelte den Kopf. »Es ist ja nicht so, als könnte ich sie wieder zum Leben erwecken.«

Nachdem wir den Verkehr rund um den Flughafen hinter uns gelassen hatten, waren die Straßen tatsächlich tot, und als wir auf die von Palmen gesäumte Promenade entlang der Bucht von Manila bogen, hatten wir die Straße fast für uns allein. Im Vergleich zu Delhi wirkte Manila picobello sauber und vor allem leer. Selbst die zerbeulten, rostigen, rußenden und in grellen Farben bemalten Jeepneys wirkten wie nagelneue Luxuskarossen im Vergleich zu den Wracks, die auf den Straßen von Delhi unter dem Namen Bus herumfuhren.

Malate sah nicht so aus, wie man sich ein Künstlerviertel gemeinhin vorstellt. Es wirkte ein bisschen heruntergekommen, und das Straßenbild wurde von zwielichtigen Bars und Clubs beherrscht. Auch Jude sah nicht unbedingt wie ein Künstler aus. Als er mich an der Tür eines Gebäudes aus den Siebzigerjahren begrüßte, trug er eine elegante Hose und ein gebügeltes weißes Hemd. Die Wohnungseinrichtung passte zu seiner Kleidung: Jedes Ding hatte seinen Platz, alles war perfekt aufgeräumt.

Vielleicht hätte Jude »Ordentlichkeit« zu den zahlreichen Interessen hinzufügen sollen, die er in seinem Profil bei Couch-Surfing aufgelistet hatte. Dort standen schon Reisen, Architektur, Kunst, Musik, Essen, Schreiben, Fotografie, Sprachen, Anthropologie, Cello, französische Literatur, Siamkatzen, Tanzen, wenn niemand zusieht, Faulenzen und Simsen.

Jude war Herausgeber der Zeitschrift *What's On & Expat*, wo er Artikel über Reisen, Architektur, Kunst, Musik und sämtliche seiner übrigen Interessengebiete veröffentlichte. (Ich kann mir allerdings schlecht vorstellen, dass man viel über das Faulenzen schreiben kann. Obwohl ...)

In Anspielung auf sein Profil fragte ich ihn, warum er sich als »peinlich überqualifiziert« beschrieb.

»Ich habe Medizin studiert und drei Jahre als Arzt in einem Krankenhaus gearbeitet. Dann habe ich den Arztberuf an den Nagel gehängt«, antwortete er.

»Warum das denn?«

»Ich habe in einer Krebsklinik gearbeitet, und es war einfach zu deprimierend. Die Medizin ist nichts für mich. Meine Schwester ist auch Ärztin, und meine Mutter ist froh, dass sie wenigstens einen Doktor in der Familie hat.« Jude nahm außerdem Cello- und Spanischunterricht und hatte kürzlich ein Angebot bekommen, in Barcelona spanische Literatur zu studieren. »Das mache ich vielleicht auch noch mal irgendwann«, sagte er.

Wir begannen unseren Rundgang durch Manila mit einem Gebet. Als wir in die Kirche Our Lady of Remedies spazierten, flüsterte Jude: »Setz dich hin und tu so, als würdest du beten.« Wir setzten uns in eine der Bänke und Jude wisperte: »Es ist schön kühl hier drin, und so haben wir eine Entschuldigung, noch ein bisschen hierzubleiben.«

Wie die meisten Filipinos war Jude katholisch und besuchte jeden Sonntag den Gottesdienst in Our Lady of Remedies. »Eigentlich habe ich keine Lust dazu«, flüsterte er. »Aber die Messe dauert nur eine Dreiviertelstunde. Wenn ich nicht gehen würde, dann müsste ich mich jede Woche drei Stunden lang mit meiner Mutter herumstreiten, warum ich nicht in die Kirche gehe.«

Nach unserer Andacht verspürte ich ein leises Magenknurren. Deshalb machten wir an einem traditionellen philippinischen Mini-Supermarkt Station. »Das ist unser philippinischer Seven-Eleven«, erklärte Jude, während ich in das grelle Neonlicht blinzelte. Wir setzten uns draußen auf quietschblaue Plastikstühle und ich aß meinen *siopao*, eine Art gekochten und mit Hackfleisch gefüllten Knödel. Jude schrieb unterdessen eine SMS nach der anderen. »Filipinos sind völlig SMS-verrückt«, meinte er, während er fieberhaft tippte. »SMS sind sehr nützlich, weil wir so zurückhaltend und schüchtern sind. So können wir uns Sachen schreiben, die wir uns nie ins Gesicht sagen würden.«

Unser nächster Halt war »ein toter Ort«, wie mein Vater sagen würde. Der Paco-Friedhof war jedoch erstaunlich tot. Nur wenige Menschen besuchten hier verstorbene Verwandte, da die meisten Gräber schon über hundert Jahre alt waren. »Die meisten Leute machen sich nicht die Mühe, die Gräber ihrer älteren Verwandten zu besuchen«, flüsterte Jude, als wir an einer alten Dame vorübergingen, die eine Kerze auf eine verwitterte Grabplatte stellte.

»Auf dem Nordfriedhof drängen sich wahrscheinlich die Leute, um zu trinken und zu feiern«, erzählte er weiter. »Aber dieses Jahr haben sie die Karaokemaschinen verboten. Es gibt manchmal ein bisschen Ärger.«

Am nächsten Tag lautete die Schlagzeile des *Manila Bulletin*: »Allerheiligen verläuft friedlich.« Und darunter stand: »Nordfriedhof: Polizei konfisziert 150 Messer, brennbares Material und Pistolen.«

Den restlichen Nachmittag verbrachten wir mit einem Spaziergang durch Intramuros, die befestigte Stadt, die 1571 von den Spaniern errichtet worden war. Es war eine spanische Enklave fern der Heimat, mit spanischen Wohnhäusern, Geschäften, Kirchen, Klöstern, Schulen und Krankenhäusern. Um in die Stadt zu kommen, mussten wir eine Zugbrücke überqueren. Den zugehörigen Graben hatten die Amerikaner aufgefüllt und zu einem Golfplatz mit 18 Löchern umfunktioniert. Während wir träge über die von Unkraut überwucherten Pflastersteine zwischen halb verfallenen Gebäuden aus der spanischen Kolonialzeit schlenderten, erzählte Jude, in der Altstadt habe sich seit dem Ende des Zweiten Weltkriegs kaum etwas verändert. »Während der Schlacht von Manila haben die Japaner und Amerikaner die Altstadt in Grund und Boden gebombt.« Er zeigte auf einige Ruinen. »Nur die Stadtmauern und ein paar Gebäude sind stehen geblieben. Hast du gewusst, dass in Manila mehr Zivilisten ums Leben gekommen sind als in Hiroschima?«

Mir gefiel die Altstadt, vernachlässigt und verfallen, wie sie war. In Europa hätte man Intramuros vermutlich als steriles Freiluftmuseum wieder aufgebaut. Aber es gab auch so noch immer genug zu bestaunen. Nur als ich eine Bemerkung über die eleganten historischen Straßenlaternen machte, sagte Jude: »Ach, das sind nicht mehr die Originale. Die hat Imelda Marcos mitgenommen, um sie in ihrem Haus aufzustellen. Das hier sind nur Kopien.«

Während wir über die Wehranlagen gingen, erzählte mir Jude vom Leben seiner Familie unter Marcos. »Damals ist es uns besser gegangen, weil mein Vater ein Offizier der Luftwaffe war. Wir hatten ein großes Haus mit Blick auf den Golfplatz, ganz in der Nähe der Kaserne. Aber wir haben alles verloren, als die People Power Revolution Marcos verjagt hat. Damals waren wir in der Kaserne eingeschlossen. Wir konnten nicht mal raus, um Essen zu kaufen. Deswegen haben wir jeden Abend im Golfclub gegessen. Einmal haben wir nach dem Abendessen auf dem Nachhauseweg eine Abkürzung über den Golfplatz genommen und sind von Hubschraubern beschossen worden. Wir waren nur fünfzig Meter von unserem Haus entfernt. Also sind wir über das offene Gelände gerannt. Mein Vater konnte nicht so schnell rennen wie die anderen, weil er mich getragen hat. Überall um uns herum sind die Kugeln eingeschlagen. Aber wie durch ein Wunder hat uns keine einzige getroffen.«

»Das ist wirklich ein Wunder«, stimmte ich zu.

»Willst du einen Kaffee?«, fragte mich Jude aus heiterem Himmel und zeigte von der Mauer hinunter. In der alten Stadtmauer sah ich einen Starbucks. Nebenan, ebenfalls in der Mauer, befand sich ein McDonald's.

»Wir lieben amerikanische Fast-Food-Ketten«, sagte Jude, als ich verächtlich schnaubte. »Die sind alle hier versammelt.«

Zum Abendessen gingen wir zum Glück nicht in einen Burger King. Stattdessen führte mich Jude in ein Restaurant mit dem Namen Kamayan, das einem Cousin zweiten Grades gehörte.

Die Kellner waren Cousins vierten und fünften Grades. Es war früh, doch das Restaurant war gut besucht. Die Gäste waren fast ausschließlich Einheimische. »Die Ausländer, die in Manila leben, kommen nicht hierher«, sagte Jude. »Die essen meistens in ihren abgeriegelten Communitys, die aussehen wie die *Truman Show*.«

Als Aperitif bestellte er mir ein Getränk aus Kokosmilch und Kräutern. Es schmeckte widerlich.

»Wie schmeckt es dir?«, fragte Jude.

»Mhm, lecker«, lobte ich überschwänglich.

Das Restaurant hatte traditionelle philippinische Gerichte auf der Speisekarte. Deshalb war ich ein wenig enttäuscht, dass es kein *bopis* – gehackte und gebratene Schweinelunge – gab. Jude hatte allerdings nicht übertrieben, als er mir ein köstliches Festessen versprochen hatte. Wir aßen einen großen Teller *kilawin sugba* (in Essig mariniertes Schweinefleisch), *rellenong sugpo* (gefüllte Shrimps) und etwas schleimige, aber äußerst leckere *kuhol sa gata* (Meeresschnecken in Kokosmilch).

»Ich würde dich gern einladen«, sagte ich nach dem Essen zu Jude.

»Nein, heute lade ich dich ein. Das Essen geht auf meine Rechnung. Du kannst mir ja das erste Bier in der Karaokebar ausgeben.«

Wie meine treuen Leser wissen, bin ich ein bisschen karaokesüchtig. Zu meiner Schande muss ich gestehen, dass ich mich vor allem deshalb auf die Philippinen gefreut hatte, weil ich hoffte, hier meiner Liebe zu schmalzigen Balladen frönen zu können. Leider findet ähnlich wie in Japan das Karaoke-Geschehen meist hinter verschlossenen Türen in speziell dafür angemieteten Räumen statt. Ich sagte Jude, ich würde eine Karaokebar bevorzugen, um meine Gesangskünste in aller Öffentlichkeit zum Besten geben zu können. Die erste Karaokebar, die wir betraten, hätte allerdings genauso gut eine Privatveranstaltung sein können. Außer uns waren nur vier weitere Gäste da – eine Gruppe fröhlicher Koreaner, die mit roten Bäckchen vor einem Dutzend leerer Bierflaschen saßen.

»Ich fange mit meiner üblichen Eröffnungsnummer an«, sagte ich, nachdem ich die Liste überflogen hatte. »Das mögen alle. *My Way*.«

»Nein, das kannst du unmöglich singen!« Jude sah mich entgeistert an. »Willst du uns umbringen?«

»Umbringen?«

»Ja, umbringen. Letzte Woche ist ein Mann in einer Kneipe erschossen worden, während er *My Way* gesungen hat. Nach der ersten Strophe hat ihn der Wachmann angebrüllt, weil er so falsch sang. Der Typ hat ihn einfach ignoriert und weitergesungen. Da hat der Wachmann seine Pistole gezogen und ihn erschossen. Zur Verteidigung hat er gesagt, es wäre sein Lieblingslied und es hätte ihm nicht gefallen, wie der Typ es gesungen hat.«

Das machte die Zeile »and now the end is near« doch richtig prophetisch.

Offenbar gehört Gewalt in den philippinischen Karaokebars zum Alltag, und *My Way* ist einer der Hauptverursacher von Handgreiflichkeiten und Todesfällen. Einige Monate zuvor war ein Mann erschossen und sein Kumpel schwer verletzt worden, weil die beiden einem Studenten, der eine miserable Darbietung von *My Way* abgeliefert hatte, sarkastisch applaudierten. Der Student hatte sich in seiner Ehre angegriffen gefühlt und den beiden aufgelauert, als sie die Kneipe verließen.

»In den letzten zehn Jahren hat es wegen *My Way* bestimmt fünfzig Schießereien gegeben«, erzählte Jude. »Nach dem letzten Mord haben viele Kneipen das Lied von der Liste genommen.«

»Was willst du singen?«, fragte mich Jude, als ich der Kellnerin meinen Liedwunsch gab.

»*My Way*.«

Ich dachte, ich versuche mein Glück einfach mal. Mit diesem Lied habe ich sogar einen Karaokewettbewerb gewonnen. Zugegeben, die meisten anderen Teilnehmer waren betrunken, aber das tut nichts zur Sache. Außerdem sahen die vier Koreaner einigermaßen harmlos aus. Es machte mich lediglich ein bisschen nervös, dass der Wachmann am Eingang mit einer ziemlich großen Pistole spielte und einen gut bestückten Munitionsgürtel trug.

»Das war ausgezeichnet!« Jude lächelte mich erleichtert an, als ich mich wieder setzte. »Dafür wirst du wahrscheinlich nicht erschossen.«

»Warum machen wir nicht eine Karaoketour?«, schlug ich begeistert vor. »Ich singe in jeder Kneipe *My Way* und wir sehen, ob ich es schaffe, erschossen zu werden.«

In der zweiten Karaokebar war niemand, der mich hätte erschießen können. Es sei denn, Jude hätte mein Gesang plötzlich nicht mehr gefallen. Nach *My Way* sang ich *You are so beautiful* für die bildhübsche Kellnerin, die außer Jude meine einzige Zuhörerin war. »Das ist für dich«, sagte ich, als ich ihr den Zettel mit meinem Liedwunsch reichte.

»Sei vorsichtig«, warnte mich Jude. »Manchmal sind das Männer.«

Sie reagierte ohnehin nicht. Ich sang ganz gut, wie ich fand, doch sie (oder er) ignorierte mich und beugte sich über die Abrechnung.

Auf dem Weg in die nächste Kneipe klärte mich Jude auf, dass man in Manila nicht nur für schlechten Gesang erschossen werden konnte. Am Tag zuvor hatte ein Mann aus Malate seinen Schwager erstochen, weil er den Abwasch nicht erledigt hatte, obwohl er an der Reihe war.

»Kann es sein, dass die Filipinos ein bisschen aggressiv sind?«, fragte ich.

»Nein, ganz im Gegenteil. Wir sind ein sehr glückliches Volk«, antwortete Jude fröhlich. »Vor zwei Jahren ist eine Untersuchung über die zehn glücklichsten Länder der Welt veröffentlicht worden und die Philippinen waren auf Platz sechs.«

Als ich wieder zu Hause war, überprüfte ich das. Jude hatte recht.

Nebenbei – raten Sie doch mal, wo die glücklichsten Menschen der Welt leben. Nach Angaben der Forscher stehen die Venezolaner in der Glücksskala ganz oben. Ich habe auf meinen Reisen auch ordentlich Glück getankt. Allein während meiner Couchsurfing-Tour besuchte ich sechs Länder, die sich unter den ersten acht der Glücksrangliste befinden: Island, die Niederlande, die Philippinen, Australien, die Vereinigten Staaten und die Türkei. Die unglücklichsten Menschen der Welt leben übrigens in Russland, Lettland und, ganz am Ende der Liste, in Bulgarien.

Die Gastgeber der Karaokebar Let's Have Fun waren jedenfalls schön gay. Zwei Transvestiten mit langen, wohlgeformten Beinen führten durch die Show. Ihre Kneipe war eine der zahlreichen großen Freiluft-Karaokebars an der Strandpromenade. Wegen des Feiertags waren alle gut besucht. Wir gingen in die größte, in der mindestens hundert Gäste saßen.

Ich setzte meinen Namen auf die Liste und hatte kaum an meinem Bier genippt, als »Miss Diva« mich auf die Bühne holte.

»Wo kommst du her?«, schnurrte sie.

Als ich »Australien« sagte, sprangen die beiden langbeinigen Transvestiten auf der Bühne herum wie Kängurus.

»Und was willst du singen?«, fragte mich Miss Diva etwas außer Atem.

»*My Way*«, antwortete ich strahlend.

Das Publikum antwortete mit einem lauten »Oh!«.

»Du willst erschossen werden!« Miss Diva blickte mich mit ernster Miene an.

Ich blickte in die Menge. »Wer von euch hat eine Pistole dabei?«

»Siehst du, es ist sicher«, sagte ich, als niemand die Hand hob.

Miss Diva grinste. »Aber in dem Gebäude da hinten lauert ein Scharfschütze!«

Unsere letzte Station war eine Zwergenbar. Die Bar selbst war gar nicht so klein, aber die Bedienung bestand aus Minis – Zwergen, Kleinwüchsigen, Minderwüchsigen oder wie immer man das heute höflich umschreiben mag. Jude hatte mir nicht verraten, welche Einstellungsvoraussetzungen die Kneipe mit dem Namen Hobbit House für ihre Mitarbeiter hatte, weshalb ich einen ziemlichen Schock bekam, als mich eine Stimme auf Kniehöhe fragte, was ich denn zu trinken haben wollte.

Kaum saßen wir an unserem Tisch, als kleine Hände die Getränke von unten auf den Tisch schoben. Die Kneipe hatte zwar kleine Mitarbeiter, dafür waren die Preise umso größer. Unser Bier war dreimal so teuer wie in der Karaokekneipe davor. Ich stellte auch fest, dass Randy Newmans Lied *Short People* auf der Liste fehlte.

»Wie sagt man ›Prost‹ in der Zwergensprache?«, fragte Jude, nachdem ich *My Way* zum vierten und letzten Mal zum Besten gegeben hatte, ohne dafür erschossen worden zu sein.

Als ich wenig später in Judes Wohnung im Bett lag, wurde ich allerdings von etwas geweckt, das wie ein Schuss klang. Wahrscheinlich hatte wieder jemand *My Way* falsch gesungen. Der Schreck drückte die Couchnote ein wenig.

Couchnote: 8 von 10
Plus: Das ordentlichste Schlafzimmer der gesamten Reise
Minus: Ich habe die ganze Nacht das blöde My Way *nicht aus*
dem Kopf bekommen

19

»Ich habe keine Couch. Ist das schlimm?«
Elvie Malinao, 21, Siquijor, Philippinen
(Cousine eines Couchsurfers)

Am nächsten Morgen saß ich an Bord eines nagelneuen Airbus A320 und flog nach ... ja, das weiß ich auch nicht so genau.

Jude fand, ich könne unmöglich in die Philippinen reisen, ohne wenigstens eine der Inseln zu besuchen. »Ich lasse es nicht zu, dass du nur über Manila schreibst«, sagte er. Am Abend zuvor waren wir daher zwischen der ersten und der zweiten Karaokebar in ein Reisebüro gegangen, und eine Viertelstunde später war ich mit einem Flugticket für einen Ort namens Dumaguete auf der Insel Negros wieder herausgekommen. Von dort sollte ich ein Boot auf die Insel Siquijor nehmen, wo ich auf der Couch von Judes Cousine übernachten sollte. Während ich mein Ticket gekauft hatte, hatte Jude ihr frenetisch gesimst. Sie hatte zurückgeschrieben und geantwortet, ich sei ihr herzlich willkommen, aber »ich habe keine Couch. Ist das schlimm?«.

Ich war beeindruckt von Cebu Pacific Air. Nicht nur dass die Maschine pünktlich abhob, die Stewardessen waren obendrein süß, zuvorkommend und hilfsbereit. Auf dem kurzen Weg vom Terminal zum Flugzeug drückten sie sogar jedem der Passagiere einen Schirm zum Schutz vor der stechenden Sonne in die Hand. Die Aussicht von meinem Fensterplatz war beeindruckend. Wir flogen über unzählige Inseln – wenn man sie tatsächlich zählen würde, käme man auf 7107 –, die wie grüne Smaragde im blauen Meer lagen.

Auf der Insel Negros nahm ich ein Taxi vom Flughafen von Dumaguete zum Hafen. Als wir ankamen, rief der Fahrer: »Schnell, schnell, da ist dein Boot!« Ich rannte zur Anlegestelle, doch gerade als ich sie erreichte, tuckerte es davon.

»Du kannst auch da einsteigen«, rief einer der Ticketverkäufer und zeigte auf einen verlassenen Kahn an der Kaimauer.

Ich machte einen langen Hals, um vielleicht ein Boot dahinter zu entdecken.

»Nein, nein, das hier«, rief er wieder und zeigte auf die Nussschale.

Um an Bord zu kommen, musste man über eine schmale, verrottete Planke balancieren und dort über einen Berg von Säcken klettern, um das Oberdeck zu erreichen. Das Boot, das ich verpasst hatte, war das »Schnellboot« gewesen, das nur 45 Minuten nach Siquijor benötigt. Meines nannte ich das »Schneckenboot«. Es brauchte zweieinhalb Stunden. Aber das war mir egal. Ich lag auf dem Deck in der Sonne und döste vor mich hin.

Schon aus der Ferne sah Siquijor aus wie die perfekte Idylle: tiefgrün, mit einem weißen Rand schwebte das Eiland im glitzernden, tiefblauen Meer. Selbst die Anlegestelle war ein verführerisches Tropenparadies. Vom weißen Strand mit den rauschenden Palmen ragte ein schmaler Holzsteg ins Meer, von dem lachende Kinder ins kristallklare Wasser sprangen.

Ich wusste nichts über dieses Inselchen. Was ich der kleinen Landkarte im Bordmagazin entnahm, konnte Gutes und Schlechtes bedeuten. Nach dem Namen einer der beiden Ortschaften auf der Insel zu urteilen, war die Insel der perfekte Ort zum Ausspannen: Der Ort hieß Lazi. Aber wie sollte ich den Namen des Flusses Poo deuten? »Ich glaube, es gibt ein paar Hotels«, hatte mir Jude gesagt. Elvie arbeitete in einem von ihnen, dem Coral Cay Resort in der Nähe der Ortschaft San Juan.

In einem Motorradtaxi – einem Motorrad mit Seitenwagen – fuhr ich von der Anlegestelle aus an der Küste entlang, vorbei an Fischerhütten, die sich in die Mangroven schmiegten. Auf unserer 25-minütigen Fahrt begegneten wir drei Autos, zwei Motorrollern und einem Fahrrad. Das Coral Cay Resort lag abseits der Hauptstraße am Ende eines von Palmen gesäumten Kiesweges. Elvie erwartete mich im kleinen Empfangsgebäude. »Ich freue mich sehr, dich kennenzulernen«, sagte sie mit einem strahlenden Lächeln. Elvie war winzig und sah absolut umwerfend aus.

»Es tut mir so leid, dass du nicht bei mir übernachten kannst«, sagte sie mit ernstem Blick. »Mein Zimmer ist leider zu klein.«

»Oh...«

Elvie nahm mich an der Hand. »Aber das macht nichts. Ich habe ein eigenes Zimmer für dich.«

Sie führte mich einen Pfad entlang, vorbei an Hütten, einem märchenhaften Swimmingpool und einem offenen Restaurant mit Blick aufs Meer. Von dort aus gingen wir hinunter zum Strand, einem schmalen Streifen aus weichem, weißem Sand, auf dem Palmen im Wind … Sie wissen, was ich meine.

»Es ist gerade ziemlich ruhig, deswegen kannst du die hier haben.« Elvie streckte die Hand aus.

Ich schluckte.

»Das sind 10 von 10 Punkten«, murmelte ich begeistert.

»Wie bitte?«

»Ach nichts.«

Ich hatte sie noch nicht einmal von innen gesehen, aber ich war mir sicher, dass ich meine perfekte Couch gefunden hatte. Es war eine mit Palmwedeln gedeckte Strandhütte mit einer breiten Veranda. Zwischen zwei Palmen am Strand hing meine private Hängematte. Beim Blick in die Hütte sah ich einen glänzenden Holzfußboden, ein marmorgefliestes Bad und eine Klimaanlage. Obwohl ich Elvie eben erst kennengelernt hatte, umarmte ich sie überschwänglich. Kann sein, dass ich sie ein wenig verwirrt habe, denn sie suchte eilig das Weite und rief mir nur noch zu, sie werde mich abends ausführen.

Also. Ein Ire, ein Kanadier und ein Australier kommen in eine Bar.

Ich kam genau rechtzeitig zur Happy Hour in die Bar, gleichzeitig mit den beiden einzigen Gästen des Hotels. Doug, ein braun gebrannter Mittfünfziger, hatte von Siquijor durch einen Arbeitskollegen in Manila erfahren, wo er zu einem Geschäftstermin gewesen war. »Ich wollte noch ein bisschen Urlaub machen, also hat er mir diese Insel empfohlen. Ich hätte eigentlich vor drei Tagen schon wieder in Kanada sein sollen, aber komme hier einfach nicht weg.« James reiste mit dem Rucksack durch Asien und war schon seit einigen Wochen in den Philippinen unterwegs. »Ich war bei einer Familie in Cebu und die haben mir Siquijor empfohlen.«

»Schön, dass du hier bist«, sagte Doug. »Wir waren die ganze Woche allein, und es ist nett, sich zur Abwechslung mal mit jemand anderem zu unterhalten.«

»Jetzt haben wir nur noch vier Bedienungen pro Kopf«, meinte James, als uns die Kellnerin noch ein Bier brachte.

»Welches Zimmer hast du?«, fragte Doug.

»Ich bin in einer der Strandhütten.«

»Oh, sehr nett. Wir haben nur Gartenhütten.«

Ich konnte den beiden unmöglich gestehen, dass ich die »sehr nette« Hütte am Strand auch noch umsonst bekam.

Nach dem Ende ihrer Schicht holte Elvie mich in der Bar ab. »Hast du Lust auszugehen?«, fragte sie mit ihrem strahlenden Lächeln.

»Tut mir leid, Jungs, ich habe ein Rendezvous«, sagte ich, während den beiden die Kinnladen herunterfielen.

»Ich hab mir gedacht, du willst vielleicht ein bisschen von unserer traditionellen Kultur kennenlernen«, sagte Elvie und stieg auf den Rücksitz eines Motorradtaxis, das sie angehalten hatte. Es war allerdings nicht ganz die Art »traditioneller« Kultur, die ich erwartet hatte. Es hatte so geklungen, als würden wir in ein einsames Dorf fahren und dort Zeugen einer uralten, geheimnisvollen Zeremonie werden. Stattdessen fuhren wir ins Coco Grove Beach Resort zur allwöchentlichen »Traditional Culture Show« mit Buffet. Das Hotel war ein bisschen glamouröser als das Coral Cay Resort und es war ein bisschen mehr los. An die vierzig Gäste saßen an gedeckten Tischen vor der Freiluftbühne. Neben der Bühne standen Köche und Kellnerinnen an einem beeindruckenden Buffet, in dessen Mitte ein glänzendes Spanferkel lag.

Nachdem wir uns die Bäuche vollgeschlagen hatten (zugegeben, wirklich zugeschlagen habe nur ich), begann die Show mit einer traditionellen philippinischen Tanzeinlage. Es war eine Mischung aus Macarena und irischem Volkstanz. Als die dritte Tanzgruppe in neuen Kostümen und identischen Schritten auf die Bühne tanzte, fragte ich Elvie, warum sie Cebu City verlassen habe und nach Siquijor gekommen sei.

»In Cebu City gibt es zu viel Verbrechen«, seufzte sie. »Hier gibt es überhaupt keine Kriminalität. Es gefällt mir, weil es so ruhig ist. Cebu City hat 700 000 Einwohner, und auf ganz Siquijor leben gerade einmal 80 000 Menschen.«

Außerdem gab es auf der Insel Arbeit. Sie war nicht nur Kellnerin und Rezeptionistin, sondern außerdem eine ausgebildete Fußmasseurin.

Die »Traditional Cultural Show« dauerte zwei Stunden und wurde mit jedem Tanz weniger traditionell. Am Ende hüpften die Mädels in Hularöcken zur Titelmelodie von *Hawaii Five-O* über die Bühne.

Auf dem Rückweg schauten wir in einer neu eröffneten Strandbar vorbei. James, der einzige Gast, trank einen Whiskey mit Jürgen, dem 1,90 Meter großen deutschen Besitzer, und seiner 1,50 Meter kleinen philippinischen Frau. Ich konnte nicht umhin zu bemerken, dass an Jürgens Bein einige größere Stücke fehlten und der Rest verknotet und vernarbt war.

»Das ist ein Souvenir von einem Australienurlaub«, meinte Jürgen trocken.

Er hatte in Australien Urlaub gemacht und war am dritten Tag bei einem Tauchausflug von einem Hai angegriffen worden. »Ich habe fünf Wochen in Perth im Krankenhaus gelegen«, sagte er und hob das Bein, damit ich es mir genauer ansehen konnte. »Die Chancen standen fünfzig zu fünfzig, ob ich das Bein behalten konnte. Aber die Hauttransplantation hat funktioniert.«

Jürgen grinste. »Jetzt sieht es aus wie der Rest von einem Schweinebraten.«

Als Jürgen eine Flasche hervorholte, deren Inhalt nach Methylalkohol roch, rief Elvie den Wachmann das Hotels an und bat ihn, uns mit seinem Motorroller abzuholen. Im Gehen sah ich noch, wie James ein Glas Feuerwasser auf ex trank und fast vom Barhocker kippte.

Meine Strandhütte war zwar keine Couch, aber sie war umsonst, und deswegen zählt sie. Trommelwirbel bitte ...

Couchnote: 10 von 10
Plus: Purer Luxus
Minus: Der Aufenthalt war viel zu kurz

Ich verbrachte einen anstrengenden Morgen am Swimmingpool. Der anstrengende Teil bestand darin, zu entscheiden, auf welchen der zwanzig freien Liegestühle ich mich legen sollte. »Dann nehme ich mal die andere Hälfte des Pools«, sagte Doug, als er in seiner Minibadehose auftauchte.

Nach einem leckeren Calamari-Salat zum Mittagessen machte ich mich auf die gefährliche Suche nach dem schönsten Strand der Insel. Gefährlich deshalb, weil Elvie freundlicherweise den Wachmann beschwatzt hatte, mir seinen Motorroller zu leihen. Ich war ein wenig nervös, vor allem wegen meiner zweifelhaften Fahrkünste. Aber die asphaltierte Straße war gut und es waren kaum Autos unterwegs. Nicht einmal Menschen. Auf dem Weg nach San Juan sah ich lediglich von Weitem einen Fischer, der träge sein Netz in das flache Wasser warf, und ein paar Kinder, die mit einer Kokosnuss Basketball spielten. Sonst war weit und breit niemand zu sehen.

An der Landstraße, die direkt hinter dem Strand entlangführte, reihten sich kleine Dörfern mit exotischen Namen wie Tagibo, Bonga, Dapdap und Bogo. In den Dörfern war etwas mehr los. Wenn ich vorbeifuhr, winkten mir die Leute lächelnd zu und kichernde Schulkinder liefen neben mir her – das war allerdings nicht weiter schwer, wenn man bedenkt, wie langsam ich fuhr.

Nachdem ich ein kurzes Stück landeinwärts durch dichten Urwald gefahren war, kam ich an eine Abzweigung zum Strand von Saladoong, »dem schönsten Strand von Siquijor«. Ein steiler Pfad führte durch einen Molavenwald hinunter zum ... Paradies.

Es war eine unberührte Bucht mit weißem Sandstrand, kristallklarem Wasser und, direkt am Meer, einer Karaokebar. Schwimmen und singen – ich fühlte mich, als wäre ich im Himmel.

Eine Stunde lang planschte ich im warmen und ruhigen Wasser. Außer mir waren nur einige Jugendliche von der Insel da, die einer nach dem anderen zu mir herüberpaddelten, um Hallo zu sagen. Wieder an Land, trank ich an der Bar ein Bier und ließ es mir nicht nehmen, ein Lied zu singen. Nach meiner Darbietung von *Sometimes when we touch* erschien auf einem Bildschirm eine Bewertung. Ich bekam 98 von 100 und das Urteil: »Sie sind ein perfekter Sänger!« Schade, dass mein Publikum nur aus acht Touristen bestand. Nach mir sang eine Frau eine Nummer von Barbra Streisand. Ihr Gesang erinnerte mich an das Gejaule eines brünftigen Katers. Als auf dem Bildschirm eine 95 erschien, musste ich an mich halten, um nicht zu schreien: »Das kann doch nicht sein! Das waren doch höchstens 60 Punkte!« Nachdem ich nun einen Vergleich hatte, an dem ich meine Leistung messen konnte, würde ich die Karaoke-Welttournee, von der ich schon geträumt hatte, möglicherweise doch noch absagen.

Als ich auf dem Rückweg durch den Urwald kam, fuhr ich geradewegs in eine Regenwand. Der monsunartige Wolkenbruch war derart heftig, dass ich kaum einen Meter weit sehen konnte. Es war so, als würde mich jemand von vorn mit einem Schlauch abspritzen. Kaum zehn Minuten vom Hotel entfernt, fuhr ich plötzlich aus der Regenwand hinaus in den strahlendsten Sonnenschein.

»Welcher Regen?«, fragte Doug, der an der Bar saß und ein Bier schlürfte. James lag noch im Bett und pflegte seinen mörderischen Kater. »Er hat versucht, mit dem deutschen Riesen mitzuhalten«, sagte Doug mit ernster Miene.

Später nahm ich im Strandrestaurant ein Abendessen bei Kerzenschein zu mir und blickte hinaus auf einen Sonnenuntergang, der den Himmel in violette Streifen tauchte. Es war ein romantischer Abend, Elvie kümmerte sich rührend um mich und verwöhnte mich mit Getränken und einem köstlichen gegrillten Fisch. Leider war Elvie die Kellnerin und ich saß mit Doug am Tisch.

»Nach der Arbeit zeige ich dir etwas ganz Besonderes«, sagte Elvie, als sie uns zwei grelle Cocktails brachte, die Doug bestellt hatte.

»Mann, du hast's echt raus«, sagte Doug und zwinkerte mir zu.

Als Elvie wiederkam, hatte sie sich fein gemacht. In meinen Shorts und Sandalen fühlte ich mich völlig underdressed. Das »Besondere« war eine Karaokebar. Woher wusste sie ...? Mit von der Partie war Tey, eine Kollegin von Elvie. Tey, die einen achtjährigen Sohn hatte, war noch winziger als Elvie. Das kam mir allerdings sehr entgegen, denn die beiden setzten sich hinter mir auf den Motorroller. Ich war schon mit nur einer Mitfahrerin reichlich nervös. Jetzt musste ich mir auch noch Gedanken machen, wie ich zwei mögliche Krankenhausaufenthalte bezahlen sollte.

Die Karaokebar war ein kleiner, offener Schuppen in San Juan. Sie war so klein, dass nur zwei Tische hineinpassten. Als wir ankamen, war es dunkel und die Bedienung schlief hinter der Theke.

»Haben Sie geschlossen?«, fragte ich und weckte sie auf.

»Nein«, erwiderte die Dame und schaltete das Licht und die Karaokemaschine ein.

Es wurde ein Abend mit philippinischer Hardcore-Karaoke. Kein Gespräch, nur Gesang. Wir wechselten uns ab, aber auch so muss ich an die zwanzig Lieder gesungen haben. Einmal versuchte ich sogar ein Duett mit Elvie. Zwischen den Liedern schaffte ich es, hin und wieder ein paar Worte mit meinen Begleiterinnen zu wechseln. So fand ich heraus, dass Tey ein paar Jahre lang in Hongkong gearbeitet hatte. »Philippinische Hausangestellte sind in aller Welt beliebt«, sagte Tey.

»Weißt du, was das wichtigste philippinische Exportgut ist?«, fragte Elvie.

»Nein. Lass mich raten. Karaokemaschinen?«

»Hausangestellte.«

»Wirklich?«

»Keine Ahnung, aber jeder zehnte Filipino arbeitet im Ausland. Das sind mehr als zehn Millionen. Das Geld, das sie nach Hause schicken, ist die wichtigste ausländische Einnahmequelle für die Philippinen. Letztes Jahr haben Filipinos im Ausland so um die zehn Milliarden Euro nach Hause geschickt.«

»Das ist eine Menge Geld fürs Kloputzen«, sagte ich.

Ich war mitten in einer bewegenden Interpretation von George Michaels *Careless Whisper*, als vier stockbesoffene Jungs hereintorkelten und mit einer lautstarken Unterhaltung begannen. Ich hoffe, dass es nicht an meinem Gesang lag, doch noch ehe ich das Lied zu Ende gesungen hatte, lehnte sich einer der Jungs über das Geländer nach draußen und übergab sich fünf Minuten lang in den Blumengarten.

»Entschuldigen Sie bitte vielmals die Störung«, sagte er höflich, als er wieder zurück auf seinen Stuhl plumpste.

Die Rückfahrt war schaurig. Ich glaube, die beiden Mädels hatten keine Ahnung, wie schaurig. Ich hatte ein paar Biere intus, es war stockfinster, ich war es nicht gewohnt, mit zwei Mitfahrerinnen zu fahren, aber vor allem bin ich ein ziemlich mieser Rollerfahrer. Die Mädels sahen mich etwas überrascht an, als ich bei unserer Ankunft im Hotel jubelnd vom Sattel sprang.

Elvie setzte sich zu mir, während ich noch einen Absacker an der Bar trank. Sie begann am nächsten Morgen früh mit der Arbeit und ich musste zur Fähre und zum Flugzeug. »Ich habe großes Glück«, sagte sie. »Ich bin hier sehr glücklich. Die Mitarbeiter werden gut behandelt, ich habe ein hübsches Zimmer und ich habe das hier ...« Sie zeigte hinaus auf den Strand und das Meer, das im Mondlicht glitzerte. »Ich glaube, ich werde eine Weile hierbleiben.«

Ich hätte es auch noch ein Weilchen ausgehalten und fragte mich, ob meine Familie mich vermissen würde, wenn ...

20

*Typ Mensch, mit dem ich gut auskomme: Spinner, Intro-
vertierte, Streber*

*Leika, 28, Manila, Philippinen
CouchSurfing.com*

Meine große Couchsurfing-Weltreise endete, wie sie begonnen
hatte: ohne Couch.

Dabei hatte ich alles getan, um eine zu finden. Ich wusste
schon seit einigen Wochen, dass ich in meiner letzten Nacht in
Manila nicht bei Jude unterkommen konnte, und hatte einige
Anfragen losgeschickt. Ich weiß nicht, warum es nicht klappte,
denn die potenziellen Gastgeber machten einen ziemlich flexiblen
Eindruck:

> *Du kannst meinen Fernseher, meine Küche und meinen Laptop
> benutzen und dir Kleider (Größe M) von mir ausleihen.
> Außerdem kannst du meine Toilette, mein Shampoo und meine
> Seife verwenden.*
>
> *Jerome, 27*

> *Ich freue mich auf deinen Besuch und habe nichts gegen
> komische und durchgeknallte Leute, solange sie nicht
> gemeingefährlich sind und meine Wohnung kurz und klein
> hauen.*
>
> *Carmela, 23*

Als ich keine Antwort bekam, schickte ich in meiner Verzweif-
lung sogar eine Anfrage an Rex:

*Tut mir leid, kann keine Couch anbieten, weil ich oft in der
Gosse liege.*

Rex, 29

Acht Leute antworteten, sie würden mich gern bei sich aufnehmen, aber entweder hatten sie wegen der Feiertage Verwandte zu
Besuch oder sie waren selbst verreist. Ein Mädel schrieb, in
ihrem Wohnzimmer übernachteten schon fünf Verwandte, und
ich antwortete, auf einen mehr oder weniger käme es da doch
auch nicht mehr an.

Immerhin schrieben mir zwei junge Frauen, sie würden mich
gern zum Abendessen treffen. Allerdings war ich mir nicht
sicher, ob ich zu der Sorte Mensch gehörte, mit denen sie gut
auskamen. Leica mochte »Spinner und Streber« und Zane bevor-
zugte Menschen mit »großer Toleranz für Unvorhergesehenes«.
Die beiden Mädels freuten sich schon darauf, sich zu treffen,
denn – Überraschung! – sie waren Freundinnen. Sie lebten an
entgegengesetzten Enden der Stadt und hatten sich schon seit
Monaten nicht mehr gesehen.

Als ich bei meiner Rückkehr nach Manila meine Emails
checkte, hatte ich die Hoffnung aufgegeben, noch eine Couch zu
finden. Wie in der ersten Nacht meiner großen Couchsurfing-
Weltreise musste ich mir ein Hotel suchen. Ich rief Jude an, und
der empfahl mir das Bianca's Garden Hotel ganz in der Nähe seiner Wohnung in Malate. Eine ausgezeichnete Empfehlung. Das
Hotel befand sich in einer historischen spanischen Villa und die
Einrichtung bestand aus dunklen philippinischen Antikmöbeln.
Da es meine letzte Nacht war und ich gerade neun Wochen lang
umsonst übernachtet hatte, beschloss ich, richtig zu klotzen und
mir die »Premier Suite« zu gönnen. Die hatte nicht nur ein großes Doppelbett und Kabelfernsehen, sondern auch einen Blick
auf den üppigen Garten und einen Swimmingpool.

Ich traf die Mädels in einem Restaurant in Greenbelt 3 (der
Name klang nach einer Außenstation von *Babylon 5*) in Makati,

dem Bankenviertel von Manila. Greenbelt 3 war Teil eines riesigen, modernen Einkaufszentrums mit Designerläden, Szenebars und Restaurants auf drei Etagen. Eines davon war das philippinische Restaurant Sentro 1771. Ich kam zehn Minuten nach dem verabredeten Zeitpunkt, doch die beiden Mädels waren noch nicht da. Also setzte ich mich auf die Terrasse und blickte über die Gärten, Brunnen und mit Lichterketten behangenen Palmen.

Als Erste kam Leica mit nur vierzig Minuten Verspätung. »Wir nennen das philippinische Pünktlichkeit«, erklärte sie ein wenig verschämt. Ich sah sofort, warum Leica auf introvertierte Menschen stand: Sie war selber einer. Sie war schüchtern und sprach oft mit ihren Händen, statt mir in die Augen zu sehen. Ihre Arbeit passte perfekt zu ihrer Persönlichkeit: Sie war IT-Beraterin im Telefonkundendienst.

»Ich lebe bei meiner Familie, deswegen kann ich dir keine Couch anbieten«, sagte sie entschuldigend. »Aber ich freue mich, wenn ich Leute zum Essen treffen kann.«

Nach meinem zweiten Bier meinte Leica: »Du kannst ruhig schon dein Essen bestellen. Zane ist die Königin der Zuspätkommer.«

Ich aß marinierten Seeteufel. Das Essen war lecker, aber viermal so teuer wie ein Gericht auf Siquijor. Zane kam, als ich gerade den letzten Bissen in den Mund schob. »Macht nichts«, sagte Zane und bestellte sich zum Ausgleich zwei Desserts. In ihrem Profil hatte Zane ihre Beschäftigung als »Herausgeberin, notorische Nörglerin und frustrierte Tänzerin« beschrieben. So extrovertiert und gesprächig, wie sie war, überraschte es mich nicht, als sie mir erzählte, dass sie für ein PR-Unternehmen arbeitete. Auch sie lebte noch bei ihrer Familie und konnte keine Couchsurfer aufnehmen. »Ich habe aber eine Menge Couchsurfer zum Essen getroffen«, erzählte sie mit einem Mund voll Schokoladeneis. »Gestern Abend war ich mit einem schwulen Typen aus Schweden unterwegs, der gestreifte Hotpants und Hosenträger anhatte.«

Die Mädels hatten sich schon länger nicht gesehen und eine Menge nachzuholen. »Hast du am Mittwoch *Lost* gesehen?«, fragte Leica begeistert. Auch zu *American Idol*, *Amazing Race* und *Prison Break* mussten sie sich austauschen.

Sie unterhielten sich nicht nur über amerikanische Fernsehserien, sie klangen auch beide so, als kämen sie aus einem Vorort von Los Angeles.

»Das ist doch bestimmt ein Traum, ein Reiseschriftsteller zu sein«, knatschte Zane, als hätte sie einen Kaugummi im Mund.

»Ja, das war ein ziemlich kindischer Traum, den ich vor ein paar Jahren hatte«, antwortete ich.

»Ich habe auch einen Traum«, verriet Leica.

»Und der wäre?«, fragte ich.

»Ich träume davon, Wentworth Miller aus *Prison Break* zu heiraten.«

»Sieht so aus, als hätte der Typ da drüben seinen Traum wahr gemacht«, sagte ich und nickte verstohlen in Richtung Nebentisch. Ein Amerikaner, der so um die sechzig sein musste, knutschte mit seiner philippinischen Freundin, die kaum älter als zwanzig sein konnte.

»Das ist noch gar nichts«, sagte Zane. »Da unten ist eine Bar, die ist voll von diesen Typen. Willst du mal gaffen gehen?«

Wir schlenderten nach unten in den Havana Club und setzten uns an einen Tisch auf der Terrasse. »Okay, dann spielen wir mal ›wer findet die bezahlte Freundin‹«, sagte Zane und scannte die Menge.

Es war nicht weiter schwer. Die meisten Gäste waren alte, kahlköpfige Fettwänste in Hawaiihemden in Begleitung von schlanken, jungen philippinischen Mädchen. Am Nebentisch saß ein alter Sack mit weißem Haar und Bierbauch, der am Tisch eingeschlafen war, während seine Begleiterin mit leerem Blick auf ihr Getränk starrte. Als ich bemerkte, wie mich einige der Männer anglotzten, wurde mir klar, dass sie mich für einen der Ihren hielten. Nur dass ich zwei Freundinnen hatte. Sie überlegten wahrscheinlich, wie es so ein armer Schlucker wie ich geschafft hatte, gleich zwei Mädels an Land zu ziehen.

Leica fühlte sich unwohl. »Das ist wie eine Fleischbeschau für schmutzige alte Männer.« Sie schüttelte sich.

»Ich find's witzig«, sagte Zane. »Wie die alle Brian anglotzen und denken, was das für ein reicher Hengst sein muss.«

Zane fing an, mit Leicas Haaren zu spielen.

»Gleich werden sie *richtig* neidisch«, grinste sie frech. »Jetzt meinen sie, er hat sich ein Lesbenpärchen geangelt.«

Nachdem wir ausgetrunken hatten, wollte Leica gehen. Ich hatte nichts dagegen. Ich freute mich auf mein eigenes Hotelzimmer, meinen eigenen Fernseher, meine eigene Dusche, meine eigene Toilette und darauf, ungeniert laute Geräusche von mir geben zu können. Einen Tipp, den ich jedem Couchsurfer mit auf den Weg geben kann: Unterbrechen Sie die Couchsurferei zwischendurch und gönnen Sie sich ein bisschen Privatsphäre. Und nicht nur das. Wahrscheinlich braucht auch Ihre Leber zwischendurch eine Auszeit. Eine meiner großen Entdeckungen auf dieser Reise war, dass der gesamte Planet von Alkohol angetrieben zu sein scheint.

In dem Sinne nahm ich auf dem Weg ins Hotel noch einen letzten Absacker, um mit mir selbst auf diese unglaubliche und unglaublich lange Reise anzustoßen. Auf meiner großen Couchsurfing-Weltreise hatte ich auf 22 Flügen 60 000 Kilometer zurückgelegt, 15 Länder besucht und auf 23 verschiedenen Sofas übernachtet. Es war eine großartige Erfahrung und ein außergewöhnliches Privileg, von fremden Menschen bei sich zu Hause aufgenommen zu werden und für kurze Zeit ihren Alltag zu teilen. Natürlich habe ich auf diese Weise auch kostenlose Übernachtungsmöglichkeiten gefunden und die Welt aus Sicht der Einheimischen kennengelernt. Vor allem aber habe ich viele neue Freunde gefunden.

Couchsurfing ist eine einmalige Möglichkeit, Land und Leute kennenzulernen. Es ist eine Form des engagierten Reisens, keine dieser durchgeplanten Besichtigungstouren, auf denen Touristen die Welt durchs Busfenster und die Linse der Kamera sehen. Mit einem Einblick in das Leben anderer Menschen erkennen wir plötzlich neue Möglichkeiten für unser eigenes Leben, die wir vorher nicht gesehen haben.

Nie zuvor ist mir so klar geworden, dass der wirkliche Sinn des Reisens nicht darin besteht, architektonische Meisterleistungen oder atemberaubende Landschaften zu sehen, sondern darin, die Freundschaft und das Vertrauen fremder Menschen zu genießen.

Auf dem kurzen Weg zum Hotel sprachen mich einige Prostituierte an.

»Bist du verheiratet?«

»Ja.«

»Macht nichts. Du kannst mich mit dem Namen deiner Frau anreden, dann kommst du nicht durcheinander.«

Eine Frau, die sich als Zuhälterin für ihre Tochter betätigte, versuchte, mich mit einem besonderen Angebot zu ködern.

»Du kannst auch auf der Couch schlafen.«

Auf der Couch? Mhm.

»Vielen Dank«, erwiderte ich. »Aber von Couchs habe ich grade genug.«

Zum Schluss

Die Couchsurfing-Welle wächst unaufhaltsam. Zum Zeitpunkt meiner Reise hatte CouchSurfing.com 150 000 Mitglieder in 20 000 Ortschaften, und jede Woche kamen 1000 neue Mitglieder dazu. Als ich das Manuskript zu diesem Buch zu Ende geschrieben hatte, waren es bereits 700 000 Mitglieder in 45 000 Ortschaften, und jede Woche kamen 10 000 neue Mitglieder dazu. Und wenn Sie dies lesen, hat CouchSurfing.com vermutlich schon weit mehr als eine Million Mitglieder.

Im Juli 2008 verzeichnete CouchSurfing eine Million positive Erfahrungen. Von den achtzehn Menschen, bei denen ich auf meiner Reise übernachtet hatte, habe ich siebzehn mit »positiv« bewertet (die einzige Ausnahme war Vikram und sein Marmorkaufhaus, dem ich ein »neutral« gegeben habe, was vielleicht ein bisschen großzügig war). Seit meiner Rückkehr hatte ich auch einige Couchsurfer auf meiner Couch zu Gast und habe diese Erfahrung genauso genossen wie meine eigene Reise. Auf diese Weise habe ich meine Heimatstadt neu kennengelernt. Mit den Couchsurfern habe ich Ausflüge zu Sehenswürdigkeiten (und natürlich der einen oder anderen Kneipe) unternommen, von deren Existenz ich keine Ahnung hatte und auf die ich erst im Internet gestoßen war. Diese Führungen haben mich richtig stolz auf meine Stadt gemacht.

Nach meinen eigenen Erfahrungen als Couchsurfer scheint mir das Genialste an dieser Erfindung, dass Gäste und Gastgeber die Chance bekommen, einander wirklich kennenzulernen. Wer als Couchsurfer reist, erinnert sich vor allem an die Menschen. Couchsurfing ermöglicht Begegnungen über den gesamten Erdball und über soziale und kulturelle Grenzen hinweg. Es gibt uns die Möglichkeit, unser Zuhause, unsere Geschichten, unsere Ideen und unser Leben mit anderen Menschen zu teilen. Meine Gastgeber sind gute Freunde geworden und wir sind uns einig, dass genau diese Begegnungen den Reiz von Couchsurfing ausmachen. Ich bin nach wie vor in Kontakt mit ihnen und einige haben sogar angekündigt, demnächst auf meiner Couch zu schlafen.

Da meine Reise schon eine Weile zurückliegt, will ich hier kurz nachschieben, was seit meinem Besuch passiert ist.

Miguel ist ganz der Alte. Er kocht, reitet, fährt Ski, kämpft gegen Pumas und schläft gelegentlich aus.

José entwickelt weiterhin neue Blindflanschen für Nestlé. Als ich das letzte Mal von ihm hörte, übernachtete er auf der Couch eines Ingenieurs im kalifornischen El Segundo und tauschte sich vermutlich über Eiscremedüsen aus.

Juan erhielt für seine Arbeit die Bestnote und verursachte an seiner Universität »eine kleine Revolution«: »Viele Leute haben mich angesprochen, wie unglaublich und großartig sie mein Projekt finden«, schrieb er mir in einer Email. Die Arbeit war so gut, dass er den Preis für die beste Abschlussarbeit des Jahres gewann. Danach flog er nach Moskau, heiratete Katya und lebt seither dort. Die beiden haben eine Internetseite ins Leben gerufen, mit der sie die hispanische Kultur in Russland bekannter machen wollen (www.spanishclass.ru). Juan schrieb mir, er sei »Webmaster, Designer, Herausgeber, Redakteur, Moderator, Journalist, Philologe und Übersetzer«.

Mariano hat bislang nicht auf meine Emails geantwortet. Ich muss daher annehmen, dass ihn einer der Straßenköter in Valparaíso aufgefressen hat.

Pedro hat es schließlich doch noch geschafft, die CD seiner Band abzumischen. Sein Vater hat das Cover gestaltet. Ich habe ihm versprochen, dass ich die Charts im Auge behalte. Pedro und Natalia werden im Jahr 2009 auf meiner Couch übernachten.

Mariana war ein wenig nervös, weil ich ihr erster Couchgast war, doch seither ist sie begeisterte Couchsurferin geworden. Inzwischen hat sie 31 Besucher aus 23 Ländern bei sich auf- und einen glücklichen Portugiesen in die Arme genommen, und ihre Gäste versichern durch die Bank, sie sei die coolste *carioca* von Rio.

Einige Monate nach meinem Besuch veröffentlichte Bob in Craigslist ein Angebot für Rucksackreisende, die Nordamerika kennenlernen wollen:

> *Ich fahre im kommenden Jahr durch die Vereinigten Staaten, Mexiko und Zentralamerika. Mein 15-sitziger Kleinbus ist ausgerüstet mit hochwertiger Camp- und Kochausrüstung, 4 Fahrrädern, Kajak, Computer mit Wi-Fi, DVD-Spieler mit Filmen, Radioapparat, Musik für jede Gelegenheit, Audiobooks, Ausweis für Nationalparks, Frisbee, Fernglas und allem, was man für eine lange Reise braucht.*

Zuletzt war Bob mit sieben Rucksackreisenden im US-Staat Nebraska unterwegs. Ich war erstaunt, dass er zwischen all dem Krempel überhaupt noch Platz für Mitfahrer hatte.

Vor Kurzem bekam ich eine Email von Jeremy: »Ich arbeite nach wie vor in demselben Job, obwohl ich alles tue, um ein wenig kürzer zu treten und entlassen zu werden. Im Gegenteil, ich bin vor ein paar Monaten befördert worden und bin jetzt Leiter der Abteilung für Systementwicklung.« Er erklärte mir seine neue Position, aber ich habe nach wie vor nicht die geringste Ahnung, was er macht. Jeremy hat außerdem mit zwei Mädels aus seinem Haus und einer Arbeitskollegin angebandelt. »Das hält mich fit«, schrieb er. »Neulich bin ich allerdings nur knapp davongekommen, als eine meiner romantisch interessierten Nachbarinnen an der Tür geklingelt hat, während meine romantisch interessierte Kollegin zu Besuch war.«

Smári ist mit einem Freund in eine größere Wohnung (mit mehr Abstellflächen für leere Pepsiflaschen) gezogen und schlägt sich nach wie vor mit komplizierten mathematischen Gleichungen herum. Smári hat einen Blog, den er regelmäßig pflegt, aber ich verstehe nur Bahnhof:

> *Ach ja. Die gute Nachricht ist, dass sich 4 als die Zufallszahl erwiesen hat. Alle anderen Zufallszahlen sind weniger zufällig als 4, unabhängig von der Verteilung, aus der sie stammen.*
>
> *Das lässt sich durch die Berechnung der Entropie von 4 und der Entropie aller anderen ganzen Zahlen nachweisen.*
>
> *Zur Erinnerung, dass sich die Entropie der Information nach der folgenden Formel berechnet:*

$$H(X) = \sum_{i=1}^{n} p(x_i) \log_2 \left(\frac{1}{p(x_i)} \right) = \sum_{i=1}^{n} p(x_i) \log_2 p(x_i)$$

> *Der Rest folgt.*

Joris schrieb mir neulich, um mich zu fragen, ob ich nicht Belgien kaufen wolle. Das Land war bei eBay zu ersteigern. Das Eingangsgebot betrug einen Euro. Ich bot 10 Euro. Es folgten 26 weitere Gebote, die bis zu 10 Millionen Euro gingen. An diesem Punkt schaltete eBay die Auktion ab. Als ich das letzte Mal von Joris hörte, hielt er sich in Mali auf und forschte für seine Magisterarbeit. Er hatte sich wieder an der Universität für einen Magisterstudiengang in Konfliktforschung eingeschrieben. Wenn er den Konflikt in Mali beigelegt hat, will er seine Radtour durch Afrika fortsetzen.

Cecile lebt noch immer in Luxemburg und hat noch immer keine luxemburgischen Freunde.

An dem Tag, an dem James und Aylin heirateten, schneite es. Es war das erste Mal in mehr als dreißig Jahren, dass in Istanbul im Oktober Schnee fiel. Immerhin war das der perfekte Auftakt für ihre Flitterwochen in Island. »Wir konnten uns kaum etwas zu essen oder zu trinken leisten«, schrieb James. »Meine Kreditkarte hat gebrannt.«

Mutisya bringt in seinem »Schlafzimmer für Couchsurfer« inzwischen freiwillige Helfer der Organisation »African Child Initiative and Community Development Forum« unter. Er selbst hat die Organisation gegründet und hat das Programm seither erweitert, um einigen der 500 000 Menschen zu helfen, die durch die Unruhen nach den kenianischen Wahlen des Jahres 2008 ihr Zuhause verloren hatten. In Zusammenarbeit mit regionalen Gemeindeorganisationen hat er das Projekt »You Can Save, You Can Help« ins Leben gerufen. Mutisya hat sich bei CouchSurfing.com abgemeldet und stellt seine Couch nun freiwilligen Helfern zur Verfügung.

Walindah arbeitet nach wie vor als Krankenschwester und hat ihrem Bruder Elijah geholfen, ebenfalls eine Stelle im Krankenhaus zu finden. In ihrer letzten Email schrieb sie, sie habe sich um einen Platz im südafrikanischen Big-Brother-Haus beworben und warte noch auf eine Antwort.

Nach Ablauf ihres Arbeitsvertrags im Callcenter reisten Penelope und Sarah einen Monat lang durch Indien und flogen dann nach Australien zurück, »um richtige Arbeit zu suchen«. Sarah schreibt mir, dass sie Curry inzwischen doch möge. Eine Woche vor ihrer Abreise aus Indien habe sie sich schließlich bekehren lassen.

Vikram hat sich von CouchSurfing.com verabschiedet. Ich nehme an, er hat sein Marmorkaufhaus ein bisschen zu aggressiv vermarktet und wurde freundlich aufgefordert, seine Mitgliedschaft ruhen zu lassen.

Jude ist inzwischen Herausgeber von zwei Zeitschriften. Sein neues Projekt heißt *Expat Travel & Livestyle*. Sein Spanischkurs zahlt sich inzwischen auch aus – seit meinem Besuch war er zwei Mal in Spanien.

Und Elvie lebt noch immer im Paradies. Die Glückliche.

Zum Schluss möchte ich noch einigen Leuten danken. Zuerst ein weiches Sofa *gracias, obrigado, thanks, takk, dank je, merci, sağol, enkosi, shukriya* und *salamat* an meine Gastgeber Miguel, José, Juan, Mariano, Pedro, Mariana, Bob, Jeremy, Smári, Joris, Cecile, James und Aylin, Mutisya, Walindah, Penelope und Sarah, Vikram, Jude, Elvie, Leika und Zane. Wenn ihr nicht gewesen wärt, dann gäbe es dieses Buch nicht! Eine hübsche Chaiselongue des Danks an meine Frau Natalie, die nicht einmal mit der Wimper gezuckt hat, als ich ihr von meinen neuen verrückten Reiseplänen für dieses Buch erzählt habe. Eine dicke Ottomane des Danks an den Wortzauberer James Richardson mit seinem magischen Rotstift. Und zum Schluss ein großes Chesterfield des Danks an meine Agentin Pippa Masson bei Curtis Brown und an Jo Paul bei Allen & Unwin.

Wenn Sie Fotos von meiner Reise und meinen Gastgebern (und ihren Sofas) sehen wollen, besuchen Sie mein Reisealbum unter www.brianthacker.tv. Oder schreiben Sie mir – ich freue mich, von Ihnen zu hören!

Brian Thacker
East St. Kilda, Oktober 2008